卓越教师专业发展必读丛书·思想政治学科教学
教育硕士专业学位·学科教学（思政）必读丛书

总主编\ 邝丽湛

中学政治学科导学设计

邝丽湛　方拥香◎编著

广东高等教育出版社
Guangdong Higher Education Press
·广州·

图书在版编目（CIP）数据

中学政治学科导学设计/邝丽湛，方拥香编著. —广州：广东高等教育出版社，2014.10

[教育硕士专业学位·学科教学（思政）必读丛书/邝丽湛主编]

ISBN 978 – 7 – 5361 – 5216 – 8

Ⅰ. ①中… Ⅱ. ①邝…②方… Ⅲ. ①政治课 – 教学研究 – 中学 Ⅳ. ①G633.202

中国版本图书馆 CIP 数据核字（2014）第 216577 号

出版发行	广东高等教育出版社
	社址：广州市天河区林和西横路
	邮编：510500　　营销电话：(020) 87553335
	http://www.gdgjs.com.cn
印　刷	佛山市浩文彩色印刷有限公司
开　本	787 毫米 ×1 092 毫米　1/16
印　张	16.5
字　数	296 千
版　次	2014 年 10 月第 1 版
印　次	2014 年 10 月第 1 次印刷
印　数	1～2 000 册
定　价	37.00 元

（版权所有，翻印必究）

总 序

新课程经历了十多年的实践，人们在不断地学习、思考、实践、反思。目前，新课程实施正向纵深推进，中学政治学科课程教学改革逐步走向理性和成熟。伴随改革，我们——中学政治学科理论工作者，在冷静分析、研究、解释、反思新课程实施过程出现的问题和困惑中，在大量调查研究、发现问题、搜集案例、总结经验的基础上认真地梳理、提炼、升华本学科的课程教学成果，撰写了这套丛书呈献给大家。

本套丛书撰写的目的有三：一是总结新课程实施以来中学政治学科教学改革成果，充实、更新、拓展学科教学理论，指导中学政治学科教学实践；二是力图满足学科教学（思政）教育硕士专业学位研究生、中学政治课程与教学论的研究生、思想政治教育专业的本科生教学的需要；三是满足中学政治教师提升自身素养，成长为卓越教师的实际要求。

本丛书凸显了以下四个方面的特点：第一，引领性。丛书紧密结合中学政治学科教育、教学实际，选取当下中学政治学科教学改革的重难点和热点问题进行深入研究。例如，中学政治学科导学设计、有效教学、课堂教学策略、教学设计、课堂教学心理、课题研究，学科知识的释义与拓展、素养目标及其测评设计、情感态度价值观目标课堂实现策略、移动互联网时代的学科知识管理等研究，都是当下中学政治学科教学改革前沿问题的理论与实践探索，引领了中学政治学科教学改革的方向。第二，深刻性。丛书作者从不同视角深度探讨所研究的主题，深刻揭示了主题的内涵和特征，详尽阐述其操作要领，力求将现代教学理论和基础教育新理念、新课标、新方法融入著作中，从而提升了丛书在当代中学政治学科教学论理论与实践中的价值。第三，创新性。丛书充分考虑学习者学习的需要，力求引导学习者学以致用，创新中学政治学科著作的呈现方式。例如，丛书编写体例的呈现方式是在各章首列出内容概要，让学习者对本章内容一目了然；正文穿插了实践反思、理论探究、视野拓展、案例分享等栏目，拉近了理论与现实的距离，拓宽了学习者的视野，为中学政治学科著作撰写提供了新思路和新视角。第四，范例性。丛书提供了大量的教学案例和操作流程指引，使学习者更容易理解学科理论知识和解决问题的策略，有效地引领学习者学习。丛书的引领性、深刻性、创新性都是历年来中学政治学科著作中鲜见的。

本丛书由 10 册组成。下面分别对各册的主要内容加以简单介绍，使学习者对各册内容有个大致的了解。

《中学政治学科导学设计》主要介绍中学政治学科导学设计的创生与意义，从导学设计的定义、中学政治学科导学设计的理论依据等角度对中学政治学科导学设计进行理论阐释；阐述了中学政治学科导学设计流程、中学政治学科不同课型导学设计；重点介绍了中学政治学科基于学案、案例、课堂活动、概念图和思维导图、微课的导学模式设计。

《中学政治学科有效教学》基于中学政治学科有效教学的理论研究与课堂教学的主要环节，简述教学过程中如何实现"教"与"学"的有效性；对中学政治学科教师的角色定位、师生关系、教学情境的创设、教学方法的选择、网络教学资源的运用、教学评价等问题进行较全面的阐释。

《中学政治学科课堂教学策略》从中学政治学科课堂教学策略的认识基础入手，围绕中学政治学科课堂教学中的主要教学策略展开，分析了在中学政治学科课堂教学中，讲授策略、讨论策略、提问策略、激励策略、探究策略、管理策略等"在什么条件下才能实现应该的事"，在教育理论与教学实践之间，搭建了一座桥梁。从技术层面丰富和发展了中学政治学科课堂教学理论，为中学政治学科教学理论研究的深入开展提供了新的思路和视角。

《中学政治学科教学设计》主要介绍中学政治学科教学设计的一般原理，并按教学设计的操作程序依次介绍了中学政治学科课程标准分析、学生情况分析、教学目标设计、教学内容设计、教学方法与媒体设计、教学过程设计、教学评价设计、呈现方式设计等，从技术层面为学习者提供了操作模板。

《中学政治学科课堂教学心理》介绍了教学中的团体动力学、传统的学习理论，以及新兴的体验式学习等心理学理论；陈述了学习动机、学习习惯以及学习策略，详尽分析了课堂教学中的常见心理现象，分析了师生互动、生生互动的行为，揭示了相应的心理学效应；从"自我""情绪""意志""生命教育""适应""网络文明"等方面解读中学政治教材的相关内容；从教师心理调适的角度提供建议与意见。

《中学政治学科课题研究》主要介绍了中学政治学科研究课题及其类型、课题选择的基本原则和一般步骤，概述了课题发现和提出、课题申报和论证的过程；重点阐述了中学政治课题研究方案的制定方法和基本要求，中学政治课题研究方法的选用、研究资料的处理和研究成果的整理。

《中学政治学科素养目标及其测评设计》主要是以新的教育目标分类理论和PISA等测评素养的技术为指导，构建和设计中学政治学科素养的目标体系，并对中学政治学科素养目标的测评程序、工具设计等进行了探讨；重点是以学生为本，以实践为导向，系统解构思想品德和思想政治课程标准规定的学科素养目标的表现标准，提出了相应的教学建议和测评的建议，并提供了中学政治学科素养目标测评的示例等，具有较强的教学指导性、实践操作性。

《中学政治学科移动互联网时代的知识管理》围绕移动互联网时代的知识管理这个主题，从介绍移动互联网的基本状态，贯穿移动互联网时代的理论基础及知识管理的相关知识，系统地探索在新技术和互联网思维的影响下，中学政治学科领域的知识管理的模型和移动互联网时代中学政治学科碎片式学习、社会化学习、移动学习、微课学习等多种新型学习方式，为中学政治学科教学顺应时代的发展提供更好的理论、技术以及实践的支持。

《高中思想政治必修模块知识释义与拓展》主要从经济学、政治学、文化学、哲学视角出发，分别就"经济生活""政治生活""文化生活""生活与哲学"四个必修模块所涉及的学科知识进行释义和拓展思考。目的在于引导读者以专业的眼光和视角对现实问题进行思考，明白中国话语的独特性与世界认知的一般性之间的关系，加深对高中思想政治必修模块内容的理解，提高运用知识解决实际问题的能力。

《中学思想政治情感态度价值观目标课堂实现策略》主要介绍高中思想政治"经济生活""政治生活""文化生活""生活与哲学"四个必修模块及一个选修模块的课程特点和以上模块的情感态度价值观目标细化，重点介绍了细化后的情感态度价值观目标如何在课堂上实现的策略，展示了情感态度价值观目标实现的案例（片断）以及实施者的反思。

丛书的作者们在中学政治学科领域有相当高的专业造诣和学术地位。他们长期从事中学政治学科教育、教学研究，并取得了丰硕的成果，具有丰富的经验。各册第一作者的基本情况如下：

邝丽湛，华南师范大学政治与行政学院教授，硕士生导师，全国优秀教育硕士导师；杨秀莲，东北师范大学政法学院教授，博士生导师，国培专家；胡田庚，华中师范大学政法学院教授，硕士生导师，国培专家；刘智，沈阳师范大学教师专业发展学院教授,硕士生导师,课程与教学论(思政)硕士点负责人;柳榜华,云南师范大学哲学与政法学院教授,硕士生导师,国培专家;谢绍熺,广东省教育研究院正高级教师,广东省特级教师,广东省名教师理论导师;张云平,广州市教育研究院正高级教师,广州市名教师,华南师范大学政治与行政学院硕士生导师;龙向阳,华南师范大学政治与行政学院副教授,硕士生导师;许思安,华南师范大学心理学院副教授,硕士生导师;林华,汕头华侨中学副高级教师,广东省名教师培养对象,广东省优秀政治教师。

  本套丛书的出版得到华南师范大学研究生院、华南师范大学政治与行政学院的大力支持。原广东高等教育出版社的钟凌翊同志为本套丛书的策划、编写做了重要的工作,广东高等教育出版社管晓芹编辑为书稿出版付出大量的精力和劳动,特此一并致谢。

  出版之际,是为序。

邝丽湛
2014 年 8 月 15 日

目 录

绪 论 ……………………………………………………………… （ 1 ）
 第一节　中学政治学科导学设计的创生 ……………………… （ 2 ）
  一、中学政治学科导学设计溯源 …………………………… （ 2 ）
  二、导学设计产生的教育背景 ……………………………… （ 3 ）
 第二节　对教学设计的重新审视 ……………………………… （ 7 ）
  一、教学设计与传统备课的联系和区别 …………………… （ 8 ）
  二、教学设计的局限性 ……………………………………… （ 11 ）
 第三节　中学政治学科导学设计的研究意义 ………………… （ 15 ）

第一章　中学政治学科导学设计的理论阐释 ………………… （ 18 ）
 第一节　导学设计诠释 ………………………………………… （ 19 ）
  一、教学与导学 ……………………………………………… （ 19 ）
  二、教学设计与导学设计 …………………………………… （ 22 ）
 第二节　中学政治学科导学设计的理论基础 ………………… （ 29 ）
  一、中学政治学科导学设计的哲学基础 …………………… （ 29 ）
  二、中学政治学科导学设计的心理学、教育学基础 ……… （ 33 ）
  三、中学政治学科导学设计的传播学、媒体理论基础 …… （ 46 ）

第二章　中学政治学科导学设计流程 ………………………… （ 50 ）
 第一节　中学政治学科导学设计过程与教学设计过程辨析 ……… （ 50 ）
  一、两种设计过程的共性 …………………………………… （ 51 ）
  二、中学政治学科导学设计过程的个性 …………………… （ 53 ）
 第二节　中学政治学科导学设计的操作原则 ………………… （ 55 ）
  一、目标设计的师生共同发展原则 ………………………… （ 55 ）

二、策略设计的"导学"性原则 …………………………………（ 56 ）
　　三、认知结构的适应性原则 ……………………………………（ 57 ）
　　四、师生情意的"共振"性原则 …………………………………（ 57 ）
　　五、反馈矫正的及时性原则 ……………………………………（ 57 ）
　第三节　中学政治学科导学设计的操作流程 …………………（ 58 ）
　　一、准备阶段 ……………………………………………………（ 58 ）
　　二、设计阶段 ……………………………………………………（ 61 ）
　　三、表述阶段 ……………………………………………………（ 68 ）
　　四、完善阶段 ……………………………………………………（ 77 ）

第三章　中学政治学科不同课型导学设计 ………………………（ 78 ）
　第一节　单一课型导学设计 ……………………………………（ 79 ）
　　一、新授课导学设计 ……………………………………………（ 79 ）
　　二、讨论（辩论）课导学设计 …………………………………（ 85 ）
　　三、复习课导学设计 ……………………………………………（ 91 ）
　　四、讲评课导学设计 ……………………………………………（ 99 ）
　第二节　综合课型导学设计 ……………………………………（105）
　　一、综合课的特征 ………………………………………………（105）
　　二、综合课课型结构 ……………………………………………（106）
　　三、综合课导学设计 ……………………………………………（106）
　　四、综合课导学设计建议 ………………………………………（107）
　第三节　活动课型导学设计 ……………………………………（112）
　　一、活动课与课外活动的关系 …………………………………（113）
　　二、中学政治学科活动课的特征 ………………………………（113）
　　三、中学政治学科活动课导学设计的要求 ……………………（114）
　　四、中学政治学科活动课导学设计程序 ………………………（115）

第四章　中学政治学科基于学案的导学模式设计 ………………（121）
　第一节　学案设计 ………………………………………………（121）

一、学案 ………………………………………………………（121）
　　二、学案设计步骤 ……………………………………………（122）
　　三、学案设计要求 ……………………………………………（128）
　　四、学案设计应注意的问题 …………………………………（128）
　第二节　基于学案的导学模式设计 ……………………………（129）
　　一、基于学案的导学模式 ……………………………………（129）
　　二、基于学案的导学模式设计流程 …………………………（131）
　　三、基于学案的导学模式设计要求 …………………………（140）
　　四、应该处理好的几组关系 …………………………………（141）

第五章　中学政治学科基于案例的导学模式设计 ………………（144）
　第一节　教学案例设计 …………………………………………（144）
　　一、案例 ………………………………………………………（145）
　　二、案例设计步骤 ……………………………………………（147）
　　三、教学案例设计要求 ………………………………………（150）
　　四、案例设计应注意的问题 …………………………………（151）
　第二节　基于案例的导学模式设计 ……………………………（152）
　　一、基于案例的导学模式 ……………………………………（152）
　　二、基于案例的导学模式设计流程 …………………………（152）
　　三、基于案例的导学模式设计要求 …………………………（162）
　　四、基于案例的导学模式设计注意事项 ……………………（163）

第六章　中学政治学科基于课堂活动的导学模式设计 …………（164）
　第一节　课堂活动设计 …………………………………………（164）
　　一、活动与课堂活动 …………………………………………（165）
　　二、课堂活动设计步骤 ………………………………………（165）
　　三、课堂活动设计类型 ………………………………………（166）
　　四、课堂活动设计要求 ………………………………………（176）
　第二节　基于课堂活动的导学模式设计 ………………………（176）

一、基于课堂活动的导学模式 ………………………………（176）
　　二、基于课堂活动的导学模式设计流程 ……………………（177）
　　三、基于课堂活动的导学模式设计要求 ……………………（186）

第七章　中学政治学科基于概念图、思维导图的导学模式设计 ……（188）

第一节　概念图与思维导图设计 ……………………………（189）
　　一、概念图与思维导图 ………………………………………（189）
　　二、概念图与思维导图设计步骤 ……………………………（193）
　　三、概念图与思维导图设计要求 ……………………………（201）

第二节　基于概念图、思维导图的导学模式设计 …………（202）
　　一、基于概念图、思维导图的两种导学模式 ………………（203）
　　二、基于概念图、思维导图的导学模式设计流程 …………（204）
　　三、基于概念图、思维导图的导学模式设计要求 …………（221）
　　四、基于概念图、思维导图的导学模式设计的若干思考 ………（223）

第八章　中学政治学科基于微课的导学模式设计 ……………（226）

第一节　微课设计 ……………………………………………（226）
　　一、微课 ………………………………………………………（226）
　　二、微课设计步骤 ……………………………………………（230）
　　三、微课设计原则 ……………………………………………（234）

第二节　基于微课的导学模式设计 …………………………（238）
　　一、基于微课的导学模式 ……………………………………（238）
　　二、基于微课的导学模式设计流程 …………………………（240）
　　三、基于微课的导学模式设计要求 …………………………（246）

结　语 ……………………………………………………………（248）

参考文献 …………………………………………………………（249）

后　记 ……………………………………………………………（253）

绪　论

本章概要

◎中学政治学科导学设计在历史上最早可以追溯到备课，其经历了备课—教学设计—导学设计的嬗变。

◎导学设计的产生顺应了国际教学改革发展的潮流。国外相关自主学习理论和实证研究给中学政治学科导学设计提供了宝贵的经验和指引。我国面向21世纪的基础教育课程改革提倡学会学习、注重探究、倡导体验、建立新型师生关系的观念和实践，为导学设计的产生提供了理论支撑与实践的契机。

◎教学设计是传统备课改革的新迈进。与传统备课相比，教学设计在理论基础、研究内容的广度与深度、教案的科学性与操作性、媒体的选择与运用等方面具有优越性，但是产生于工业时代"标准化"生产的教学设计，在学生的主体性、知识的生成性与课堂的开放性方面显得力不从心，从而催生了导学设计。

◎由"教"转为"导"的导学设计产生，对传统课堂教学模式、课堂教学结构、教学形式等方面进行了改革，促进了教师角色的转变与学生学习方式的转换，促进了学生的全面发展。

为了适应21世纪学习型社会，中学政治学科新课程改革向纵深发展。课程改革转变着人们的教学理念，相应地，也引发了中学政治学科课程领域的一系列变化。例如，课程标准的变化、教学内容的变化、教学过程以及教学评价的变化。其中，显著变化之一是中学政治教师的课前预设逐步由教学设计转变为导学设计。这种转变标志着中学政治学科教学改革进入了一个新阶段。

第一节　中学政治学科导学设计的创生

【实践反思】

　　一位教师要去参加一个全国教育学展示会。这类展示活动，依照惯例都有一个专家小组帮助教师进行设计，帮助教师不断地完善课堂教学，上完课后加以评定，评定完再提出修改意见。该教师上了几次课之后就发现，他越来越不像自己了，也感觉到好像自己不是在上课，而是在执行某一个规划、某一项指令。后来他在课堂上做出了一些调整，把已经改掉的东西改了回来。专家则对他说：我们还是有纪律的，不能随便乱改。

　　◎这位教师为什么要在课堂上对已经做好的教学设计做出调整？
　　◎课堂上所有的东西都是可以设计的吗？你怎么看待教学设计？

一、中学政治学科导学设计溯源

　　中学政治学科导学设计在历史上最早可以追溯到备课，其经历了备课—教学设计—导学设计的嬗变。新中国成立初期，我国中学普遍开设了政治学科。有了中学政治学科教学，就有了中学政治教师的备课和编写教案。在漫长的教学实践中，不少名师通过备课，编写和实践了无数优秀的教学方案。但从新中国成立初期到20世纪70年代，学习苏联的备课与教案编写的模式在形成之后便几乎没有什么显著的变化和发展。这一状况，明显不适应当时教学改革发展的要求，严重影响了中学政治教师的专业发展。20世纪60年代，随着现代教育技术的勃兴，教学设计作为一个崭新的概念横空出世，顺应国际教育改革潮流进入世界教学改革的前沿。80年代，中国改革开放。教学设计的理论和实践夹杂着世界教学改革之风劲闯国门，与当时波澜壮阔的中国教育改革汇合一道，迅速掀起各学科教坛改革的浪潮。自此，中学政治学科相继涌现出一批批带着80年代中国改革开放特色的教学经验、教学成果。其中，一些包含着中学政治教师设计匠心的经验、成果孕育了中学政治学科教学设计的原型。90年代，是中国改革深化的年代。推行素质教育、提高教学质量是时代的主旋律。在中学政治课教学改革实践中，人们越来越迫切地感到要提高教学质量，首先必须对教学过程进行全面、科学的设计。人们开始对如何设计课堂教学做深入的思考。不少从事中学政治学科教学的理论工作者开始冷静地品味那些烙着 80 年代印记、带着改革开放气息的中学政治学科教学成果,他们在用理性的目光审视中学政治学科教学设计的种种表象的同时,着手运用教学设计理论提升中学政治课一系列丰富生动教案设计的实践经验,并从中抽象出带有本学科特色的教学设计原理和原则,勾勒出一个个带有中学政治学科特色的教学设计理论轮廓和操作框架。自此,中学政治学科教学设计由最初的经验型逐步走向科学化。21 世纪伊始,我国基础教育开展新一轮课程改革。这一轮课程改革使中学政治学科从教学理念、内容体系、课程实施到评价方式都发生了前所未有的根本性变化。新课改"以生为本,一切为了学生的发展"的核心理念为人们所普遍接受。观念的变化带来的是行动的变化,教学实践者打破传统的过分关注知识传授的教学局面,确立学生的主体地位,着力转变学生的学习方式,引导学生由被动的接受式学习转变为主动的探究式学习。在中学政治学科新课程实施过程中,人们发现按照新课程理念实施课堂教学,必然将"课堂"变为"学堂",即:平等的师生对话,教师组织、引导学生进行自主、合作、探究性学习。"课堂"的变化,使教学实践者感到组织课堂教学如果偏于机械地按照事先设计的方案实施,学生的主体地位没有得到很好的体现,就无法由"预设型课堂"走向"生成型课堂"。另外,由于教学设计对学生在课堂可能出现的问题预见不足,学生在课堂上出现的问题也就得不到及时、有效的解决,学生学习效率必然达不到理想目标。为了弥补课堂教学的不足,人们开始把目光投向课堂如何导学。至此,中学政治教师的教学预设开始向导学设计演变。

二、导学设计产生的教育背景

早在古希腊时期,思辨学家苏格拉底已提出了自主学习的思想,后又有捷克的夸美纽斯、法国的自然主义教育思想家卢梭、英国的教育家斯宾塞等提出相关思想。从 20 世纪开始,国内外对建立在学生自主学习的基础上的教学已有不少的研究。20 世纪 20—30 年代,杜威提出"做中学"的教育思想,确立了自主学习的地位。到了 50 年代,斯金纳对杜威的完全放任式的自主学习进行了有效指导,成为导学设计的开创性模式。1959 年 9 月,美国国家科学院召开了专门研究教育改革的会议,著名教育心理学家布鲁纳在名为《教育过程》的著名报告中,提出了自己新的教学观念。他强调,在教学中要让学生通过发现而获得解答,从而学会如何学习,增强探究能力。

60年代，维果茨基提出言语自我指导理论，其价值在西方得到确认。70年代，美国教育心理学家威特罗克（M. C. Wittrock）提出"生成学习模式"。他认为，学习者不是被动地接收信息，而是主动地参与到信息领悟过程中，努力建构有意义的理解。生成是理解不可缺少的一个过程，是一种对两类关系所做出的主动建构——它既能够带来同化性学习，即图式适配；也能够导致顺应性学习，即建立新图式。① 换句话说，知识的学习就在于掌握知识体系的内在逻辑关系（文内联系）和新知识与原有经验的关系（文外联系）。正因为生成是构建关系的过程，所以才带来了真正的理解。威特罗克的论述使人们重新认识教学是为学生自主学习服务的，教学不是教会学生，而是如何引导学生自主学习。进入21世纪，国外以马斯洛、罗杰斯为代表的人本主义学派，以布鲁纳为代表的发现学习理论，以皮亚杰为代表的建构主义理论的长足发展，以及信息加工心理学的勃兴，共同推进了人们对自主学习的研究，这使得自主学习由理论层面向可操作的实践层面迈进了一大步。

　　导学设计的核心思想在于如何引导学生自主学习。在国外，导学设计更多的是被作为理科教学的核心策略。相关的研究主要是围绕如何促进学生的学习变化而展开。例如，如何通过导学发展学生技能的研究，如何导学促进学生概念改变的研究，等等。在社会学科，美国的"社会研究"（social studies）课程、日本的"社会科"课程也有许多关于导学的设计。例如，在美国的"社会研究"课程中，关于价值教育（value education），就采用了以"角色扮演、深度自我分析、敏感性练习、小组讨论、模仿"等多种导学手段以及"价值澄清"（values clarification）、"道德两难问题"（moral dilemma）、"道德推理"（moral reasoning）等方法进行导学，以引导、帮助学生通过建设性讨论、规则验证、案例分析、争论、研究等途径有效地自主学习。

　　国外有关自主学习的理念和实证研究给我们开展中学政治学科导学设计提供了宝贵的经验和指引。中学政治学科导学设计的产生应该说是顺应了国际教学改革发展的潮流。

　　进入21世纪，随着全球知识经济和现代新信息技术的发展，世界各国教育创新和学习革命掀起高潮。新思想、新方法、新技术犹如雨后春笋，层出不穷。学习型社会的出现，推进了我国基础教育新一轮课程改革。新课改

---

　　① 马向真. 论威特罗克的生成学习模式［J］. 华东师范大学学报：教科版，1995(2).

是我国基础教育的一场深刻的变革,是一次从教育理念到教育实践的全面改革与创新。新课改全新的教学理念包括以下内容。

(1) 学会学习。21世纪对人的素质提出了更高的要求,要求人们把握住每一个机遇,迎接每一个挑战,以便在社会中求得发展自己的一席之地。"学会学习"是一个核心概念,与这个概念相关的还有自学能力、尝试动手能力、思维能力、创新能力等。"学会学习"的立足点是"以学生为主体"。这一概念引入课堂教学,相应的教学理念是:"教"建立在"学"的基础上,所有的教学活动都必须围绕学生学会学习而展开。课堂教学过程是教师的价值引导和学生自主生成的活动过程。在这个教学过程中,教师和学生分别扮演着不同的角色,角色之间无法互相取代,也没有必要取代。既然教师的"教"无法取代学生的"学",教师就应该清楚自己的课堂定位——组织者、引导者。在课堂上,教师的教学不过是导学。因此,基于新课程理念的中学政治学科教学有必要从传统的"三中心"(以教师为中心、以课堂教学为中心、以教科书为中心)中解放出来,探索新的"三中心",即:以学生为中心、以个人经验为中心、以活动为中心。

(2) 注重探究。《基础教育课程改革纲要(试行)》指出:"教师在教学过程中应培养学生的独立性和自主性,引导学生质疑、调查、探究,在实践中学习,促进学生主动地、富有个性地学习。"① 以改变教学过程中过分依赖教材、过于强调接受学习、死记硬背、机械训练的现状,倡导学生主动参与、乐于探究、勤于动手,鼓励学生对书本的质疑和对教师的超越,赞赏学生独特和富有个性化的理解与表达,爱护学生的批判意识和怀疑精神,培养学生搜集和处理信息的能力、获取新知识的能力、分析和解决问题的能力以及交流与合作的能力,大力开展探究性教学。所谓探究性教学,其实是一种模拟性的科学研究活动,它强调教师要创设一个以"学"为中心的交往环境,指导学生通过探索发现来解决问题。教改的要求落实到教学,教学理所当然变为导学。

(3) 倡导体验。人拥有的知识结构是由显性知识和隐性知识构成的。前者以概念、命题、原理、原则、事实等来表征,后者以态度、价值、信念、习惯等来表征。显性知识往往可以通过理性的方法来获得,而隐性知识的获得则要复杂得多。英国心理学家罗杰斯强调,唯一对行为产生影响的学

---

① 钟启泉,等. 基础教育课程改革纲要(试行)解读 [M]. 上海:华东师范大学出版社,2001:7.

习是个人的发现并把它纳为己有的知识,这种化为个人所有并同化到个人经验中的自我发展的知识才能直接传于他人。一般说来,丰富而深刻的体验是获得隐性知识的有效途径。而体验是以生活情境为依托,以生命存在为前提的。体验主体往往是用自己整个生命去领悟和体会生活的意义,探寻生命存在的价值。从这一视角出发,我们发现:一旦学生在丰富的教学情境体验中感悟到生命的价值和生存的意义,而且将之内化,便会形成一定的情感、态度以及价值观,进而将之外化,转化为自身行为教养,从而实现对象世界与生命意识的整合。新课程强调,教学要从学生的经验和体验出发,密切知识与生活之间的联系,引导学生不断深入地观察和体验真实的社会生活,积极、主动参与学校和社区的各种活动,在实际活动中体验、发现并综合运用各种知识去解决问题,提高学生参与社会的实践能力。落实到中学政治学科,要求教学注重"导学",引导学生参与学校生活以及社会生活,关注学生学习活动的体验和反省,突出学生的个体性、独特性、多样性和差异性,促进其以自己独特的方式认识和感悟对象世界,并将之内化为个人的智慧与价值。

(4)新型师生关系。师生之间的关系一直是教学过程的核心问题。新课程倡导民主、平等的师生关系。这种师生关系是通过教学中的交往—对话—理解而达成相互合作的新型师生关系,而不是传统的"授—受"关系。

在传统的"授—受"关系中,师生双方都把对方看作是一个对象:教师把学生看作认识、操纵的对象,教师对学生的观察、了解、分析、归类是为了更好地管理、控制学生,以达到期望的教学效果;学生则把教师看作是知识的传授者,是他可以获取知识、帮助他达到学习目的的对象。师生之间缺少了"灵魂深处的直接相见",因此相互之间很少发生真正意义上的精神交流,也就难以形成积极的情感体验,从而教学也就失去了更重要、更深层的意义——情感陶冶、精神拓展乃至生命发展的意义。

新课程师生观以主体间性理论为指导,它认为在交往的双方不存在纯粹的客体,每个人都是主体,它们通过对相互间的塑造而达成相互理解、共识、融合,同时,每个人在交往关系中成长,在多极关系中发挥个人的主体性。这种以"共在性"为前提的主体性,它谋求的是人与人之间的和谐"存在",而非对立性的占用。教学是教师和学生两个行为主体的互动过程,师生双方互动共同营造互动的真实的教学情境,以教学内容为宗旨实现面对面的交流,这种交流不仅是知识的传递,更重要的是思想的交流与碰撞。在交流与碰撞过程中,学生不仅获得包括人类长期实践积累下来的经验、知识、技能、智慧和思想等内容，也能形成良好的道德品质，建立起正确的人生观与价值观。教师也在交往过程中体验到生命的涌动、精神的拓展。师生在交往的过程中共同成长，共同体验着生命的价值与意义。

新课程理念冲破了中学政治学科传统教学模式的樊篱，教学改革实践者在新课改实验中跳出单纯讲练结合、训练学生的做题技巧、培养学生应试能力的教学模式，开始把目光投向基于课堂正面生成的导学设计和实施。新课改研究者从独立个体的学生在课堂教学中的多种需要和潜能开发出发，研究师生群体在课堂教学中的多边、多形式的交互途径，研究课堂交互中教师如何引导才能充分发挥学生的主体性和创造力。例如，有研究者提出设计学案进行导学，有研究者主张运用案例进行导学，有研究者认为以活动为载体进行导学，也有研究者探索以思维导图作为引导学生自主学习的途径。上述研究体现了教学为学生自己学习服务的本质。正如美国教育学家埃德加·富尔的《学会生存》一书饱含的真知灼见。即：未来的学校必须把教育的对象变成自己教育自己的主体，受教育的人必须成为教育他自己的人，别人的教育必须成为这个人自己的教育。站在教学的角度，我们所面临的最困难的一个问题其实就是如何实现学生个体同他自己的关系的根本转变。

可见，新课改正在改变教师的观念，课堂教学不仅是知识的教学，更是指导学生掌握学习策略和培养学生学习能力的教学。新课改要求教师尽快通过实践，设计出一种从学生实际出发，适合学生心理特点，有利于培养学生自主学习能力，使学生会学习、会发现、会创造的新型导学模型。

【视野拓展】
传统学习方式的局限性

（1）传统学习方式建立在人的客体性、受动性、依赖性的一面上，从而导致人的主体性、能动性、独立性的销蚀。

（2）传统的学习方式过分强调接受，忽视发现、探究。要让学生发现、提出、分析、解决问题就必须强调探究性学习；要培养学生的创新精神和实践能力，就必须转变学生的学习方式。

第二节 对教学设计的重新审视

教学设计是传统备课向科学化、标准化、可控性与高效化发展的产物。

它使教学文案不再是自发经验的总结，而是有着理论基础与科学化、标准化的操作程序，大大地促进了教学效果的提升。

一、教学设计与传统备课的联系和区别

所谓教学设计，是指"中学政治教师在一定的教学理论和学习理论指导下，应用系统方法对中学政治教学过程的诸要素、环节及其相互关系进行科学的分析、描述、计划或规定，为教学活动制定具体可行的、可操作性的程序或方案的过程"①。教学设计是一个专业性、理论性都较强的专业术语，它与传统备课有着一定的联系和区别。

事实上，在教学设计没有作为一个科学概念提出时，许多教师在备课过程中已不同程度地对教学过程的某些部分、某些环节进行了设计，只是这些设计还处于一种自发的经验状态。因此，教学设计与传统备课之间是一种继承与发展的关系，教学设计是在继承传统备课"合理内核"的基础上进一步走向科学化和现代化。

教学设计与传统备课的继承与发展关系突出表现在两个方面：

第一，从内容来看，中学政治学科教学设计的操作系统是在传统备课的原型基础上发展起来的，对两者的操作系统做一个比较就可以一目了然。传统备课的内容主要包括：教师钻研大纲、教材；了解学生和社会实际；确定教学目标；确定重点、难点；安排教学步骤和选择教学方法；设计板书和教具；拟定练习题；等等。教学设计的操作系统则由四个部分组成：教学前提分析（包括课程标准分析、教学对象分析、教学内容分析），教学目标的编制，教学策略的选择和运用（包括师生活动设计、教学内容安排、教学媒体的选择和组合、教学方法运用），以及教学评价设计。通过对两者内容的比较，我们不难发现两者的操作系统并无大差异，所不同的是教学设计把传统备课的内容作为操作原型，运用系统的观点、方法把这一原型系统化、科学化，变成更具有可操作性和可控性的模型或流程。

第二，从形式上来看，中学政治学科教学设计与传统备课都采用了集体备课（设计）与个人备课（设计）的形式。集体备课是指以教研组或年级组为单位对课程标准、教材、教法进行研讨的一种备课形式；个人备课是指

---

① 胡田庚. 新理念思想政治（品德）教学论［M］. 北京：北京大学出版社，2009：105.

教师本人钻研课标和教材、了解学生情况、拟订学期计划和单元计划，编写教案等一系列教学准备活动。这两种形式一般交替进行。教学设计较之传统备课更强调集体设计与个人设计的结合程度。一方面要求个人设计尽可能在吸收、利用集体成果的基础上充分发挥个人的独创性；另一方面要求教研组通过互相听课、观摩教学、交流经验等活动为个人设计提供反馈信息，更好地改进、完善个人设计。

教学设计与传统备课还是有质的不同的，它们的区别表现在以下方面：

第一，理论基础不同。教学设计作为20世纪末由西方传入的一个新的教学研究领域，至今已积累和形成了比较丰富的成果，这些成果在教学系统论、教学最优化理论、素质教育理论、信息传播技术等现代教育理论的指导下，通过提炼和加工已成为完整的教学设计理论，并指导着教师的教学实践。教学设计理论的立足点是学生的学习，它主要研究教师如何教才能更好地促进学生学习。而传统备课和教案编制在很长的一段时间内一直是以凯洛夫的教学论思想为依托和标准的，即以教师工作为中心。教师备课时首先确定某题目或章节的授课次序，以便确定某节课在次序中的地位，然后依次确定这节课的教学目标、教学类型、教学结构以及教学环节，最后确定教师和学生的工作方式、必需的教学设备、每个活动的组织方式等。凯洛夫的教学思想使传统备课和教案编制带有"教学中心"和"教师中心"的特色，其理论视野过多地放在教师身上而不是学生身上。

第二，研究内容的深度、广度不同。教学设计与传统备课同样研究中学政治学科课程的教与学，但教学设计更强调整体设计，强调对教学系统和教学过程进行全面的研究和分析。它以课程标准为依据，围绕三维目标去研究达到目标的各种要素及其要素的组合（如对象、内容、媒体、策略等的研究和组合），强调学生是学习的主体，教师是教学的主导者，教学设计要发挥学生学习的主动性和积极性。而传统备课则强调对教材的研究和对教法的研究，忽视对学生和教师自身的研究，忽视对学法的研究，因而其教学方案带有片面性，不能全面反映教学过程中的教与学的关系。主要表现为：教师确定教学目标时，陈述的是教师怎样教的目标；分析教材时，往往只依据教材本身的难易度、深浅度或教师掌握的与之相关的知识来确定教学的重点、难点和教育点；在选择教学方法时，考虑教法多，考虑学法少。

第三，教学方案的科学性和可操作性不同。教学设计是在现代教学理论指导下，对整个教学过程中相互联系的各个部分安排做出全部的计划。它有明确的分析方法和解决问题的步骤和程序，并且通过对预期结果进行分析，使整个操作过程实现模式化，从而显示较强的科学性和可操作性。传统备课往往只是教师教学经验的产物，教师缺乏对教学系统进行全面深入的研究，教学目标不够具体，制定的措施缺乏针对性，仅凭经验处理教材和选择教学方法，因而整个教学方案的科学性和可操作性都比较差。

第四，教学媒体选择和运用不同。教学设计是一种运用现代教学媒体的多媒体组合设计，它十分强调媒体在教学中的功能，注重媒体的优选和多媒体组合，通过教学媒体的选择和运用来强化教学效果。传统备课的媒体选择比较单调，也不太重视媒体的运用。应该说，教学设计使备课由传统走向科学，向高水平、高质量迈进。但是，进入新课程改革，教学设计在改进学生学习方式问题上仍然有许多悬而未决的难题。

【视野拓展】

Jonassen 等人（1997）认为[①]，自 20 世纪 90 年代以来，虽然许多研究者为破解教学设计之困境做出了种种努力，但是，大多数人对教学设计的批判、反思和重构的努力仍然建立在经验/实证主义的基础上。这种努力本质上还是传统教学设计研究的延续，其所依据的科学理论基础是逻辑实证理论，其显著特点表现为如下方面：

（1）教学系统是一个闭环系统，是系统各部分的总和（学习者、课程、技术教师等）。通过调控这些部分，我们能够控制整个系统的绩效，并达到一种平衡的状态。教学设计就是调控这种闭环系统中各部分的过程。

（2）知识是外在的、可数的客体，可以传送并为学习者所获得。事实上，教学系统的效益性或存在的价值，体现在这种传送过程的效率或功能之中。

（3）人类的行为绩效是可以预测的，亦即它们在已知环境条件下是可信的、可知晓的和可预测的。在这种认识的驱动下，它们认为行为模式是可以分析的，并用以判断学习者是如何思考或已经学得了什么。

（4）一种实体状态的变化将引发另一种实体的预期变化——因为二者之间有一种线性的因果关系。教学可以预成性地决定学习的变化。

（5）学习过程中的干预（通常是教学）可以决定性地预测或规定教学行为效果。一种教学系统的设计能预先知晓学习者学习绩效的变化效果。

---

① Jonassen D, et al. Certainty, Determinism, and Predictability in Theories of Instructional Design: Lessons from Science [J]. Educational Technology, 1997, 37 (1 - 2): 27 - 28.

二、教学设计的局限性

【实践反思】

在一堂讲规律的公开课上，教师用比赛的方法引入课题，激发学生的兴趣。题目：请用最快的速度判断出下面各题中哪些是规律，哪些不是规律。做完之后思考：你发现什么是规律？请联系身边的例子验证你的规律。（时间5分钟）

①水往低处流；②花开花落；③种豆得豆，种瓜得瓜；④太阳东升西落；⑤喜鹊叫喜，乌鸦叫伤；⑥168就是一路发；⑦买彩票中大奖。

题目刚展示出来，就有一个学生举手，教师示意他发言，想不到该生一口气就说完了答案。教师接着问："你发现什么是规律了吗？"该学生接着把课本上的结论背了出来。紧接着又有几个学生也举手要求发言。面对这种情况，教师示意他们都不要再发言，并要求他们认真地按题目要求去做，不要提前行动。

◎这位教师面临着什么问题？他这样处理对吗？
◎试从教学设计的角度谈谈其局限性。

教学设计产生于工业时代，遵循的是工业化时代规模生产的思维模式，是在科学理论指导下形成的处理教学事件的一套规则和程序，是为了达到特定的教学目的，通过理性计算而选择的手段。其具有的特点是"标准化"的生产、"程序化"的思维形式、"预设式"的操作形式，主要关注的是如何执行或完成某种任务，用公式化方式简化和解释一系列复杂过程。Willis（1995）从七个方面描述了教学设计范型的特点：①过程是序列化和线性的；②设计是自上而下的"系统的"；③是目标导向的；④专家对教学设计工作来说必不可少；⑤精心的教学顺序和教学技巧相当重要；⑥目的是传授既定的知识；⑦总结性评价必不可少。[①]

标准化的教学设计大大提高了教学的效率，促进了现代教学媒体与教学技术的应用，使教学成为一种可操作、可学习与训练的技术，但是建立在逻辑实证主义之上的教学设计思维方式简化了学习的复杂性、行为的不可预测

---

① Willis J. A Recursive, Reflective Instructional Design Model Based on Constructivist-Interpretivist Theory[J]. Educational Technology,1995,35(11-12):10-11.

性、生命的多样性，这使教学设计存在着一些硬伤。其主要问题有以下三方面。

1. 预设式的教学设计缺少对学生主体生命的关注

教学本身是生命的互动，生命是在互动中生成的。新课程实施以来，以学习者为主体的教学观已深入人心，关注学生的生命存在状态是现代教学的核心思想。教学设计应该以学生为主体，关注学生在学习过程中的主体地位的实现，挖掘主体的潜能，重视主体情感的发挥，促进主体个性的发挥，但是预设式的教学设计恰恰忽视了对学习主体生命的关照。正如有学者指出的："整个生命的一种自然性，生命的一种开放性、生成性，是根本。我们所有的设计，如果说需要设计的话，应该说是为了生命更加的生成，更加的开放，更加的自然，否则，所有的设计都是反设计。"①

首先，学生的主体地位被悬置了。教学设计是教师基于科学理论与控制理论的一种预设，是一种自上而下的、驱动式的设计。这种预设的前提虽然也在于对学习者的分析，但是这种分析明显具有主观想象，不可能真正立足于学习者自身；而教学设计的结果往往具有规定性、权威性、指令性与处方性，这其实悬置、剥夺了学生在教学中的主体地位。在现代教学中，学生是学习的主体，教学设计绝不是教师基于自己的知识和经验与教材、教学媒体的简单结合，而是为了学生的学习而服务的。关注学生在教学中的主体地位，要以学生为主体、轴心，是教师、教材、辅材、教学媒体在一定时空中的最优整合。

其次，教学设计缺少对学生主体的情感的关注。"教育的一个特定目的就是要培养感情方面的品质，特别是和人的关系中的感情训练。"②学生的情感、态度与价值观的形成是思想政治教育的核心内容，是学生内省、内化的过程。情感教育强调亲自经历和感受，学生只有在这一过程中反复经历和体验感悟，才能形成稳定的态度和个体化的价值观念。可见，情感教育具有隐性的、不易量化、不易控制的特点，同体系已十分完整的知识技能教育相比，其显得落后，缺少系统性和科学性。教学设计的理论依据主要是系统控制论和认知心理学的信息加工理论，它力求对教学过程中师生间的信息交

---

① 余文森，肖川，张文质. 对话：教学设计与课堂的生成性［J］. 福建论坛，2005（7，8）.

② 联合国教科文组织国际教育发展委员会. 学会生存：教育世界的今天和明天［M］. 北京：教育科学出版社，1996：194.

换、接收、存贮、编码和提取运用进行最佳的设计，并对整个过程加以有效地控制，排除多余和无效的因素，最快、最优地达到教学开始设计好的认知和技能的目标。因此，教学设计更强调知识技能目标设计。虽然教学设计也有情感的设计，但情感在教学设计中被弱化，至多是把情感作为激发学习动机、维持注意力的一个催化剂，把情感作为服务于学习的一个手段，而不是作为一个目标来实现的。缺少情感设计的思想政治教育课堂，难以形成学生的情感体验，难以培养健康、真实、有责任感、内心丰富、有健康的审美趣味的人。

最后，教学设计缺少对学生潜能的挖掘。教学设计具有统一性，一般"强调记忆、解决良构问题的低阶学习，忽视高阶能力（尤其是高阶思维能力）的学习"[①]。教学设计面向的是大众学生的一般知识能力的学习，用统一的标准、统一的方法要求学生，而对学生差异性与潜能的开发方面明显不够。我们知道，由于性格、爱好、兴趣、学习方法、成绩等的不同，学生是具有不同层次与潜能的主体，如果用统一的标准、统一的方法要求学生，就无法满足不同层次、不同类型、不同个性学生的需要，其结果往往是对具有"高阶能力"的学生在潜能开发、人格培育、创新与实践能力等方面的发展的忽视，扼杀学生的个性与潜能。

2. 系统化的教学设计使课堂教学成为封闭的教学系统

系统论认为，一个教学系统是为达成特定目标而由各要素按照一定互动方式组织起来的结构、功能集合体，这个系统是一个闭环系统，是系统各部分的总和（学习者、课程、技术、教师等）。通过调控系统中的各部分，我们能够控制整个系统的绩效，并达到一种平衡的状态。教学设计就是调控这种闭环系统中各部分的过程，这种设计是线性的、条理性的。其前提是将课堂教学与外界的一切因素割裂开来，假设课堂教学独立于社会、独立于学生以往的成长环境与经验、独立于学生的个性与能力水平，教师可以按部就班一个一个知识点地进行教学。这样的系统表面上看易于控制、富有成效，但是封闭的教学设计不能适应具体教学活动的丰富性、多样性与灵活性，可能带来的是程序的固化、思维的僵化，导致教学脱离生活、脱离学生与实际。教学系统是一个复杂的系统，其构成要素是非常之多的，包括社会的、家庭的、学生的、教师的等，还有些要素可能是教师不甚明了的。教学是以学生以往的知识、经验为基础而主动建构的系统。任何教学系统不可能是完全孤

---

① 范志贤. 传统教学设计的范型批判［J］. 电化教育研究，2007（2）.

立的、封闭的"空中楼阁"。具体的教学影响因素是不能够设计，更不用说去控制的。况且在一些明了的课堂教学因素之外，教学过程中也会碰到种种难以预测的、偶发的变数和干扰，遭到我们难以明白的力量的影响。因此，系统化的教学设计容易导致产生封闭的教学系统，一个封闭的教学系统是不能适应具体的教学需要的。

【实践反思】

一位教师对人教版思想品德七年级上册"世界因生命而精彩"的教学设计有这么一段："地球上所有的生命都是人类自然界的一部分，我们应该去珍爱、呵护身边的生命，因为它们与我们同住地球的家园。"在课堂实施中，教师讲完这段话问学生："谁还有问题？请举手。"一位学生站起来说："老师，我们不能吃肉。"教师问："为什么？"学生答："既然我们要珍重、保护生命，猪、牛等动物都是地球的一部分，那我们就不能吃它们。"教师接着面向其他学生道："认为这位同学说得正确的举手。"有很多学生都举起了手……

◎这反映了教学设计中的什么问题？

3. 程序化的教学设计容易忽视知识的"生成性"

程序化教学设计的逻辑基础之一是简单的知识观。其认为知识是客观的、可教的、外在于主体而存在的，这种知识是可以传递、传授、传播的，学习者就是通过对知识的同化和顺应来获得知识的，因此教学设计就是教育者通过一系列的程序和步骤将外在的、客观的知识传递给学习者。这种教学设计的理念否定了知识的主观性、特定性与个体性，将知识的学习简化为可预测、可操控的指令，一项教学设计能预知学习的效果。实际上，知识的学习是一个复杂的过程。建构主义认为知识不是客观存在于认知者的，它是一个复杂的、互动的表征，总是与认知者有关，是认知者在特定情境下基于自己的经验背景通过与外部世界的相互作用而主动建构生成的，知识并非是某个人完全拥有或获得后再传递给他人的东西，而是生成于我们互动的世界中的。"生成性"是认知者获得知识的基本特征，这种生成性是认知者在个体的知识、信念、兴趣、背景等的基础上通过人与人之间的心灵碰撞主动建构生成的。这样的知识具有不可测性、个体性与情境性，是不能预设的。

我们应该克服程序化教学设计所带来的知识的外在性、单一性，通过弹性化、空白化的教学设计为学生个体化的、情境化的知识的生成创造条件，引导学生在师生互动、生生互动的过程中进行富有活力的思想交流和情感碰撞。

第三节　中学政治学科导学设计的研究意义

【视野拓展】

　　教学是有目的、有计划的一系列行为。它是一个神圣、庄重的事业。教学生成性体现了课堂的开放性，展现了生命的神秘性、不可预示性，万事万物并非都是可以量度的，生命就具有多姿多彩这样一个特性。与生成性相对的是预测性、预成性。而生成性是能够带给我们惊异感的、带给我们喜出望外之感的一片空间、一片神秘之地。教学是有计划、有目标的一种教学活动，但是教学又不是可以按照既定的程序、规则、步骤来进行的一项活动。我们应该讲究教学的开放性、情境性、即兴的创造性、即兴的发挥教师丰富的个性。因为只有具有开放性，或者说课堂的生成性，我们才能够带给人生动的感觉、真切感、真实感。好的课堂一定是真实的、真切的、自然的，它没有过多的人为雕琢，没有人为的、机械的控制，没有过分地按照那种程序来展开。教学是人与人心灵接触的一项活动，它只能随着人们心灵的展开来进行。因此，这样的一对命题——教学设计与教学的生成性，很有意味，它很好地把握了教学的一些基本特征，就是要有计划性，也要有自己的目标追求。①

　　如果说从传统备课到教学设计是一个从经验式教学设计走向科学式教学设计的转变，那么，由为教授而设计的"教"转向为学习而设计的"导"，标志着中学政治学科教学设计理论研究与实践进入了一个崭新领域。其意义表现如下。

1. 发展了教学设计理论，创新了教学设计模式

　　导学设计是关于导学策略的设计。其在新课程"还课堂与学生"的理念的指导下，根据学生学习实际，将教学目标转化为学习目标，将教授策略转变为导学策略，填补了传统教学设计在教与学的衔接、学法指导方面的空缺，为教与学架设了桥梁。近几年在中学政治学科教学实践中形成的导学案、案例导学等设计文本样式及远程网络课程等导学平台，为教学设计理

---

①　余文森，肖川，张文质. 对话：教学设计与课堂的生成归因［J］. 福建论坛，2005（7, 8）.

论，如设计模型、评价体系、目标设计的设计方法等提供了理论参考和经验借鉴。导学设计进一步发展了中学政治学科现代教学设计的理论，创新了中学政治学科教学设计模式。

2. 改革传统课堂教学结构，构建新型的以学生为主体的课堂教学模式

新课程提倡改革传统的以教师为中心的课程结构，确立以"教师主导、学生主体"的教育理念，提倡课堂教学以"学生为中心"，主张教师是学生学习的组织者、激励者、辅导者和帮助者；学生是学习的主体，其以主人翁的身份主动参与、互助合作、自主探究。在课堂教学中如何贯彻"学生主体、教师主导"的教育理念，使学生的主体地位和主体性得到体现，这是摆在理论研究者与实践者面前的一个难题。传统的教学设计，或多或少地被教师所控制、所把握，所以学生主体性难以得到体现，学生的主体地位不能完全得到实现。导学设计则强调学生是学习的主体。导学设计通过设计各种活动平台、不同的案例，引导学生自主学习、合作探究，体现了学生在课堂教学中的主体地位，有效发挥了学生的主动性与积极性。

3. 丰富课堂教学形式，创新主体性教学模式

教学模式是在一定的教学思想或教学理论指导下，在教学实践基础上形成的比较稳定而简明的教学结构、活动程序及其实施的方法论体系。教学模式或基于理论的推导，或基于实践的归纳总结，具有特色、优质、高效的特征。模式对于课堂教学的理论联系实际、提高教学效率、示范引导等有着非常重要的影响。现代教学模式越来越重视学生的自主学习。无论是"创设情境—参与活动—总结转化"的情境教学模式，还是"呈现案例—分析案例—总结评价"的案例教学模式，都是重视学生的主体性教学模式。同样，导学设计采用的导学模式是以学生的自主学习为主线，以学习活动为平台，以教师点拨解疑为保障，旨在促进学生的学习进步的模式。可见，导学模式是主体性教学模式的创新。

4. 转变教师角色，促进教师专业成长

导学设计重在对学生"学"的"导"，强调学法的指导，但其意图不在于简化课堂教学程序、弱化教师的课堂作用，而在于由教师借助设计对影响课堂教学的诸多要素进行整合、规划，协助学生解决问题，促进学生的自主学习，实现更为有效的课堂生成。导学设计不仅要求教师兼顾学习理论与教学理论的平衡，针对学情进行课程资源开发；还要求教师在吃透教材的基础上，更新教学观念、掌握教学理论、研究学法与导法等。因此，导学设计在为教师教学教研能力提出更高要求的同时，也不断促进教

师的专业成长。

【视野拓展】

导学设计对教师的教学能力提升有以下几个方面的要求：一是解读课程标准的能力。只有准确地把握课程标准对学生学习的基本要求，才能切合学生的实际设计学习目标，发挥引导作用。二是开发课程资源的能力。教材只是课程资源的一种，教师除能熟练运用教材之外，还能不定期地利用学生自身的经历和体验资源，并能合理开发利用校外的课程资源以及网络资源，使导学设计成为学生学习的"脚手架"。三是全面评价学生发展变化的能力。在教学过程的各个环节选择合适的评价方法，使评价手段多样化，评价的最终目的不是为了甄别，而是为了每一个孩子的发展。

5. 转变学生学习方式，促进学生全面发展

中学政治学科课堂教学的意义不在于学生掌握多少概念、原理和方法，而在于学生能否掌握学科思维方法，运用学科思维方法分析社会生活，形成问题解决的基本思路。导学设计的意义在于改变学生单纯地接受知识、教师传授知识为主的学习方式，确立学生在课堂教学中的主体地位，为学生构建一个开放的学习环境，提供多渠道获取知识并将学到的知识加以综合应用的机会；在于设计一个开放互动的学习过程，使学生不仅获得知识，还学会获得知识的方式、方法的转换；在于为学生的自主、合作、探究学习提供保障，为学生问题解决提供指引，为学生多元化思考提供空间，为学生创新能力、口头表达、团队协作能力培养提供平台。

第一章
中学政治学科导学设计的理论阐释

本章概要

◎哲学、教育学、心理学、现代教育技术等理论为中学政治导学设计提供了重要的理论依据,指导着导学设计的认识与实践工作。其中哲学方法论为中学政治学科导学设计提供方法论依据;教育学、心理学、传播学等理论为中学政治学科导学设计提供了理论基础;现代教育技术为中学政治学科导学设计提供了设计依据和技术指导。

◎教学与导学,两者关系密切,共同之处都是教师与学生的课堂活动,不同的是它们预期的目标、采用的方法及结果等有差异。同样,教学设计与导学设计两者既相互联系,又相互区别。

◎中学政治学科导学设计具有专业性与构想性的协调一致、主体性和开放性的辩证统一、系统性和层次性的有机结合、目的性和针对性的相辅相成,预见性和生成性的和谐组合的基本特征。

中学政治学科导学设计是新一轮基础教育课程改革的成果。其产生和发展过程应用了大量的教育学、心理学、传播学、哲学方法论等多学科的理论和现代教育技术成果。在相关理论中,哲学方法论为中学政治学科导学设计提供方法论依据;教育学、心理学、传播学等理论为中学政治学科导学设计提供了理论基础;现代教育技术为中学政治学科导学设计提供了设计依据和技术指导。

第一节 导学设计诠释

一、教学与导学

教学与导学，两者关系密切，共同之处都是教师与学生的课堂活动；不同的是它们预期的目标、采用的方法及结果等有差别。界定导学的概念前有必要先梳理教学的概念。

（一）教学

从汉语词源上分析，作为专业术语使用的"教学"大致有五种含义：一是教学即学习。在古代，教与学具有同源性，教与学不分，都是对人类社会活动的指称。而且，教源于学，在个别教学的组织形式下，通常以学代教。教学即学习，即通过教人而学，以提高自身素养。这是我国"教学"一词最早的语义。二是教学即教授。19世纪末20世纪初，废除科举制度，兴办新式学校。新校的兴起使"怎样教"成为当时的热门话题，"教授"一词为当时人们所普遍接受。政府也采用了"教授"一词。如1912年教育部公布的《师范学校规程》和1913年公布的《高等师范学校规程》都规定教育学科包含"教授法"。这是"教学"的第二种语义。三是教学即教学生学。"教学"语义再度发生变化，与我国著名的教育家陶行知有关。陶行知先生极力主张把"教授"改为"教学"，并将南京高等师范学校全部课程中的"教授法"改为"教学法"，这样"教学"又有了第三种语义。四是教学即教师的教与学生的学。新中国成立初期，我国中学教学深受苏联教育学家凯洛夫教育理论影响。凯洛夫主编的《教育学》对"教学"所下的定义是："教学过程一方面包括教师的活动（教），同时也包括学生的活动（学）。教和学是同一过程的两个方面，彼此不可分割地联系着。"① 直至当今，我国教学论教科书以及教育方面的辞典大多还是按凯洛夫定义解释"教学"的。这可作为"教学"的第四种语义。五是"教学是教的人指导学

---

① 凯洛夫. 教育学 [M]. 陈侠, 等译. 北京：人民教育出版社, 1957：130.

的人进行学习的活动,教和学相结合或者相统一的活动"①。《中国大百科全书(教育卷)》就认为教学是"教师的教和学生的学的共同活动"。持此观点的还有李秉德先生。他认为教学是学生在教师有目的、有计划的指导下,积极主动地掌握系统的文化科学基础知识和基本技能,发展能力,增强体质,并形成一定的思想品德。②

在国外,涉及教学所对应的单词有 teach(教、教导)、learn(学、学习)和 instruct(教导)。美国教育学家史密斯(B. O. Smith)把英语国家对教学(teaching)的含义的讨论做了整理,并把它们归为五类:③

1. 描述式定义

即传统意义上的教学。由于词义本身就有一个发展的过程,随着时间的推进,人们对它的观察、认识、体验的不断深入,它的外延、内涵、含义都会发生或多或少的变化。如早期的教与学是同义的;15 世纪时教学指的是提供信息,向某人演示如何做某件事情,就某一问题授课;传统意义上的教学,其描述性定义是传授知识或技能。

2. 交往式定义

即把教学作为一种交往方式。在英语教学的大量文献中,可以发现"教—学"(teaching - learning)这样一种表达方式。它揭示教和学两者之间是相互牵连、不可分割的。杜威曾用一个公式将教学的这一概念简洁地表示出来:教与学犹如卖与买。既然没有人买,也就无所谓卖。当没有人学时,也就无所谓教。"教学"意味着不仅要发生某种相互关系,它还要求学习者掌握所教的内容。

3. 意向式定义

即将教学作为一种意向活动。它表明,尽管教学在逻辑上可以不包含学,但人们可以期望教导致学。一个教师可能并不成功,但人们期望他尽力争取教学成功。尽力争取搞好教学,并不仅仅是从事这一活动,还要注意眼前所发生的事情,做出判断以及改变自己的行为。尽力争取做好某件事情在一定程度上就是有意向地做这件事情。从这个意义上说,教学是一种有意向的行为,其目的在于诱导学生学习。教师的行为表现是受他们的意向所左右

---

① 李秉德. 教学论 [M]. 北京:人民教育出版社,1990:2.
② 中国大百科全书:教育卷 [M]. 北京:中国大百科全书出版社,1985:150.
③ Smith B O. Definitions of Teaching [M] //Dunkin M. The International Encyclopedia of Teaching and Teacher Education. Oxford:Pergamon Press,1987.

的，而他们的意向是以教师自身的信念体系和思维方式为基础的。

4. 规范式定义

即将教学作为规范性行为。它表明，教学活动符合特定的道德条件。也就是说，只要符合一定道德规范的一系列活动都是教学。这种道德条件主要是使教学得以进行的活动中理智的数量：事实根据与推理运用的数量。据此判断，在教学及其相关的活动中，教导居于教学内涵的中心地区，是教学的最基本活动。灌输和条件反射则居于教学内涵的边缘地带，与教学密切相关。训练与条件反射由养成行为和培养技能的活动构成，教导和灌输则由发展知识与形成信念的活动组成。而恐吓、蛊惑、生理威胁和说谎则完全不是教学。

5. 科学式定义

尽管前面所分析的各种教学的定义在一定程度上阐明了"教学"一词在用于论述教育问题时的各种含义，但还没有精确到在运用这些概念时每个人都会有一致的看法。为了使对这一专业的研究变得科学化，有必要在某种程度上做进一步的探索。关于"教学"的一个专门性定义将由用"和""或""含义为"等词连接起来的一组句子构成。即以 $a = \mathrm{d}f(b, c, \cdots)$ 来表示的命题组合定义或并列建议式定义。其中 a 表示"教学是有效的"；$(b, c, \cdots)$ 表示"教师做出反馈"、"教师说明定义规则并举出正反两方面的实例"等命题的组合；$= \mathrm{d}f$ 表示随着命题之间的微小变化，a 将发生变化。

从对中外关于教学的含义比较来看，虽然人们对教学的理解和界定的角度不同，以至于至今还没有形成一个通用的概念，但有些观点是具有一致性的。如：教学是一种活动，是一个动态过程；教的一方要策划、传授，学的一方要学习、吸收；教学都包含"引出"或"导出"的意思，导学是教学的重要内容等。

(二) 导学

关于什么是导学，虽然至今也还没有较为一致的说法，但如前所述，导学的思想古已有之，比如苏格拉底的产婆术、孔子的启发式教学法等。叶圣陶先生说过："教师当然须教，而尤宜致力于'导'。导者，多方设法，使学生能逐渐自求得之，卒底于不待教师教授之谓也。"[①] 新课改以来，人们

---

① 中央教育科学研究所. 叶圣陶语文教育论集：下册 [M]. 北京：教育科学出版社，1980：718–719.

对导学的理论和实践进行了多方位的研究。关于导学概念的界定，有不同的表述，但"教师的导与学生的学的共同活动"① 这种对导学本质的认识是共同的。我们可以从以下三个角度来梳理导学的内涵：站在导的角度来看，导学是教师引领教学双边交互的活动，教师扮演着设计者、引路人和对话者的角色，核心是教师对学生的启发和引导；站在学的角度来看，教师的"导"只是一种手段，导学的目的是为了学生的学，是为学生学会学习、学会创新、学会主动发展服务的；站在导学过程的角度来看，只有导或只有学，或者这两项活动简单相加，都不能形成导学活动。教师的导离不开学生的学，离开了学生的学也就失去了主导地位；学生的学是在教师导的前提下进行的，离开了教师的导，也就和自学无异了。

【视野拓展】

关于导学的任务②

导学的任务不同于教学的任务。导学的任务是建立在教学任务基础之上的。主要体现为：

(1) 指导学生学会如何运用学习资源。
(2) 指导学生学会如何取得学习成功。
(3) 指导学生学会学习的系统而有效的方法。
(4) 指导学生学会如何创造学习。
(5) 指导学生学会如何适应学习化的社会。

二、教学设计与导学设计

（一）教学设计

关于"教学设计"不少学者下了定义。有人认为："教学设计是一运用系统的方法，分析教学中的需求，从而确定教学目标，建立解决教学问题的策略方案和步骤，并试行解决方案，评价试行结果和对方案进行修改的一种计划过程和操作程序。"③ 有人把教学设计定义为："为了达到预期的教学目标，运用系统观点和方法，遵循教学过程的基本规律，对教学活动进行系统

---

① 任顺元. 导学论：实践新课程的指导理论［M］. 杭州：浙江大学出版社，2003.
② 任顺元. 关于导学设计的几个基本问题［J］. 杭州师范学院学报，2001（4）.
③ 刘家勋. 现代教育技术［M］. 沈阳：辽宁师范大学出版社，1995：346.

规划的过程。"① 也有人把教学设计概括为:"教师在备课过程中,应用系统方法,分析教学问题,确定教学目标,设计解决问题的步骤,选择相应的教学策略和教学媒体,分析评价其结果的过程。"② 还有人提出:"教学设计是以传播理论和学习理论为基础,应用系统理论的观点和方法研究教学系统、教学过程和制定教学实施的计划,以使教学效果达到最优化。"

带有中学政治学科特征的教学设计定义有:"中学政治学科教学设计是政治教师根据现代教育、教学观和思想政治教育、教学原理,根据不同的教学对象和教材,按照预期教学目标,运用系统的方法对中学政治学科教学活动(包括过程结构等)作出预期的、全方位的策划。"③

以上有关教学设计概念的种种界说,虽然在表述上有差异,对一些实质性的问题却是有共识的。比如,教学设计要运用系统方法,其主要内容是分析教学问题、确定教学目标、制定教学过程的策略等,基本上是从一般教育技术的层面来定义的。

【视野拓展】

教学设计的特征④

第一,教学设计是把教学原理转化为教学材料和教学活动的计划。教学设计要遵循教学过程的基本规律选择教学目标,以解决教什么的问题。

第二,教学设计是实现教学目标的计划性和决策性活动。教学设计以计划和布局安排的形式,对怎样才能达到教学目标进行创造性的决策,以解决怎样教的问题。

第三,教学设计是以系统方法为指导。教学设计把教学各要素看成一个系统,分析教学问题和需求,确立解决的程序纲要,使教学效果最优化。

第四,教学设计是提高学习者获得知识、技能的效率和兴趣的技术过程。教学设计是教育技术的组成部分,它的功能在于运用系统方法设计教学过程,使之成为一种具有操作性的程序。

(二) 导学设计

导学设计是现代教学设计的一个分支。与教学设计的定义一样,人们对

---

① 麦曦. 教学设计的理论和方法 [M]. 广州:新世纪出版社,1996:19.
② 胡淑珍. 教学技能 [M]. 长沙:湖南师范大学出版社,1996:10.
③ 邝丽湛. 思想政治学科教学设计 [M]. 广州:广东高等教育出版社,1999:3.
④ 百度百科. http://baike.baidu.com/view/333105.htm?fr = aladdin.

导学设计内涵的理解也不是完全一致的,到目前为止也没有一个十分权威的说法。本书拟从不同角度对目前已有的对导学设计的界定加以整理,以冀从中发现共性,挖掘出导学设计的本质特征。

对导学设计的概念界定,学界有以下说法:

(1)方案说。有学者认为,导学设计是指在导学活动开始之前,教师根据学生心理需求、实际情况和导学目的要求,制定导学方法策略,以导学方案定型并加以实施。① 也有人认为导学设计即依据科学理论,运用系统论观点和看法,整合课程资源,对导学过程相互联系的各个部分做出整体安排的一种构想。② 此界定突出了导学设计的整体性。

(2)策略说。有学者把导学设计定义为"是在对学习内容、学习者特征分析的基础上,分解学习目标,根据教学要素特点确保学习者学习目标达成的导学策略"③。认为导学设计可采取多种方式呈现,包括学案、讲学稿、导学平台等。

(3)平台说。有学者从系统论的角度对导学设计进行界定,认为导学设计是"通过既有形式(声、视频、文本等)进行资源任务过程系统设计,为学生提供学习支持。Web Quest、网络视频载体是导学设计的媒体平台,为学习者自主探究学习提供有效的学习帮助。学生通过任务的完成积累所需的各级技能,从而构建内部知识结构"④。

仔细研究上述学者给"导学设计"所下的定义,我们发现虽然各人表述内容不一,但有几个关键词语:"学生""学习目标""导学""系统设计""方案"等,出现频率很高。特别是"导学"这个词,几乎在每一个定义中都出现。从以上定义我们可以概括出两个共同点:第一,导学设计是设计者根据一定的学习目标,精选学习资源,通过合理的方式促进学习者有效学习,有效获得知识和技能的活动;第二,导学设计是为实现教学目标而设计的解决学生学习问题的预期设计。

上述定义为我们界定中学政治学科导学设计提供了借鉴。参照目前学界对现代教学设计及导学设计概念的共识,考虑到中学政治学科的专业特点,

---

① 任顺元. 新课程下导学设计的基本原理[J]. 新课程研究,2004(6).
② 杨斌奎. 课堂导学的设计策略与实践思索[J]. 中国教育技术装备,2012(153).
③ 胡志金. 论两种不同倾向的导学设计[J]. 中国远程教育,2007(10).
④ 王林发. 基于 Web Quest 的导学设计研究[J]. 中山大学学报论丛,2007(6).

我们认为中学政治学科导学设计可以定义为：中学政治教师以新课程理念为指导，以突出学生主体地位、提高学生素质为目标，根据中学政治教学原理与学生实际，运用系统方法对中学政治课教学过程的导与学活动做出预期的、全方位的策划活动。

这一界定有以下内涵：

（1）中学政治学科导学设计是对本学科教学过程预期的、全方位的策划活动。这种策划活动同时存在着专业性和构想性两种属性。专业性是指中学政治学科教学设计属于学科导学设计，它与中学政治学科教学活动过程及其特殊规律紧密相连、息息相关。它旗帜鲜明地表明了中学政治学科的性质——思想性。整个设计活动都是围绕学生的思想素质、道德素质和心理素质来展开，因而它具有鲜明的专业学科特色。如果离开中学政治学科教学活动过程及其特殊规律去研究导学设计，它就会沦为普通导学设计。构想性是指中学政治学科导学设计是一种构思和策划活动，是政治教师的思维流程。它只研究如何设想和规划通过中学政治学科教学活动的程序、环节、结构等问题，引导学生有效学习，并不包括中学政治学科教学实施和教学评价的研究。专业性和构想性这两个属性，前者使中学政治学科导学设计与别的学科导学设计区别开来，后者则使中学政治学科导学设计与中学政治学科中的教学实施和教学评价划清界限。专业性和构想性两者相互依存，相互制约。专业性规定着导学设计构想的对象和范围，构想性拓展着中学政治学科导学设计的空间。这种专业性与构想性相统一的属性是中学政治学科导学设计的本质属性。

（2）中学政治学科导学设计的核心是导学，即以学习者为中心，重点放在引导学生学与悟的"导"。由"教"向"导"的转变决定了中学政治学科导学设计具有主体性和开放性的属性。中学政治学科导学设计强调突出学生的主体地位，通过向学生提供案例、学案、活动等学习载体，引导学生自主建构知识、发展能力；不仅仅强调教师的"教"（引导）的设计，更强调学生"学"（研讨）的设计。因为导学设计涉及的教学目标、教学内容、教学过程、教学组织形式、教学评价、师生关系等方面与传统教学设计"牵着学生走"有根本性的不同。导学设计追求的不是结果的满足，而是要在一种平等的对话交流过程中，引导学生探寻知识形成的过程，发掘学生学习能力的生长点，指导学生完善自我知识体系、能力系统、情感态度与价值观的建构。因此，导学设计通常根据学生的学情诊断"病因"，开出"药方"，并且在比较各种备选方案优劣的基础上做出决策。导学设计这种突出学生主体地位的追求，目的是设计一个能够充分发挥学生的课堂主体地位的开放的、生态的课堂，希望在这个开放的课堂里，师生之间、生生之间能够多向互动、平等对话、积极研讨，体味、感悟中学政治学科的真谛。从某种意义上来说，导学设计的实质就是开放性、参与性和师生互动性的高度统一体。甚至可以说，开放程度可以作为导学设计成功与失败的重要的衡量标准。主体性和开放性的统一是中学政治学科导学设计的基本属性。

（3）中学政治学科导学设计是现代教学设计的发展。它具有现代教学设计的结构特征，它和教学设计一样，都是运用系统方法对中学政治学科教学的整个程序及其具体环节、总体结构及其要素进行精心策划。它既有系统性，又有层次性。说它系统，一方面是因为中学政治学科教学活动本身是个大系统，纵向表现为教学程序，横向表现为教学结构，中学政治学科导学设计就是针对这种纵横交错的完整体系，进行经纬交织的整体设计；另一方面是因为中学政治学科导学设计本身要求完整和系统，"麻雀虽小，五脏俱全"，各项设计其要素、环节一应俱全，每项设计都要安排周密、精细。说到层次，是因为中学政治学科导学设计具有多种层次、多个侧面。它不是一种平面设计，而是一种立体的操作实践活动。作为一种立体设计，从纵向看，即从教学过程看，既可以设计一个学年或学期的导学活动，也可以设计一个单元、一个课时的导学活动，甚至可以设计一个导学步骤；从横向看，也就是从教学活动的整体看，大至中学政治学科教学的整体改革策划，小至一幅板书、一段导语的安排。因此，中学政治学科导学设计既有宏观，又有中观，还有微观。宏观导学设计涉及中学政治学科整体改革，中观导学设计则构思一单元或一课的教学内容和活动安排，而微观导学设计只谋划一课时、一段内容、一招一式之得失。这种系统性和层次性的有机结合是中学政治学科导学设计的又一重要内涵。

（4）中学政治学科导学设计是通过分析课程标准，设定导学目标，并针对具体教学对象和教学内容进行的策划和构思。所以它必须保持目标性和针对性的相互协调和相互承接。两者之间的关系表现在：一方面，预期目标的设定是建立在对社会需求分析、具体教学对象分析和教学内容分析基础上，是针对具体教学对象的需要和教材特点而设定的；另一方面，针对教学对象和教学内容而设计的措施又是围绕目标而展开的，两者相互依赖、相辅相成。这种目标性与针对性的相辅相成关系也是中学政治学科导学设计的基本内涵之一。

（5）中学政治学科导学设计既然是一种预期的行之有效的价值引领，

那么，它必然要求预设与生成保持一致。中学政治学科导学设计是一种实施前的计划、策略。这种计划和策略是政治教师主观能动性的产物，是政治教师通过分析学习需求、教学要素、教学过程的影响因素而制定的。它能预见一经实施所能获得的效果，它是实现教学目标的保证。同时，导学设计是根据课程标准"以学生发展为本""尊重学生的个性差异""多维度设置教学目标"的理念，通过设计师生共同参与的对话、沟通和合作活动，师生交互影响，以"动态生成"的方式推进教学活动的过程。这种设计必然具有生成性，是预设性和生成性的和谐统一。预设和生成的和谐组合，应当视为中学政治学科导学设计的另一重要内涵。

综上所述，专业性与构想性的协调一致、主体性和开放性的辩证统一、系统性和层次性的有机结合、目的性和针对性的相辅相成、预设性和生成性的和谐组合这五个导学设计的基本内涵，也就从五个方面反映了中学政治学科导学设计的本质属性和内在联系。

（三）导学设计与教学设计的关系

导学设计是对教学设计的继承和发展。两者具有一些共性特征：

1. 一致性

中学政治学科导学设计和教学设计概括地说就是设计、策划中学政治学科教学活动过程，亦即研究中学政治学科教学活动的策划问题。两者的研究对象具有一致性，就是中学政治学科的教学活动。

2. 科学性

两者都是以现代教学理论，包括认识论、教学论、学习论、心理科学、教育工艺科学等所提供的原理和思想方法为基础的。两者都综合运用了现代教学理论来分析、规划思想政治课的教学过程：分析学习需求，确定教学目标，设计解决问题方法，调整设计方案，直到达到预期的教学目标。现代教学理论和思想方法确保中学政治学科导学设计和教学设计的科学性。例如，系统方法使设计过程成为一个分析教学需求，确立教学目标，研究解决问题的策略和方法，通过评价加以反馈和矫正，直至获得解决问题的最优方法的科学的、逻辑的过程。

3. 创造性

两者都是以人类的学习、传播研究为依据，以系统方法为手段，对教学系统的诸要素（教学目标、教师、学生、教学内容、教学方法、教学媒体、教学环境等）以及诸要素之间的内在联系进行加工、协调、配置，设计出有效达到教学目标的导（教）学方案。就设计的过程而言，导（教）学的过程就像把小说改编成电影剧本的过程,既要脱胎于原作(教材)又要有自己的剪辑发挥和加工。这一过程是一种创造过程。因此,创造性地分析问题,提出导(教)学策略,是中学政治学科导(教)学设计的重要特征。

4. 可操作性

两者都是作为一种教育应用技术。它们一方面表现为把设计过程模式化,即对中学政治学科教学系统的整体及各个组成部分的分析和设计都有明确的理论依据和操作方法,并有多种侧重点不同的范型可供设计者选择。如本书第二章"中学政治学科导学设计流程"提出的中学政治学科导学设计范型均可视为有操作价值的模式。这些模式的每一个环节的分析和设计都有明确的理论依据和可操作的方法。另一方面表现为教学目标是用可观察的行为术语描述,使师生双方对学习产生的结果都了解得很清楚,有利于学生主动参与、教师准确判断,进而为评价学习结果提供可测量的标准。

教学设计向导学设计的发展过程中,设计者的关注点发生以下转变:设计目标由解决教学系统问题转向聚焦学习者学习需求;教学任务研究分析的侧重点由教法转向学法;过程控制由关注静态课堂教学转向关注动态课堂生成;由束之高阁的设计模型理论走向服务导学的文本。因此,导学设计与教学设计相比较有如表1-1所示的不同点。

表1-1 导学设计与教学设计的不同点

	教学设计	导学设计
设计理念	教学过程中心,一切为了"教"得好	以生为本,注重课堂效能与学生学习能力的培养
教学任务分析侧重点	备教材教法,为教学服务	备学生学法,导学思路
目　　标	教师教学	学生自主学习,教师有效导学
课前准备	预设学习需求,立足于教学	以学情调查为基础,立足于学习
课堂生成	按设计预设目标达成教学要求	合作探究,共同解决问题,内化生成
设计流程	教材分析—明确目标—预设教学过程—课后反思—再设计	教材学情分析—制定有针对性的目标—设计教学策略—拟定导学思路—课后反思—再设计

续上表

	教学设计	导学设计
教学评价	即时评价、课后达标检测,侧重学习结果性评价	过程评价、多元评价,侧重学习过程评价
过程控制	按静态课堂预设控制	按动态课堂生成预设控制
操作可行性	技术性强,刻板	具体可操作,有延伸空间

科学的不断分化是现代科学发展的趋势之一。一门学科中的若干内容逐步发展、积累、扩展、深化,会分化出若干子学科。比如,教学设计以前是教学论中的一个问题,现在则独立成为一个研究领域。又如,教学技术分化并形成教学技能、微格教学、教学艺术论、教育技术学等学科领域。导学设计研究也是现代教学设计的进一步发展。从有关著作和论文来看,关于导学设计在教学设计理论中的发展趋势是:从最初的导学行为策略的提出、学习指导的研究,到导学案、讲学稿、教学案、学案等文本设计模型的出现,后来又有专门论著论述如何导学、如何设计导学案。这一发展趋势标志着导学设计已形成了一个专门的研究领域,正在向学科理论体系建构方向发展。本书正是在中学政治学科对导学设计进行深入研究、建构本学科导学设计理论体系方面所做的尝试。

第二节 中学政治学科导学设计的理论基础

导学设计是对引领学生学习的系统策划,这种策划是对教学过程的创新和拓展,它需要以一定的方法论为指导。哲学心理学、教育学、传播学等理论作为一种世界观、一种认识工具或一种思维方法,其对导学设计起着重要的引领作用,指导我们科学地认识导学设计和有效地设计导学方案。

一、中学政治学科导学设计的哲学基础

哲学是最普遍的世界观、方法论。它深刻地揭示了自然、社会和思维的普遍规律,指导人们认识和改造世界。因此,它对我们进行导学设计具有普遍的指导意义。

（一）马克思主义哲学对导学设计的影响

马克思主义的一些基本观点对我们进行导学设计有引领性的作用。例如，唯物辩证法把事物看成是联系、发展的；认为事物与现象之间的相互联系、相互作用是普遍存在的、必然的，这种联系既有纵向联系，又有横向联系；既有结构的联系，又有功能的联系。马克思主义关于事物之间普遍联系的观点要求我们要用联系的观点去观察课堂，观察参与教学活动过程的各种基本要素，诸如教师、学生、教材、教学手段和方法、教学环境之间的内在相互联系性，在充分认识课堂教学各要素、各环节之间的联系性的基础上，编制导学目标，确定导学策略，选择导学形式和媒体。马克思主义关于变化发展的观点，使我们学会用发展的眼光考察教学过程，正确认识预设与生成的关系，注意随着科学技术的不断发展，许多新的因素对导学设计效果和质量会产生影响，要不断地把新的要素吸收到导学设计系统，改革创新原有的导学设计模式，使之不断地丰富和发展。

唯物辩证法又认为，事物内部与事物之间的关系表现为对立统一关系，必须用一分为二的观点来看事物。马克思主义关于一分为二的观点，使我们在进行导学设计时，能正确评价各种教学媒体、教学方法、教学策略、教学组织形式的功能，以免过分夸大其某方面的作用而使导学设计不切合实际。例如，探究学习与合作学习两者各有利弊，两者互为依托。在一般情况下，探究中有合作，合作中有探究。在进行导学设计时，应考虑把两者结合起来使用。

历史唯物主义强调一切从实际出发，实事求是。导学设计有非常强的实用性，能够有效指导学生学习。但它不是刻板的、僵化的、机械的、教条主义的东西。根据马克思主义实事求是的观点，我们进行导学设计应从客观实际出发，充分考虑教学过程的具体条件，以实事求是的态度，遵循教学规律，根据不同的课型、不同的教学环节采用不同的导学策略和不同的导学设计方案。历史唯物主义提出人的认识过程是经过"实践—认识—实践"的循环往复而不断提高的观点，指导我们要从教学活动出发，在实践探索中提升认识，再把导学设计理论应用于教学实践，力争取得良好的教学效果。应该说，马克思主义关于群众的观点同样对我们从事导学设计的研究很有启发。群众是真正的英雄，人民群众是历史的创造者，他们不仅创造了社会的物质财富，而且创造了社会的精神财富。导学设计从研究、改进、完善到创新各方面都必须依靠广大政治教师的力量，集思广益、博采众长。

必须指出，中学政治学科导学设计以马克思主义哲学方法论为方法论指导，但不排除借鉴现代西方哲学方法论中有用的东西。现代西方哲学方法论虽有其局限性和缺陷，但也有某些积极因素值得我们去研究、发掘和借鉴。如系统方法论对我们分析教学结构、进行导学设计颇有启发。

（二）系统科学的方法论对导学设计的影响

系统科学的方法论介于哲学方法论与具体方法两者之间，具有跨学科的性质。系统科学的基本原则是唯物辩证法中的普遍联系、运动发展、矛盾统一、量质互变规律在科学管理上的具体化。① 系统论是系统科学的核心。系统论强调从全局出发，对系统内外的各种联系和相互作用进行考察和分析，从而最有效地处理问题。系统论的整体性原理、联系性原理、有序性原理、动态原理和最优化原理在导学设计中具有广泛的应用价值，是导学设计的基本指导思想。

系统论的整体性原理强调，任何系统虽然由若干要素构成，但在功能上，各部分功能的总和不等于整体的功能。如果各部分联系紧密、组合恰当、互相补充、相得益彰，便产生优化的系统功能，出现系统整体功能大于孤立部分功能之总和。反之，如果各部分组成一个彼此干扰、相互冲突的结构，系统整体功能就会小于各部分功能的总和。整体性原理要求我们进行导学设计时要重视教学系统的总体要求：①系统各组成要素之间是匹配的、相容的。例如，导学目标要体现出知识、能力、情感等方面的和谐发展的要求。②系统的各组成要素的组合应是最优的组装，使系统结构产生"整体效应"，从而获得更大的功能。③系统各组成要素的相互作用要协调。导学设计的目的之一就是通过分析系统各要素之间的交互作用，协调要素之间的联系和组合，使系统功能得到最佳的发挥。教学系统包含学习者、动力、资源、活动和媒体五个基本要素。这五要素构成以学习者为中心、学习活动为基础、学习资源为支撑的导学设计三个子系统：学习者系统、学习环境系统和媒体传输。教师通过对三个子系统的设计，将外部能量、物质、信息供给学生自身系统，转化为学生的内在动力，丰富学生的学习经验。

系统论的联系性原理，是唯物辩证法普遍联系的观点的具体体现和实际运用。系统内部各个要素之间是相互联系和相互制约的。系统、环境和要素是密切联系着的，事物总是存在于某种系统中，并作为该系统的一个要素，较高一级系统的要素（或子系统）是较低一级要素的系统。对于一个特定的系统来说，其是彼此联系和相互制约的有机统一的关系。据此，导学设计

---

① 董奇. 心理与教育研究方法 [M]. 广州：广东教育出版社，1992：30.

应注重运用互相联系的观点去考察教学过程,充分考虑各个教学要素之间、教学要素与过程之间、教学过程与教学外部环境之间的关联性,争取获得最大化的教学效益。

系统论的有序性原理强调,系统的任何联系都是按等级和层次有条不紊地进行的。系统的有序性可以从时间顺序、空间结构和功能行为三方面去考察。从时间上看,系统中事件与事件、环节与环节之间,是有前后次序的,人们总是在时间上先做完一件事情再接着做第二件事。从空间上看,系统的结构也是有序的。系统的结构是系统内部各要素的组织形式。系统的稳定联系构成系统的结构,形成纵横交错的立体网络模式,它既可以按垂直方向描述,以区分系统的各种层次和等级;也可以按水平方向描述,形成纵横交错的立体网络模式,以掌握系统的同类组成部分之间的联系。我们可以循着要素之间的关系从一个要素到另一个要素,从要素走向层次,从层次走向系统。从功能性上看,系统的功能行为也总是在时间上有秩序地发生和表现着的。系统结构决定系统的功能,不同的结构可以发生不同的功能。在要素确定、环境影响不变的情况下,科学地安排系统的空间结构和时间结构是发挥系统功能的关键。这一原理运用于导学设计有十分重要的意义。它不仅要求导学设计要结合学科内容的逻辑结构和学生身心发展情况,有次序、有步骤地展开,而且还要求科学地安排导学过程的层次结构,合理安排各种媒体和方式的运用,使导学设计趋于合理。

系统论的动态原理强调两个方面:一是系统的开放性,即任何系统都与环境之间存在着物质、能量和信息的流动。系统受环境的影响,随环境的变化而发生变化。二是任何系统都是一个"活"的机体、一个运动过程。要素之间、要素与系统之间存在着物质、能量、信息的流动。例如,导学设计自始至终都是一个动态的开放模式,教学条件随时会发生变化,这就要求设计者要正确理解预设与生成的关系,理解导学设计是一个开放的系统。教学过程随时都会有生成,预设要开放,给教学留有生成的空间。

系统论的最优化原理强调,最优化的现象和趋势是复杂系统存在的一条规律。我们对系统研究的最终目的,是为了使系统发挥最优功能。教学过程系统可以有多种导学设计方案,我们要确定最优目标,选择最优方案,使导学设计达到最优的效果。最优化之所以被提出,最优化的实现之所以成为可能,最根本的原因在于系统的复杂性和多样性。任何系统往往都会有多种多样的具体存在形式,既然有多样性,也就必有可比性,必有最优。因此,我们要用最优化的观点去探索导学设计的最优化途径。可以说,最优化是导学设计的核心。

系统科学中信息论的观点在导学设计中有着特别重要的意义。信息论的核心是把系统（整体）的运动过程看作是信息的输入、传递和转换的过程。信息论方法就是利用信息论的观点，把系统（整体）的运动过程看作是信息的输入、传递和转换过程来考察的一种方法。导学设计的过程反映了信息论的信息输入、传递、转换原理。首先，导学设计要确定导学目标，选择各种教学媒体，广泛搜集资料，获取大量信息，实现信息的最优化；其次，导学设计是对所获取的信息加以整理和加工，形成导学策略；再次，导学设计的信息输出后，要及时收集反馈，获得形成性评价和总结性评价。可见，导学设计是一个搜集资料、加工整理、做出策划和运用实践的过程，同时也是一个信息输入、加工整理、做出策划和运用实践的过程。

二、中学政治学科导学设计的心理学、教育学基础

导学设计研究是基础教育课程改革以来新兴的研究领域。导学设计的研究，可以而且应该利用现代心理科学、教育科学、思维科学等诸多领域的研究成果，以获得坚实的理论支撑和广阔的学术视野。

（一）中学政治学科导学设计的心理学基础

在心理科学中，为中学政治学科导学设计提供直接理论依据的是学习理论。学习理论是心理学，特别是教育心理学领域的核心部分，主要揭示人类学习活动的规律。学习理论研究的是学习者如何通过感知、思维、行动接受教育，掌握知识、技能，理解客观事物的规律。学习理论的研究内容对中学政治学科导学设计的理论和实践起到直接的指导作用。

1. 认知派学习理论对导学设计的影响

认知派的学习理论主要有格式塔心理学的学习顿悟说、布鲁纳的认知发现说、皮亚杰的认知发展理论等。

认知派学习理论的基本观点是：学习过程由获取过程和认知过程组成。获取过程是指大脑获取外部刺激信号的过程，包括三个子过程：感觉、知觉、编码。认知过程是指把学生的认知结构转化为学生行为的过程。认知过程是学习过程的主要部分，它在大脑中是这样完成的：学生根据要求，从长期记忆中搜索出有关的认知结构并放入工作区（短期记忆的另一功能），这些认知结构在工作区中经过一定的相互作用，形成新的认知结构。新的认知结构一方面恢复成学生的学习行为，另一方面重新编码并返回长期记忆去储存。认知结构和认知过程是相互影响的：认知过程改变了原有的认知结构，

而新的认知结构又会促进以后的认知过程的形成。

学习过程可以粗略地用图1-1来表示。

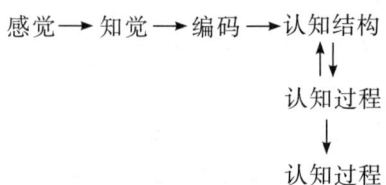

图1-1 学习过程

认知派的学习理论对中学政治学科导学设计产生重大的影响。从认知的角度审视导学设计,可以认为导学设计是基于这样的假设:由于存在不同类型的学习行为(教学结果),从而需要有不同的教学条件去恰当地促进所要求学习行为的实现。或者说,与不同学习行为相联系的有不同的认知结构,要达到新要求的学习行为,则需要认知过程去使用相应的认知结构。基于以上假设,我们进行导学设计时,首先要考虑为不同的学习阶段设计相应的学习条件,要研究达成不同阶段目标所需要的导学策略和方法;其次要选择恰当的导学内容,并显示内容的各种特征,以便建立合适的教学条件,使导学内容结构的组织形式有利于学生的编码,促进认知结构的发展。

2. 联结—认知派的学习理论

在联结派与认知派两种学习观相互争鸣过程中,一些行为主义学者注意到联结理论的缺陷,开始接受了认知派学习理论的一些观点,提出兼容并取的联结—认知学习理论。这种折中的学习理论代表了两种学习观的相互联系、相互融合、相互渗透的倾向。其代表人物之一——加涅试图将两种对立的学习理论融合起来,形成一种新的学习模式——积累学习模式。

加涅认为,学习过程是十分复杂的,水平不同的学习各有不同的机制,由此可区分出学习的层次。

【理论探究】

加涅的学习层级划分①

第一层,信号学习。这是巴甫洛夫型的条件反射,从形成行为的最小单

---

① Gagne R M. The Conditions of Learning [M]. Boston: Holt, Rinehart and Winston, 1965: 60.

位这一意义上说，它同刺激—反应学习都是最基本的学习。

第二层，刺激—反应学习。相当于斯金纳型的由机体的运动刺激及其反应相结合（操作行为作用）而产生的学习。

第三层，连锁形成学习。这是两个（或两个以上）的学习 S‑R 的联结，形成连锁作用。

第四层，语言联合学习。这是指语言学习中言语的连锁作用。

第五层，多样辨别学习。指对某一集合的个别根本要素学会做出个别的反应。例如记住任课班级学生的名字等。这种场合需要对刺激做出辨别，对反应做出分化。

第六层，概念学习。这同多样辨别学习相反，是要抽出学习情境中具有共同属性的多个因素，学习同一的反应，谓之概念学习。

第七层，原理学习。是指原理、命题、法则等的学习。

第八层，问题解决学习。这是利用先前学习的原理，分析情境，思考出新的原理。

加涅根据其学习层级的划分提出积累学习模式（见表 1‑2）。

表 1‑2 加涅的积累学习模式

层级	学习类型
类型 8	问题解决学习
类型 7	原理学习
类型 6	概念学习
类型 5	多样辨别学习
类型 4	语言联合学习
类型 3	连锁形成学习
类型 2	刺激—反应学习
类型 1	信号学习

加涅的积累学习模式主要包含下列主题：

第一，学习的每一后继形式实质上都是前一认识的更复杂的表现。这就是说，进行高级的学习的前提条件是要有低级的学习做基础。这样，某种学习就不会处于孤立地位，而是处于一整套学习的某一层级中。这是积累学习模式的中心思想。

第二，要提高学习的迁移效果，宜从低层次的学习延伸向高层次的学习。学习，就像叠瓦片一般，从单纯到复杂、从低层次到高层次进行，是最有效的。

第三，人的发展，是从第一类学习到第八类学习积累的结果。加涅的学习层次概念，描述了学习的内部情况。但学习内部过程可能会受到外部事物或环境刺激的影响，外部事件可以激化、维持、促进或者增强学习的内部过程的种种方式加以计划和执行。当外部事件用以上方式加以策划并执行时，就称之为教学。所以，教学是教师有目的地去计划、设计某些外部事物，使其顺应、维持、促进学习者的内部过程。

加涅的积累学习模式为导学设计提供了一个导学过程操作框架（如图1—2所示）。中学政治学科导学过程设计可以借鉴加涅的"教学阶段活动"为操作原型，把教学过程分为若干环节，针对每一环节的学习特点，用不同信息加工方法去设计导学策略，使导学活动符合学生的学习活动规律。例如，针对"动机阶段""了解阶段"，可相应设计一个情境导学，以激发学生的学习动机，引起学生注意和明确目标；又如，针对"反馈阶段"，可设计不同类型的练习题来反馈和强化学习效果。

3. 建构主义学习理论

设计一种怎样的导学策略，才能够帮助学生进行信息加工以形成良好的认知结构？建构主义学习观的提出，使知识建构的导学策略成为可能。在建构主义学习理论的视野里，设计者关注的是怎样创建良好的学习环境和丰富的学习资源，帮助学习者对事物的意义进行构建。建构主义学习理论提出学习不是把外部知识直接输入主体的心理过程，而是主体以自己原有的经验为基础，通过与外部世界的相互作用而主动建构新的理解、新的心理表征的过程。学习在本质上是教师和学生进行合作性的意义建构的过程。因此，教学不应该是一种完全预设性的教学，不应是实现预期结果的途径和手段。尽管教学也必须预期一定学习结果的出现，但是学习过程的多样性和动态性又必然会导致学习结果的丰富性和不可预测性。硬性地预先规定某种学生需要达到的标准化结果，无异于要求削足适履；而一味地从外部控制学生学习的过程，使之无原则地服从预定的结果，必然会影响学习过程中学生个体充满灵性的自主活动，以及学生和学生之间、学生和教师之间富有活力的思想交流和情感碰撞。

综上所述，学习理论由行为主义到认知主义，再发展到建构主义，不断

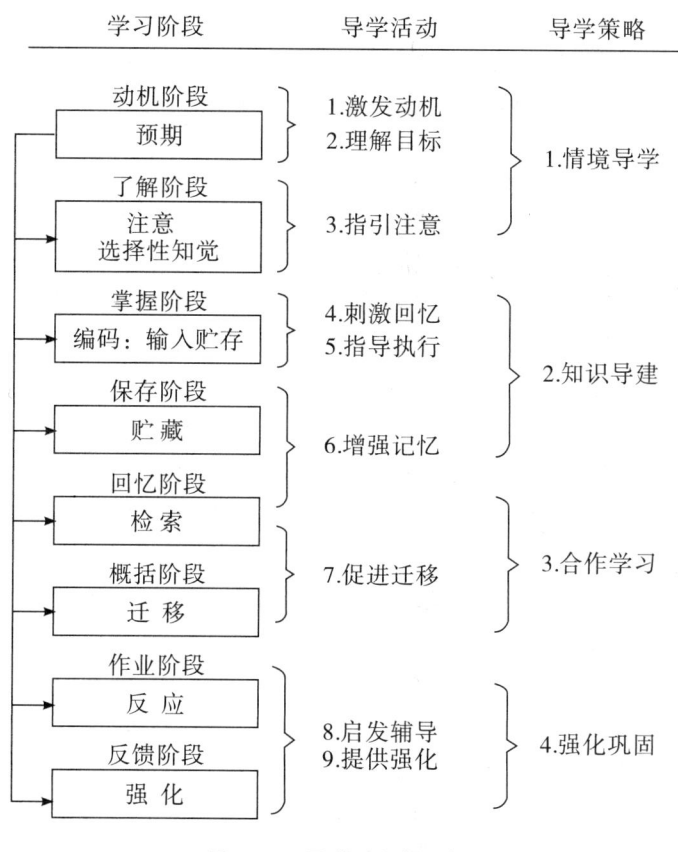

图 1-2 导学过程操作框架

地提出学习形成的问题、教学策略的问题和学习建构的问题，促使人们开始关注学习者特征分析和导与学的策略设计，把导学设计视为帮助学生成为更有效的信息加工者的过程。当教学设计的研究范式从本体论转向主体论时，教学设计的重点也因此而转向了导学设计。

【实践反思】

一位留德学者曾说："如果教师提出一个问题，十个中国学生答案往往差不多，而在外国学生中，十个人也许能讲出二十种答案，尽管有些想法非常离奇。"

◎这说明了中国的教育中存在什么样的问题？
◎从导学设计的角度谈谈如何促进学生创造力的发挥。

（二）教育学基础

现代教育理论为中学政治学科导学设计提供宝贵经验和理论依据的有：教学过程理论、主体教学理论、人本主义理论、活动教学理论等。这些理论与中学政治学科导学设计有直接关联，它们是中学政治学科导学设计的重要理论基础。

【理论探究】

我国教育理论界对教学过程本质有如下几种看法：①教学过程是一种特殊的认识过程；②教学过程是促进智力发展的过程；③教学过程既是认识过程又是发展过程；④教学过程是一种特殊的社会实践活动；⑤教学过程是多层次、多结构、多本质的特殊活动过程。

◎请谈谈以上对教学过程本质的认识存在的问题。如何正确认识教学过程的本质？

1. 教学过程理论

教学过程理论认为，教学过程不是一种单纯的认识过程，而是生命意义的发生、创造与凝聚的过程，是生命力量的呈现与发展的过程，是教学主体对于生命内涵的体验过程。教学不只是传递知识的活动，而且是一种生命活动，是生命存在的基本方式。师生在教学中通过体验不断领悟世界的意义和人本身存在的意义，不断激活着生命，确证着生命，丰富着生命，不断提升生命的质量与价值。注重生命发展的教学过程内含生动的情感成分，教师从自己的经历，从内心的情感积累和独特的感受出发去揭示和拓展生命的意蕴；学生在教学中投入情感、滋润着情感、陶冶着情感，通过教学中的情感体验感受生命的涌动，成为既具有知性、理性，也充盈着灵性与感性的整体的人。注重生命发展的教学过程是超越主客关系、情境合一的过程。在这一过程中，师生不把他人他物看作单纯的认识对象和认识物，师生双方都全身心地投入一种情境交融的创造活动中而忘掉了各自的角色。教学过程中所呈现的材料也不是简单的用来认识和使用的"物"，而是内含着意义的"生命体"，是对象世界与意义世界的统一，是集真、善、美于一体的整体的呈现。它不仅是一种认知存在，也是一种意义存在。它不是概念、公式、原理或是字词句段的简单堆积，它是生活世界的表达，是生命意义的阐释。学生学习的意义不只是把所学内容作为客观对象去认识，获得关于它的知识，而是与它相遇对话，站在自身的经验和时间中理解它，把它看作是与人生相关的东西。注重生命发展的教学过程具有一种张力，一种召唤力。它的意义在时间中流动而未定，它给学生一个广阔的、自由的空间，呼唤着学生独辟蹊径、富于个性的创造性理解和解释。面对这样的教学过程，学生的学习不再是一个封闭的、寻找固定答案的过程；学生不再把自己的学习局限在教材中的知识概念、逻辑推理、数理公式、字词语法等显性的、在场的东西，不再受权威解释、标准答案的束缚；不再专注于死记硬背和亦步亦趋地复现原意，忠实地认知而无自己独特的渗透着感情的体验。

　　在一个开放的、充满创造性的教学过程中，学生不断理解自己、理解人生、理解社会，不断投入自己的人生体验，去发现和感受概念、判断、公式、语法背后的丰富意义，去创造出前人未能创造出的新意。这一过程中的师生关系是有着共同话题的对话关系，是通过教学中的交往、对话、理解而达成的合作关系。在这种关系中，师生进行着知识与智慧的交流、精神与意义的沟通，师生双方作为完整的人，以整体的人格相互影响，双方在对话中共享着知识与经验，共同体验着美好的人际关系，共同感悟着生命的意义与价值。在这种关系中，师生之间不是单纯的主体与客体的关系，不是单纯的认识与被认识、支配与被支配的关系，而是一种在共同的学习情境中的"相遇"关系。在这种关系中，师生双方都作为自由自主的人投入共同创造的教学氛围中，相互吸引、相互接纳，各自独立而又相互理解与回应，共同体验生命的涌动、精神的拓展。在这种关系中，师生相互尊重、彼此信赖与激励，教师理解生命的独特性，充分尊重学生的相异性，对学生个性给予接纳和肯定，对学生的不同思想、不同见解能够包容与支持，教师不只是面向学生的说话者，更是体谅学生的倾听者。教师总是为学生彰显各自的生命力量、发展各自的独特精神提供一个广阔、融洽、自主的空间，让学生的心灵得以自由舒展、生命意义得以真正实现。而在这一过程中，教师自身也体验到了生命的活力与价值，获得了工作乃至生命的意义。

　　注重生命发展的教学过程理论是我们进行导学设计的指导思想。它改变我们传统的教学观念，让我们清楚地认识到：当教学不局限于认知的目的，它还关注学生态度的发生、情感的滋养、信念的形成、人格的完整，关注学生整体生命的健康成长；当教学预设不只是目标准确、计划周密、环环相扣、层次清晰，而是详细、系统而完整；当教师不只是自己精心设问、接连发问，而是让学生自己去发现问题并有时间自由提问；当教学过程预设不把学生的活动安排得又多又密以显示教学的形式多、容量大，而是真正从学生的实际情况出发，多留些空白让学生有自主活动的时间；当每堂课的设计不一定都很完整，但却实实在在地解决了临时遇到的问题；当预设更多显示的不只是教师

自己的能力而是学生尽情施展的才华……这样的教学预设才是高效的教学预设。

2. 情境学习理论

情境学习是指在要学习的知识、技能的应用情境中进行学习的方式。情境学习理论的核心思想是认为学习不仅仅是一个个体性的意义建构的心理过程，更是一个社会性的、实践性的、以差异资源为中介的参与过程。知识的意义和学习者自身的意识、角色都是在学习者和学习情境的互动、学习者与学习者之间的互动过程中生成的。因此，学习情境的创设是致力于使学习者的身份和角色意识、完整的生活经验以及认知性任务重新回归到真实的、融合的状态。

莱夫和温格认为学习不能被简单地视为把抽象的、去情境化的知识从一个人传递给另外一个人；学习是一个社会性的过程，知识在这个过程中是由大家共同建构的，这样的学习总是处于一个特定的情境中，渗透在特定的社会和自然环境中。

【理论探究】

情境教学三个核心概念[①]

一是实践共同体（community of practice）。它所指的是由从事实际工作的人们组成的"圈子"，而新来者将进入这个圈子并试图从中获得这个圈子中的社会文化实践。

二是合法的边缘性参与（legitimate peripheral participation）。

三是学徒制（apprenticeship）。也就是采用师傅带徒弟的方法进行学习。

显然，这三个概念强调了两条学习原理：第一，在知识实际应用的真实情境中呈现知识，把学与用结合起来，让学习者像专家、师傅一样进行思考和实践；第二，通过社会性互动和协作来进行学习。

情境学习理论把知识分为四类：以数据、事实为基础，知道"是什么"的知识；以原理、规律为基础，知道"为什么"的知识；以经验、能力为基础，知道"怎样做"的知识；以特定的社会关系为基础，知道"是谁"的知识。前两类知识易于用文字记载、进行编码，属于认识类知识，有人又称其为"显性知识"（explicit knowledge），学习者可以通过查询数据、阅读材料而获得。后两类知识则难以进行量化以及用文字记载、信息编码，属于

[①] 莱夫J，等. 情境学习：合法的边缘人生参与［M］. 王文静，译. 上海：华东师范大学出版社，2004：50.

经验类知识，有人又称其为"默会知识"（tacit knowledge），学习者需要通过亲力亲为的实践或人际互动来获得。

上述知识分类呈现以下鲜明特点：

一是知识的情境性。与学习一样，知识也根植于情境。知识不是心理内部的表征，而是个体与情境发生联系，并依其变化而变化的产物。换言之，知识具有个体与情境相联系的属性，它产生于真实情境中，并用于知识的活动之中。毫无疑问，知识同时也是情境的组成部分。

二是知识的动态性。"知识"通常有两种指代：一是指"信息"或"消息"，二是指"知道""认识"或"掌握"。情境学习论者更加青睐第二种理解，认为知识就其特质而论，并非仅仅是抽象、静态的东西，而更是一种基于社会情境，鲜活而充满动感的事实。

三是知识的互动性。知识不仅是个体与情境发生关联并在动态中建构，更是个体与情境在相互影响、相互制约、相互作用的过程中形成与发展起来的。可以说，正是因为个体与情境、个体与个体之间的交互，才协调了人类的一系列行为，形成了种种认知、体验以及适应与改善、更新与创造环境的知识和能力。

四是知识的工具性。知识如同生活中的工具，需要通过运用才能更好地加以理解、运用和传承。

五是知识的分散性。知识是分散在人们大脑中的，而不是集中在某一专家或教师的头脑里。此外，人们所掌握的知识的性质、种类和数量不尽相同。不仅如此，知识还分布于生命的不同阶段，任何个体在不同的生命阶段都必须学习，以拥有相应的知识。

六是知识的共享性。如前所述，学习是一个互动的过程，分散在学习者个体身上的知识可以通过学习者之间的相互沟通、相互交流，实现彼此共享，由个人知识转化为公共知识。

情境学习理论关于学习、知识特性的诠释对中学政治学科导学设计有重要的价值。情境学习理论的核心观点"学习只有发生在个体与情境的互动之中，才会彰显其价值"给了我们以下启示：

导学过程应当设计成为一个以团队方式展开，逐步由外及内、由表及里、由远至近、由浅至深，彼此互动，合法利用资源，合理分享经验的过程。导学设计应充分尊重学生的主动性。在情境学习理论看来，学生是学习共同体的主动参与者，而非被动的旁观者、接受者。在共同体内，这种主动性只有受到充分尊重，每位学生与其他学生之间的互动方能保持足够的张力,从而有助于所有学生实现其对知识意义的建构。因此,在导学设计的各个环节要切切实实地关注学生的实际需要。

导学设计应充分考虑和利用学生已有的经验。因为学生是带着已有的经验参与学习活动的。因此,经验既是其开展学习的基础,又是其深入学习的资源;既是其理解知识的前提,又是其应用知识的基础;既是其分享经验的条件,又是其知识创新的源泉。

导学设计应充分认识并重视教学过程诸要素之间的互动。教学过程中的任何成员都有各自的兴趣和特长,成员之间通过团体协商、群体对话等互动,使彼此之间的兴趣和特长得到交流和分享,逐渐形成集体智慧,共同达成对知识的深刻理解与掌握。基于此,无论是导学目标还是导学策略的设计都必须以促进教学过程诸要素之间的良性互动为准则和旨归。

导学设计应彻底转变学生的角色意识和行为。中学生一般都具有较强的自我意识、独立意识、自尊意识,所以,当他们在学习中遇到困难时,往往不愿意看到教师以权威人士的姿态出现,而更希望他们能够扮演协助其学习的"促进者"。因此,导学设计中的教师行为设计应该从权威的知识传递者角色转变为学生学习的促进者、组织者、引导者、鼓励者、咨询者和帮助者等角色设计,使教师与学生建立伙伴关系。

3. 自主学习理论

西方教育学家从20世纪60年代开始倡导自主学习,并将其作为教育改革的主要目标之一。代表人物是美国权威心理学家齐莫曼(Zimmerman)。关于什么是自主学习,齐莫曼在总结以前学者研究的基础上,提出只要是学生在元认知、动机和行为三方面都是一个积极的参与者,其学习就是自主的的观点。在这里,元认知指的是学生能够在学习的不同阶段进行自我反思,包括计划、组织、自我指导、自我监控和自我评价;动机是指学生从被动的学习者变成主动的求知者,由"要我学"变成"我要学",视自己为有效的自律者;行为是指学生能够自主地创设有利于学习的最佳环境。

为了更为准确、直观地把握自主学习的含义,齐莫曼提出了一个系统的自主学习模型①(如表1-3所示)。

---

① 庞维国. 自主学习:学与教的原理和策略[M]. 上海:华东师范大学出版社,2003:4.

表1-3　齐莫曼自主学习的研究框架

科学的问题	心理维度	任务条件	自主实质	自主过程
1. 为什么学	动机	选择参与	内在的或自我激发的	自我目标、自我效能、价值观、归因等
2. 如何学	方法	选择方法	有计划的或自动化的	策略的使用等
3. 何时学	时间	控制时限	定时而有效	时间计划和管理
4. 学什么	学习结果	控制学习结果	对学习结果的自我意识	自我监控、自我判断、行为控制、意志等
5. 在哪里学	环境	控制物质条件	对物质环境的敏感	选择、组织学习环境和随机应变
6. 与谁一起学	社会性	控制社会环境	对社会环境的敏感	选择榜样、寻求帮助和随机应变

齐莫曼自主学习模型对我们设计导学方案有以下启示：

（1）要设计学习内在动机的催发因素。自主学习的动机一般是内在的、自我激发的，而对这种动机具有催发作用的因素很多，包括自我效能感、结果预期、学习的价值意识、学习兴趣、归因倾向、合适的目标定向等。我们在导学设计中应该关注催发自主学习动机的策略。

（2）要设计指导学生掌握认知策略的方法。认知策略是个体对外部信息的加工方法，它是一种特殊形式的智慧技能，在学习和思维过程中的作用极为重要。认知策略主要包含三大类：一是记忆策略。二是精加工策略。用于深入理解学习材料，包括释义、做小结、创设类比、做概括性的笔记、提问等策略。三是组织策略。也用于深入理解学习材料，包括选择要点、列提纲、观点组织等。指导学生掌握这些认知策略的导学方法应在导学设计中有所体现。

（3）要设计促进学生元认知发展的任务。元认知指关于认知过程的知识、信念及对这些过程的监视和控制。元认知是自主学习的重要过程或成分，培养学生的自主学习能力必须注重促进学生的元认知发展。进行元认知训练的任务可分解为两个层面：一是丰富学生的元认知知识；二是训练学生的元认知过程。元认知知识是静态的，对自主学习影响不大，而元认知过程对自主学习则具有直接推动作用。因此，导学设计应把训练学生元认知过程作为培养学生自主学习能力的一项重要任务。

（4）要设计培养学生主动寻求他人帮助和主动利用环境能力的支架。在自主学习的过程中，学生个体总会遇到这样或那样自己难以解决的学习问题，学生个体知道何时、何地、如何主动寻求他人帮助以克服自身的学习困难是具有自主学习能力的表现。导学设计应该设计培养学生主动寻求他人帮助和主动利用环境能力的支架，提供学生自主学习的抓手。

归纳起来，自主学习理论的核心理念是：学生是学习的主人，学习是学生自己的事，学生自己能够学，尽量自己学；教师的作用是给学生提供引导和帮助。从这一理论出发，导学设计应该从以下三个核心理念出发为学生学习设计指引：一是指引学生对自己的学习活动事先做计划和安排；二是指引学生对自己的实际学习活动进行监察、评价和反馈；三是指引学生对自己的学习活动进行调节、修正和控制。

4. 活动教学理论

"活动"是活动教学理论的一个核心概念，活动教学意义上的活动，主要是指学校教育教学过程中学生自主参与的，以学生学习兴趣和内在需要为基础，以主动探索、变革、改造活动对象为特征，以实现学生主体能力综合发展为目的的主体实践活动。所谓活动教学，主要指以在教学过程中建构具有教育性、创造性、实践性、操作性的学生主体活动为主要形式，以鼓励学生主动参与、主动探索、主动思考、主动实践为基本特征，以实现学生多方面能力综合发展为核心，以促进学生整体素质全面提高为目的的一种新型教学观和教学形式。[1]

活动教学是建立在"活动理论"基础之上的。活动理论源于康德与黑格尔的德国古典哲学、马克思的辩证唯物主义和维果茨基、列昂节夫、鲁利亚等人的关于人的发展的社会文化历史学说，他们认为活动是主体运用工具和符号作用于客体的过程。其结构系统如图1-3所示。

这一活动系统包括生产、消耗、分配、交流等要素。所谓生产便是主体在目标、意图的引导下以工具和符号为中介，将客体转换为主体所期望的结果。主体并非单个人。活动系统是群体性的建构过程，不能简化为个体行动。群体性的建构活动必然要求按一定规则、惯例，组成共同体，做一定的分工、交流、协同行动，并伴随着必要的能量和资源的消耗。同时，活动主体通常需借助一定的工具、符号系统作用于客体。工具、符号成了活动所必

---

[1] 田慧生. 关于活动教学几个理论问题的认识 [J]. 教育研究, 1998 (4).

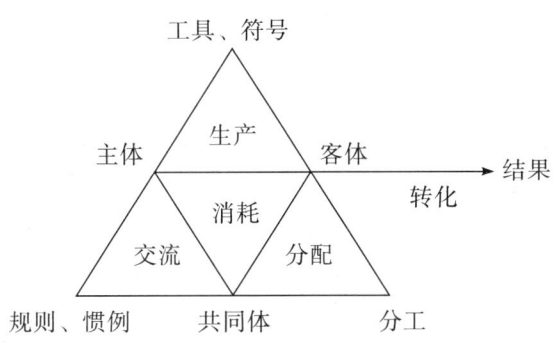

图1-3 活动结构系统

需的手段,它改变着活动的性质、效率,同时又不断被人的活动改造。活动理论强调活动不仅是人的基本生存方式,也是人的发展的必要方式。主体在从事改造自然和社会的实践活动中,必然在变革自然的过程中吸收自然界的物质力量,将自然物改造为各种生活、生产工具,延伸、扩展自己的感官、肢体、大脑,将外在于人的一切客体信息转化为自身的知识经验、审美情趣;同时又通过分工、交流、协商,把人类历史所积累下来的丰富的知识、经验、智慧内化为己有。思维、意识是活动的内化,是由活动促成的,离开了人的活动,它就会变得不可理解,也不能发展。在这里,身与心、活动与意识、外化与内化、直接经验与间接知识等是共生的相互依存关系。

活动理论运用到教学,必然把教学看成富有意义的任务驱动下的"做中学",认为课堂教学应该创设模拟情境、游戏情境,使教学成为"交际仿真""情境逼真""游戏当真"。具有驱动功能的任务是多方面的,可以是角色扮演、游戏、讨论,也可以是辩论。任务设计应能诱发并强化学生的动机、兴趣,力求使学生手脑并用,全身心参与、体验,在做中学(任务即做事)。活动教学中的活动是以学生自主活动为基础的团队学习过程。这一过程不是孤立的个人行为,而是成员间的分工与协调、合作与竞争、交流与分享,是学生对活动效率的改进、对活动方式的学习与调适、群体归属感、对友谊的追求等。所以,活动教学中的人际互动包括两个方面:同伴互动与师生互动。

活动教学理论为导学设计提供以下两点指导:

第一,导学设计的关键是要设计合适的活动平台。即要给学生提供适宜的活动目标和活动对象,以及为达到目标所需的活动方法和活动条件。必须使学生在教学过程中活动起来，既动脑，又动手、动口，积极参与教学过程，而不是静听、静观。

第二，导学设计要设计以问题性、策略性、情感性、技能性等程序性知识为基本内容的任务。即设计能够诱发并强化学生的动机、兴趣的任务，驱动学生主动学习。

三、中学政治学科导学设计的传播学、媒体理论基础

中学政治学科导学设计是一种基于现代多媒体的导学设计。媒体的选择与组合、媒体的运用理论同样是中学政治学科导学设计的重要理论基础。

（一）传播学基础

教学是一种传播活动。运用现代传播媒体的现代教学与传播理论息息相关。

"传播"这个词译自英语"communication"一词，一般译成"通信""交流""传播"，基本意思是"与他人建立共同的意识"。具体地说，它是人类交流信息的一种社会行为，是人与人之间，人与群体、组织和社会之间，通过有意义的符号所进行的信息传递、接受与反馈的行为的总称。

关于传播有以下几层含义：

（1）传播是信息共享，即通过传播共同享有一则信息、一种思想或态度，目的是建立彼此之间的共同性。

（2）传播是有目的地施加影响的过程，即传播是某个人传递刺激以影响另一些人的行为的过程。如宣传、教育、推广技术等。

（3）传播是信息交流的互动过程，信息只有从传播者传播到接受者那里，传播行为才算初步完成。传播必须是一个完整的过程，中间不能中断，而且传播的效果最终能够显示出来。[①]

传播过程是由传者将信息通过某种途径传给受者的一个复杂的过程。为了深入研究过程与效果问题，人们往往把传播的全过程分成若干组成环节和组成要素，然后分别研究各环节、各要素在整个传播过程中的地位与作用。这种分解成不同环节、不同要素及各环节、各要素的相互作用方式，就构成了不同的传播过程模式。传播学者所提出的传播过程模式有许多种类，有的

---

① 刘家勋. 现代教育技术［M］. 大连：辽宁师范大学出版社，1995：88.

用文字形式阐述,有的用图解形式表述,有的用单向线性模式,有的是采用反馈控制模式。具有代表性的模式有:拉斯韦尔的"5W"模式、香农—韦弗模式、奥斯古德模式、贝罗模式等。

贝罗模式是较为适用于教学的一种模式,因此,其常被用来解释教育传播过程。贝罗认为,从传播学的角度来看,教学过程就是教育传播过程。教育传播是包括传者、受者、信息、媒介、效果等诸要素相互作用的统一体。具体地说,教材、教师是传者;教学对象(学生)是受者;教学内容(知识、技能、经验)是信息;传播技术(电影、电视、计算机等)是媒介;教育、教学目标达成度是效果。传播过程的重要因素是信息,而信息又是控制的基础。在教育传播过程中,根据系统内部与外部条件变化的信息,给对象施加作用,进行调整和控制。教育传播系统中的五个要素是一个整体,其中之一发生变化,系统中其他相关要素也必须做出调整和相应变化,从而实现教育传播的动态过程。只有通过反馈系统提供各种控制信息,才能保证教育传播的有效进行。

【理论探究】

教学信息传播中的教学设计思想①

(1)恰当表征教学信息。教学表征是指教师通过恰当的形式把教学信息转换成学生能够接收的信息并通过信道(信息传输的通路)传输给学生。在教学活动中,教师一般是运用图形、文字、语言、动作等方式来表征和编码教学信息,以作用于学生的听觉、视觉等器官,而且同一信息可以使用不同的表征方式。教师如何表征、转换信息,选择何种信道传输信息,应考虑学生认知活动的水平和特点。有效地转换和表征教学信息的主要策略有以下几种:①运用直观,丰富表象;②合理组织教学信息;③教学信息的动态化。

(2)有效传输教学信息。教学信息的传输是指教师把通过备课而转换的动态信息,通过信道有计划、有系统地传递给学生,使之加工、接收信息。教学信息的传输是教学工作的中心,是提高教学质量的关键。有效传输教学信息必须注意以下几个方面:①激发积极心;②排除干扰信息,保持信道畅通;③信息明确、清晰;④多通道传输信息;⑤恰当把握信息度量。

---

① 传播理论与教学设计[EB/OL]. 人教网. http://www.pep.cn/cp/01/02/03/01/2012 05/5z0/205a_ 1124566htpn.

(3) 重视反馈教学信息。教学信息的反馈是指输出信息的结果对信息的再输出产生影响的过程。充分重视和发挥教学信息的反馈调控作用就能实现对教学信息的认知监控。它是提高教学效果的有力保证，也是教师主导作用的重要体现。应注意以下几个方面：第一，教师要乐于、善于接受教学反馈信息，对自己的信息传递过程和效果进行认知监控。第二，教学信息的反馈应及时全面，多向多次。在教学过程中，信息的反馈应注意抓好以下几个关键阶段：①温故知新阶段的反馈；②理解新知识阶段的反馈；③应用新知识阶段的反馈；④巩固和迁移新知识阶段的反馈。第三，认真分析反馈信息。教师对所获得的反馈信息应进行认真分析，分清主次，抓住主要问题，根据教学任务进行调节、控制。

◎教学信息的传播与其他媒介信息传播有何异同？

教育传播理论对导学设计的影响表现在：

(1) 为教学内容的设计提供依据。传播理论认为信息不仅是传播过程的重要因素，也是传播控制的基础。因此，导学设计要高度重视教学信息因素，设计时应考虑如何设计合理的教学信息内容和信息量才有利于教学交往和调整控制教学过程。

(2) 为教学过程涉及的反馈与控制提供依据。传播理论认为只有通过反馈系统提供各种控制信息，才能保证教学的顺利进行。这一观点揭示了导学设计应该是一种动态的设计，要随时根据教学反馈的信息调整设计内容与环节，尤其要根据系统内部与外部的条件变化去调整教学信息，以达到最优的教学效果。

综上所述，传播理论与导学设计有着密切的关系，它对中学政治学科导学设计在理论和实践上都有重要的借鉴意义，它是中学政治学科导学设计的重要理论基础之一。

(二) 媒体理论基础

媒体是教育传播活动的组成要素。由于它的特殊性质和地位，媒体成为中学政治学科导学设计研究领域的一个十分重要的因素。

媒体是泛指一切用来传递信息的工具。现代教学媒体是指利用现代科学技术手段存储和传递信息的载体。它是一种电子化的媒体，又称为电教媒体。

现代教学媒体包括硬件和软件两个部分：硬件是指用于传递教学信息的机械设备，如幻灯机、投影器、录音机、录像机、计算机等；软件是指记录储存信息的载体，如幻灯片、投影片、录音带、录像带、计算机软件等。

现代教学媒体具有以下特征：

（1）固定性。指现代教学媒体可以记录和储存信息，以供需要时再现。如将语言、文字、图像转换成声、光、电、磁信号，固定在磁带或胶片上。

（2）扩散性。指媒体可以将各种符号形态的信息传送到一定的距离，使信息在扩大了的范围内再现。

（3）重复性。这是指媒体可以重复使用，重复再现。还可以制成复制品，在不同的地点使用。

（4）组合性。指若干媒体可以组合一起使用。例如把不同功能的媒体组合起来就可以组成多媒体系统。

（5）工具性。这是指媒体处于从属地位，即使是功能先进的现代化媒体，也是由人创造、受人支配的。媒体只能扩展或代替教师的部分作用而不能取代教师的位置。

（6）能动性。这是指媒体在特定的时空条件下，可以离开人的活动独立起作用。

现代教学媒体的出现对导学设计的理论和实践产生了重大影响。这种影响表现在：

（1）使导学设计的观念和方式发生变化。现代教学媒体具有信息量大、传播速度快的特点。它在教学中的运用，不仅仅是教学手段的一次革命性的变革，同时也是导学设计由传统的只注重于精耕细作、低信息量的设计转变为注重现代的、大信息量传播、多方位交互的设计。

（2）促使导学设计理论发展。导学设计是一种多媒体组合设计，现代教学媒体本身是导学设计研究的重要内容之一。例如，导学设计研究教学媒体如何表现教学内容，如何引起学生学习动机，如何使学生感知教学内容、活跃思维过程、促进技能与智力的发展；研究媒体发挥作用时学生参与活动的机会；研究媒体如何合理组合，发挥整体的优势。现代媒体理论的发展，必然引起导学设计这一研究领域的扩大，也必然对导学设计提出新课题和新要求，从而促进导学设计理论的发展。

第二章
中学政治学科导学设计流程

本章概要

◎导学设计与教学设计过程在学习需要分析、教学内容分析、教学对象分析、目标的制定、策略的制定、媒体的选择与运用、方案的编写、方案的评价方面具有共性。

◎在共性的基础上，导学设计的逻辑起点、过程策略、内容等方面具有独特的个性。

◎中学政治学科导学设计的操作原则有目标设计的师生共同发展原则、策略设计的"导学"性原则、认知结构的适应性原则、师生情意的"共振"性原则、反馈矫正的及时性原则。

◎导学设计的操作流程包括准备阶段、构思阶段、设计阶段与完善阶段。设计阶段是导学过程设计的重点，包括导学目标设计、导学内容设计、主体行为设计、导学策略设计。

中学政治学科导学设计从设计操作的层面上看，与教学设计的过程一样，既可看成是一种教育应用技术，也可看成是一种教学工艺。作为教学技术与工艺，其设计过程包含着一套科学的程序。

第一节　中学政治学科导学设计过程与教学设计过程辨析

中学政治学科导学设计与一般教学设计存在"共性"与"个性"的关系。因而它的设计流程既有一般教学设计过程的"共性"，也有其自身的"个性"。

一、两种设计过程的共性

自 20 世纪 70 年代以来,随着教学设计的理论和实践的发展,已有上千种有关教学设计的论著问世,有关教学设计过程的模式有文献可查的也为数不少。丰富多彩的教学设计过程模式的出现是因为教学设计实践所面对的教学系统的范围和任务层次有很大的差别,不同的设计者从不同的视角对教学系统的基本要素及其基本结构进行分析研究,自然就概括出不同的教学设计过程模式。

例如,钟启泉提出,教学设计过程包括如下主要课题:①明确教学目标;②悉心钻研教材;③搞活教学组织;④讲究教学策略;⑤实施教学评价。李克东认为教学设计过程是:①分析教学目标,即明确学生学习什么内容;②确定教学策略,即选择要达到预期目标所需要的资源、程序和方法;③进行教学评价。张祖忻等把教学设计过程概括为八个主要环节:①学习需要分析;②教学对象分析;③教学内容分析;④学习目标编写;⑤教学策略设计;⑥教学媒体选择;⑦教学媒体设计;⑧教学形成性评价。麦曦等将教学设计的基本内容分为三大部分、八个基本要素(或基本环节)。三大部分是:教学目标设计、教学策略设计和教学评价设计。八个基本要素是:①教学对象分析;②教学内容分析;③教学目标编制;④教学内容、顺序设计;⑤教学方式、方法设计;⑥教学媒体组合设计;⑦形成性评价设计;⑧总结性评价设计。①

以上各家所概括的教学设计过程虽然在设计要素的选择上各有侧重,要素的排列顺序亦有所区别,但并无本质的分歧,而且共性的东西颇多。

作为基于新课程理念的中学政治课十年改革成果的导学设计,它的母体还是教学设计。它与教学设计有着共同要素(如表 2-1 所示),它的设计过程也基本与教学设计的相同。

---

① 麦曦. 教学设计的理论和方法 [M]. 广州:新世纪出版社,1996:26-27.

表 2-1　教学设计过程与导学设计过程的共同要素

共同要素	要素的操作要点
学习需要分析	问题的分析，问题的确定，选择目标要素
教学内容分析	内容的详细说明，教学分析，任务分析
教学对象分析	教学对象生理、心理、学习特征分析，教学对象初始能力的评定
目标的制定	确定目标，陈述目标
策略的制定	安排教学活动，说明方法的运用
媒体的选择和利用	教学资源的选择，媒体决策，媒体组合
方案的编写	形成教/导学方案
方案的评价	反馈分析，形成性评价，总结性评价

以上要素按一定的次序加以排列，可以构成教/导学设计过程的一般模式，如图 2-1 所示。

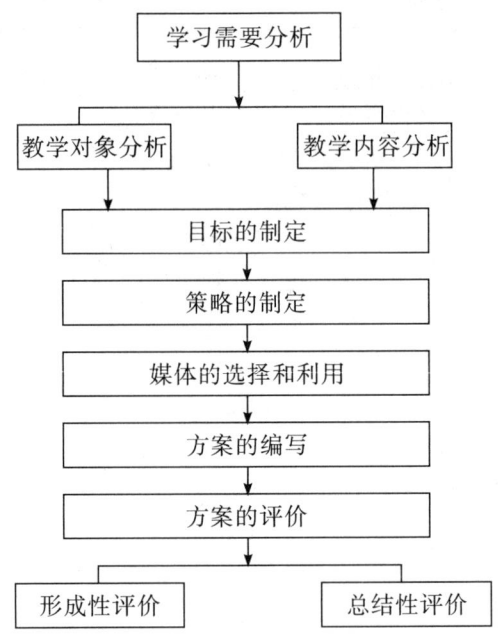

图 2-1　教/导学设计过程的一般模式

二、中学政治学科导学设计过程的个性

导学设计过程除了与教学设计有"共性"的一面，也有自身"个性"的一面。因为导学设计过程是一个围绕学习主体设计一系列学习活动的过程。这个过程是一个开放的、动态的过程。面对不同的学习主体，导学设计需要运用不同的导学策略，需要变化要素的排列。因此，中学政治学科导学设计过程是以共性为依托，并结合学习主体的特征，创造性地开发带有自身"特色"的设计过程模式。其具有鲜明的个性特征。

个性特征一：与教学设计过程的逻辑起点放在课程标准分析不同，中学政治学科导学设计过程的逻辑起点放在学习主体的学习需要分析。所谓导学设计过程的逻辑起点是指导学设计过程的起始和开端，即把什么东西作为导学设计的出发点，确定导学设计的逻辑起点是构建导学设计过程一般模式的关键。中学政治学科导学设计过程的逻辑起点应放在哪里？我们认为，应放在学习主体的学习需要分析。理由有二：

第一，学习主体是中学政治学科导学设计过程诸要素中最本质的、最一般的要素。教育的本质是促进人的发展。从人发展的动因角度来看，人获得发展的动因最初来自于自身的需要。研究学习主体自身的学习需要是教学研究的前提，理应作为中学政治学科导学设计过程的逻辑起点。

第二，学习需要分析作为中学政治学科一个最本质的要素，其本身已孕育着中学政治学科导学设计过程展开中所包含的丰富内容。它是中学政治学科导学设计所有环节赖以建立起来的依据和基础。中学政治学科导学设计的一系列环节如导学目标编制、教学内容的选择和组织、导学策略、教学媒体的选择和确定、导学评价的制定，都是以学习主体学习需要分析为前提推导出来的，这些环节中的每一个都离不开学习主体学习需要分析。由此可见，学习需要分析是中学政治学科导学设计诸环节的前提和出发点，离开它，中学政治学科导学设计过程就无法建立起来。

鉴于学习需要分析在中学政治学科导学设计中具有的特殊地位和作用，我们有理由把它确定为中学政治学科导学设计的逻辑起点。

个性特征二：与教学设计过程策略不同，导学设计过程策略是通过明确学习目标、整合学习内容、厘清学习流程、设计学习活动来引导学生自主学习，让学生知道"学什么""怎么学"，还知道"学得如何"。导学设计过程策略是基于尊重学生、信任学生、引导学生自主学习，认为教师无法代替学

生读书，也无法代替学生分析思考，教师既不能把知识生硬地灌输到学生的头脑里，也不能把思想观点移植到学生的头脑中。所以，在设计策略上，无论是知识的获得，还是智力的开发和能力的发展的设计都必须凸显学生主体地位，让学生能够在获得知识的过程中培养探究的习惯和能力，在解决问题的过程中体验学习的快乐。

个性特征三：与教学设计内容不同，导学设计的内容是在充分预设学生学情的条件下，针对学生的学习需求设计学习内容。因此，导学设计的内容包括情境设置、问题探究、主题活动、知识整理、巩固练习。导学设计的内容有利于教师在思维方式上给学生以引导，在学习方法上给学生以指导，帮助学生真正完成从"要我学"到"我要学"、"我学会"到"我会学"的过程的重大改变。一份好的导学设计其内容应能体现以下五个特点：

（1）生活化的学习支架。提供贴近学生、贴近生活的情景等作为学习支架，支持学生学会如何在生活中发现问题。

（2）科学的问题设计。"以问拓思，因问造势"，帮助学生学会如何从理论阐述中掌握问题的关键。

（3）多样化的活动平台。提供讨论、辩论、游戏等多样化的活动载体，帮助学生学会如何合作学习。

（4）系统化的知识整理。提供搭建知识结构的脚手架，帮助学生学会独立地将课本上的知识进行分析综合、整理归纳，形成一个完整的科学体系。

（5）阶梯式的练习设计。按照教学目标的要求分层设计练习，帮助学生学会如何针对性强地巩固练习。

【理论探究】

导学设计的基本理念[①]

1. 为学习而设计

导学设计的根本目的是什么？是为了学生更好地学习。换言之，是为了促进学生学习，为了学生有效地学习。通过导学设计使学生能有目的地学习、有序地学习、有针对性地学习、有悟性地学习，也就是能充分地配置学习资源、有效地选择学习工具、有序地安排学习过程、有的放矢地作用于学习对象，从而提高学生学习质量。

---

① 任顺元. 新课程下导学设计的基本原理 [J]. 新课程研究，2004（6）.

2. 为效能而设计

为学习而设计的实质也就是为效能而设计。换言之，要通过导学设计提高学习的效率、效果和积极性，即减负增效。效率是导学的效果产出与导学时间、费用等投入之比。效果是指学生学习目标的达成度如何，也就是导学的作用发挥得如何。积极性是指学生对学习的态度如何，如喜爱、喜欢、乐意等这三个指标都达到了，也就是导学的减负增效目标完成了。如何提高这三个指标的水平，便是这一效能设计理念的精神所在。在设计导学方案时，要把那些过易、过难、过深、过多、过繁的学习内容删去；要把那些陈旧的经验、过时的方法、笼统的策略、混乱的程序等加以禁止。换言之，要减轻学生过重的记忆负担和过多的无效操练，提高教师的导学能力。总之，为效能而设计的理念，也是新课程的基本理念，主要是为学生精心创设有效的学习系统，善用导学资源，活用导学策略，悟用导学技术，提高学习效能。

3. 为理想而设计

在学习需要与目的确定以后，教师便要为理想的导学寻求最佳的设计方案了。为理想而设计，有利于教师对学习资源、学习工具、学习结构、学习时间等做出考察与系统分析；有利于教师对学生的深入了解，特别是对学生的学习需要、学习兴趣、学习特点、学习现状等的掌握，为有针对性地导学做好准备；有利于教师对导学内容的调整，删除部分传统内容，补充新知识；还有利于激发教师不断设计"最佳导学方案"的积极性，以取得令人满意的导学效果。

第二节　中学政治学科导学设计的操作原则

中学政治学科导学设计有科学性、可操作性、贴近学生等特点。导学设计要反映这些特点，就必须遵循一定的设计原则和按一定的要求操作。中学政治学科导学设计的操作原则和要求概括起来有以下几项：

一、目标设计的师生共同发展原则

师生共同发展原则是导学设计的终极目标。即目标设计不仅要促进学生知识与技能目标的实现，促进学生发展性目标（正确的学习态度、积极的情感体验、正确的价值观培养）的形成；还要促进教师的专业发展，促进教师对自身存在的教学问题进行诊断、反思、修正，改进导学思路，优化导学策略，调整导学方案，提高教学水平。

这一原则有以下要求：一是要由原来关注教师的"教"转变到关注学生的"学"。要把"以学定教"的原则根植于教师的教学理念中，不偏离，不游移，重点关注学生的学习状态、学习过程和学习方式。二是从关注"具体的教材教法的研究"转变到关注"有效的学法指导的研究"，以应对充满不确定性和创生性的课堂。

二、策略设计的"导学"性原则

所谓策略设计"导学"性是指依据学生身心发展的规律和学习规律，通过以"导"为主线，把课程标准定位、学习重难点释义、问题的探究、学习指导、预习与梳理、探究与合作、知识归纳与结构图解、巩固与提升、学习资源与链接等要素合理地整合起来，引导学生学会学习。策略设计的"导学"性有以下要求：

（1）内容设计要抓住关键，突出重点，体现"少、精、活"。一堂课尽管内容较多，但真正新的东西并不多。有些内容只是已有知识和经验的应用、扩充、推广、演绎而已。因此，少而精是完全能做到的。

（2）知识结构的建构要有序化。"序列"是系统的有机联系的反映，构成逻辑序列的知识系统既便于记忆又便于联想和运用。导学是一个前挂后连、拓展延伸、举一反三、触类旁通的引导过程，应将每堂课所学的支离破碎的知识串起来回到它的上位系统，以形成同类知识的系统性、整体性。

（3）问题编制有探究的价值。即看编制问题的探究是否达到了深层次的情感体验以及是否掌握了解决问题的方法，探究有没有价值的新发现、新创造和新生成等。导学设计注重让学生在探究的过程中，就同一问题从不同角度思考来表达自己独立的意见，能够拓宽个人的知识视野，形成探究的愿望，养成创新思维和自我探究学习的好习惯。

（4）设计培养学生能力的策略。即在展现知识产生过程中尽可能充分丰富背景材料、创设问题情境；设计较为详尽的知识产生过程，适度再现最初发现知识的思维进程，并从学习需要出发进行必要的加工，以培养学生获取信息和加工信息的能力；设计指导学生如何阅读、如何思考、如何视察、如何记忆、如何整理笔记、如何探索等策略。

三、认知结构的适应性原则

"认知"是学习者对于他的客观世界和主观世界的一种认识活动。中学政治学科的学习是新知识与学生已有认知结构相互作用而形成新的认知结构的过程。这一原则有两点具体要求：

（1）预测学生认知基础。具体要求有两方面：一是设计好诊断性检测题，从新旧知识的联系处设计问题检测学生是否具备必要的知识和经验；二是平时注意了解不同类型的学生，并考虑在满足大多数学生需要的同时使优生进一步优化，使后进生得到帮助和相应的发展。

（2）遵循认知规律。即要遵循从感性到理性，从具体（感性具体）到抽象，再由抽象上升到具体（理性具体）的认知规律。

四、师生情意的"共振"性原则

所谓情意"共振"，是指师生情意上的共鸣。课堂上只有师生之间情感产生共鸣时，学生才会积极、主动地参与学习。导学设计要创设条件促使情意"共振"产生，应做到：

（1）通过阐述所学知识的意义激发学习热情。
（2）通过引导学生归纳获取结论，产生论证结论的内在动机。
（3）通过揭示经济生活、政治生活、社会生活的本质联系及运动变化，激发学生深入学习的感情冲动。
（4）通过引导学生参与思维的形成与制作过程，品尝智力劳动的成果，深化继续学习的心理需要。
（5）通过设计恰如其分的台阶引导学生不断获得学习的成功，从而领略成功的喜悦，增强兴趣的持久性。
（6）通过适当表扬和鼓励促使学生追求战胜困难的愉快，体验解决困难的满足感。

五、反馈矫正的及时性原则

反馈是矫正的前提，矫正则是为了更高层次的反馈。学生在学习过程中，通过不断的反馈和矫正，才能在师生互动的过程中促进知识和能力的不断提高。在导学设计中要遵循反馈矫正的及时性原则：首先，教师在设计前，要根据学生现有的知识能力水平、学生学习新知识的心理准备、教材内容以及教师自身的经验充分预测教学可能遇到的问题，制定出目标和策略，为反馈矫正的及时性做知识的准备。其次，要对反馈矫正的活动形式做好安排，在重难点知识上安排如投石问路、议论、作业的设计，并有应用讲评、目标的展示和检查、单元形成性测试与评价等。最后，要对反馈矫正的时间做好安排，在重、难点知识活动的安排上应留有空白，保证反馈所需的时间。

第三节　中学政治学科导学设计的操作流程

研究中学政治学科导学设计过程模式不难发现，中学政治学科导学设计操作流程包括一系列的环节：学生学情分析、课程标准分析、学习内容分析、社会实际分析、导学目标编制、导学策略制定、导学设计编制和导学评价设计等。以上环节从时间维度分类，可归纳为四个阶段：设计的准备阶段、设计的构思阶段、设计的进行阶段，以及设计的完善阶段。现将其具体操作流程简述如下。

一、准备阶段

【视野拓展】

导学设计的准备性。在导学活动中，"决定指导学生什么"总是先于"决定怎样去指导学生"，这就是说导学设计是先于导学实践的。如果不经过导学设计，那么导学实践的效果就会逊色不少，如果有一个理想的导学设计方案，那么就会促进导学效果的提高。因此，导学设计的准备性不仅影响导学活动的成功，而且也影响导学活动的效率，保证导学在时间和精力的消耗上"经济和合理"。[①]

中学政治学科导学设计需要有一个充分的准备。准备的内容包括：学习主体分析、课程标准分析、学习内容分析、社会实际分析。

---

① 任顺元. 新课程下导学设计的基本原理［J］. 新课程研究，2004（6）.

（一）学习主体分析

对学习主体的学情分析，是导学设计的逻辑起点。学生是教学活动的主体，不了解学情，导学目标的编制就失去依据。对教学对象的分析包括三个方面的内容：①学生认知结构分析；②学生情意活动分析；③学生生活背景分析。

【视野拓展】

浅谈如何做好学情分析来提高课堂教学效果[①]

1. 分析学生的共同特征

（1）分析学生的年龄特征。相同年龄段的学生会有大致相同的认知方式、思维方式、情感体验、情感需求和学习动机。

（2）分析学生的知识基础。教师在进行学情分析时需要很好地把握学生大致的知识储备，这样才能采取适当的策略促使学生知识的迁移，从而提高教学效果。

2. 有针对性地分析学生的个性化学情

（1）分析本班学生的认知及思维方式。分析学生笼统的年龄特点之后，根据以往的教学经验，剖析本班学生的认知特点，挖掘学生的认知及思维方式优势，以扬长避短，实现更好地教学。

（2）分析学生的学习能力及水平。教师要把握学生的学习能力，合理地确定教学的难点，合理地分配教学时间，将主要的教学精力集中在学生不好理解同时又是教学重点的内容上，做到让学生最好、最快地获得新知。

（3）分析学生真正的知识储备。由于学生学习能力及水平的不同，他们真正掌握的知识是不同的。

（4）分析学生的生活经验。很多时候教学内容是和生活内容相关的，这时候学生的一些生活经验能很好地为教学服务。教师在进行学情分析的时候，应清楚学生有哪些生活经验是有助于教学的。

（5）分析学生的学习兴趣及学习动机。在教学设计中，教师要充分分析、了解学生的心理需求，以调动学生的学习积极性，激发他们的内在学习动机。

---

① 李海蓉. 浅谈如何做好学情分析来提高课堂教学效果［EB/OL］. http://hnycpx.cersp.com/article/browse/36090.jspx.

（二）课程标准分析

课程标准是教材编写、教学、评估和考试命题的依据，是国家管理和评价课程的基础，应体现国家对不同阶段的学生在知识与技能、过程与方法、情感态度与价值观等方面的基本要求，规定课程的性质、目标、内容框架，提出教学和评价建议。① 它是国家制定的某一学段对学生的学习行为和目标共同的、统一的基本要求，规定着课程性质、课程目标、内容要求、学习方式、计划安排、实施建议等，是国家用以指导、规范、评估、管理课程与教学活动的基本规章，它指导着教学的实施过程。课程标准分析的要点包括：①分析课程标准内容目标的基本规定；②分析课程标准关于中学政治课课程性质、基本理念、设计思路的规定；③分析课程标准关于教学建议、评价建议及活动建议的规定。

（三）学习内容分析

学习内容分析的操作要点包括教材整体分析、单元分析与课时学习内容分析三个方面：

（1）教材整体分析。教师要充分领会教材的总体要求和内容结构，才能为本课程的教学奠定基础。包括对教材的基本理念、编写思路、编写体系、呈现方式、主体内容、活动体系等做整体的分析。

（2）单元分析。分析的是单元的教学目标及教学重、难点，了解整个单元的教学内容在全册教材总体要求下的编排、结构思路。

（3）课时学习内容分析。具体分析单课学习内容的具体目标、重难点及内容结构，是分析教材的第三步，也是整个学习内容分析的主体部分。包括设计意图、学习内容（概念、原理）、逻辑结构（概念、原理之间的关系）、重点和难点、教材的情感因素与学生的认知前提等。

【视野拓展】

钻研教材的常用策略②

（1）整体把握以求全。通过教材，从整体上了解教材的性质、内容、编排意图、体例以及训练线索，有利于我们在教学过程中纵横联系，前后贯

---

① 钟启泉，等. 基础教育课程改革纲要（试行）解读［M］. 上海：华东师范大学出版社，2001：171.

② 胡兴松. 思想政治课教学艺术论［M］. 广州：广东教育出版社，2000：85 - 86. 有删减。

通，自如驾驭教材。

（2）探幽发微以求深。针对教材的某个重点、难点、疑点和关键点，或教材的矛盾点、深化点、动情点等，认真揣摩，咀嚼玩味，精雕细刻，探幽发微，可求得对教材更深刻的理解。

（3）辨别比较以求准。在钻研教材的过程中，将教材中字词使用、句子的结构、事例列举、概念定义、原理表述等进行辨别比较，可以求得对教材更准确的理解。

（4）变换角度以求新。在钻研教材之时，转换看问题的视角，以新的角度和方法去理解教材，就可获得全新的感受和收获。

（5）纵横联系以求活。教材知识有着内在的逻辑结构，教师钻研教材之时，若能横拓纵延，统合分析，呈现在师生面前的将不再是凝固不变的课文，而是一种新颖别致的结构和灵活多变的程序。

（四）社会实际分析

中学政治学科课程是与生活、与社会实际联系非常紧密的课程。社会的经济、政治生活的重大变动必然影响和制约着中学政治学科课程教学。例如，党的方针政策发生变化，中学政治学科教材就要修订或新编。但教材反映社会的新变化总是有滞后性。这就需要教师在进行导学设计前，认真分析社会背景的新变化，为理论联系实际教学打好基础。

社会实际分析要点主要有：①分析党和国家近期出台的方针、政策与所设计课程相关的内容，找出哪些是教材已有反映的，哪些是教材尚未反映的；②分析社会热点问题对教学可能产生的影响。

二、设计阶段

导学设计的具体操作包括五个方面内容：导学目标设计、导学内容设计、主体行为设计、导学策略设计和学习评价设计。

（一）导学目标设计

中学政治学科导学目标设计是指依课程标准，用简练、具体的语言对教师的导学行为和学生的学习行为进行明确的界定，让教学主体清楚每节课要探索的内容、主攻方向以及预期产生的观念、情意和行为的变化。

导学目标设计的主要内容包括：目标的水平区分、目标的描述和目标的协调。

目标的水平区分是指对目标的具体化程度和表达方式的区分。目标水平区分一般分为三级水平，其操作要点有：①明确一级水平——课程标准的目标定位；②对二级水平——单元目标做概括陈述；③对三级水平——课时教学目标进行具体描述。

目标描述是指运用规范性的术语对目标的规定做出陈述。目标描述的操作要点是：①对导学目标进行"具体"描述，"具体"的标准有两点：一是导学目标要能表明教师可观察到的学生学习结果；二是导学目标要成为学生学习结果的检测标准。②对导学目标要进行"明确"的描述。"明确"描述操作要求也有两点：一是对包含应当达到的结果的明确规定；二是要运用规范性术语来描述。

目标协调是指把知识、能力、情感态度与价值观三个维度目标协调起来。操作方法是：认知目标按教学内容编制，能力目标按阶段学程编制，情感态度与价值观目标按训练项目编制。

导学目标具有导向功能、激励功能及调控功能。目标的制定一般要注意以下几点：

（1）导学目标应当体现三维性。导学目标绝不能仅仅理解为认知目标，理解为只要求学生掌握基本的概念和原理，而还应包括能力目标和情感态度与价值观目标在内的全面目标。即通过导学，不仅使学生掌握基本的概念和原理，培养学科能力，还要使学生养成正确的思想道德素质、个性品质和良好的行为习惯。

（2）导学目标应当是具体的而不是抽象笼统的。

【实践反思】

高中政治教材《政治生活》中的"建设法治政府、责任政府、服务政府"课时教学目标设计与表述如下：

知识与技能目标：了解建设现代政府的基本方向，理解政府在法治基础上对人民负责、为人民服务的基本原理。

过程与方法目标：本课贯彻"从实际到理论，再从理论反观现实"的教学路径，使学生理解现代政府建设的基础知识。

情感、态度与价值观目标：让学生在教学中感悟我们的社会主义民主政治。

◎此教学目标有什么问题？应该如何表述？

（3）导学目标应当是可测和便于操作的。

（4）导学目标应该是有层次和递进的。导学目标应该是从低到高逐层递进的不同水平，反映知识转化为能力和逐步内化的要求。

【案例分享】

"理解怎样正确看待和评价各种消费心理"作为导学目标是难以观测与操作的，我们可以表述为：

（1）通过学习，能区分开各种消费心理，特别是从众心理和攀比心理。

（2）能用自己的话评价各种消费心理，说出怎样正确看待各种消费心理。

（3）通过学习，懂得消费心理支配消费行为。

（4）通过学习，能找出并说出几种消费行为的差异。[①]

（二）导学内容设计

导学内容设计包括学习内容划分、学习内容选择、学习内容整合、学习内容呈现、导学问题设计等。

（1）学习内容划分的具体操作是把学习内容划分为单元、课时和知识点。

（2）在学习内容划分的基础上根据学生学习目标差距选取学习内容。选择的要求有：①选取与达成导学目标关系密切的内容；②选取有效的导学内容；③选取重点内容；④选取和确定课时内容要注意"量"的控制和"序"的调整。[②]

（3）学习内容整合的具体操作是对已选择的学习内容按照学生的认知规律重新进行排列组合。

（4）学习内容呈现需要借助学习载体来呈现。具体操作是设计案例、活动、学案、思维导图等学习载体来呈现学习内容。

【视野拓展】

教学内容呈现的趋势[③]

第一，教学内容的情境化。即创设教学情境，寓教学内容于教学情境之中，通过引导学生对教学情境的感知、体验，领悟其中蕴含的道理。

第二，教学内容的生活化。即教学内容的呈现紧密联系学生生活和现实

---

① 黄倩茹. 高中思想政治课教学目标的设计［D］. 长春：东北师范大学，2008.

② 所谓"量"的控制，指对教学内容进行适度的增添或删减；所谓"序"的调整，指将教学内容适当地"提前"或"延后"，使教学内容符合事物的逻辑关系和学生的实际情况。

③ 胡田庚. 新理念思想政治（品德）教学论［M］. 北京：北京大学出版社，2009：119.

社会生活，关注学生的生活经验，使教学内容更突出地体现为学生生活的需要，是学生生活必不可少的重要内容。

第三，教学内容的问题化。即以问题的方式呈现教学内容，让学生在问题情境中，通过对问题的不断思考、探究，获取学科知识和技能，养成情感态度与价值观。

第四，教学内容活动化。即教学中设计多样的活动，以活动承载教学内容，通过引导学生参与相应的活动，去体会和把握教学内容。

（5）导学问题设计。导学问题设计是将学习内容以问题的方式来呈现，其目的是为了启发学生的思维，激发兴趣，促进自主学习。问题设计要注意针对性、层次性、启发性，促进学生主动探索。

【实践反思】

某教师在执教"利用证券市场实现资产增值"一课时，提出了以下问题：什么是股票？它有什么特征？什么是债券？有哪几种？各有什么特征？投资有没有风险？

◎上述案例问题设计是否恰当？为什么？

（三）主体行为设计

中学政治学科教学主体是教师与学生。教学主体行为包括教师的主导行为和学生的学习行为。教师的主导行为与学生的学习行为是构成导学活动的基本要素。教师的主导行为是指教师确定学习方向、任务、内容、方法和组织形式，引导学生自主学习的进程，指导学生开展学习活动。学生的学习行为是指学生在教师的引导下，沿着正确的方向，采用有效的方法，积极主动地完成学习任务的行为。教师的主导活动与学生的主体活动决定着教学活动的性质和发展方向，因此，对教学主体行为的设计是导学设计必不可少的内容。

1. 教师主导行为设计

教师主导行为设计程序是：

（1）交代目标。教师对学生的指导，首先要把预先设计的目标以一种适当的方式向学生交代。交代目标的方法可以有多种设计，但要明确两条操作要求：一是"交代"要清楚、明确；二是"交代"时机要把握好。

（2）引发动机。引发动机的设计关键是教师要想方设法创设情境，诱发学生的好奇心理，激发他们的学习热情。引发学生学习动机的操作要求有：①提出明确而又适度的期望和要求；②设计适合的学习情境；③选择各种适合诱导好奇心理的导学方法。

（3）搭建活动平台。搭建活动平台是指为学生提供一个自主学习的活动环境，让学生在系列活动中以主体的身份主动建构知识，获得经验，促进发展。搭建活动平台操作要求有：①要创设合适的活动，引发学生对活动的兴趣；②活动设计要留有学生探究的空间；③要对活动进行分析与总结；④在活动过程中对学生出现的不同情况要进行调整；⑤活动要体现动脑与动手相结合。

【实践反思】

某一教师在执教"国际关系"一课时，请四位同学用角色扮演的方式分别代表日、中、韩、美四个国家，并从各国的利益出发，发表对钓鱼岛问题的看法。

◎试分析这个教师的活动设计，并谈谈其作用。

（4）引导探索。引导探索是发展学生能力的有效途径。引导探索有四个环节：①精心准备供探索的素材；②设计问题；③引导思考、解答疑问；④总结归纳、分析评价。引导探索活动的操作要求有：①设计要体现指点引导，做到"导而不包"，切忌把引导变为灌输；②设计要体现疏通开导（即点拨），要对学生学习思路有可能阻塞的关键处做疏导设计。

（5）指导学习方法。指导学生学习方法的关键在于指导学生寻找科学的认识程序和寻求知识规律的思考途径。其指导内容有：指导阅读、指导自学、指导训练。指导学习方法的操作要求有：①用正确的方法组织学生如何学；②指导学生如何强化记忆和促进迁移；③培养学生良好的学习习惯。

2. 学生学习行为设计

学生学习行为是一种在教师精心设计和组织下有目的地开展学习活动的行为。学生学习行为的设计内容包括角色扮演、讨论争辩、积极思考、练习巩固、社会调查、撰写小论文等。

（1）角色扮演。为了学习的需要，让学生去亲身经历某种角色，体会心理变化的过程。即在模仿的某种情境或剪取的某个生活片段中，担任一定的角色，就像电影演员体验生活一样去开展他们的学习活动。角色扮演的运用程序是：①提供素材；②选择参与者，分配角色；③布置场景，做好准备；④进行表演；⑤讨论评价总结。

（2）讨论争辩。这是在教师的指导组织下，学生为了解决某个问题，通过讨论、辩论的形式，开动脑筋积极思考、辨明是非真伪。讨论争辩的基本要求是：①设计讨论争辩的问题要有吸引力；②设计讨论争辩的时间和发言的具体要求；③设计讨论中对学生的启发引导；④设计讨论后的小结。

(3) 练习巩固。这是指学生完成一定的学习任务之后，在教师的指导下，学生运用已具备的知识和技能练习与思考，通过分析问题、解决问题，以比较全面、准确地认识、理解新知。练习巩固分为旧知迁移练习、新知形成练习与新知巩固练习。练习巩固的设计要求是：①练习设计要有趣味性；②练习设计要有生活性；③练习设计要有操作性；④练习设计要有开放性；⑤练习设计要有综合性。

(4) 社会调查。这是指教师根据导学目标和要求，有目的、有计划地组织学生走出校门，接触社会，了解社会，丰富学生的感性经验，加深学生对书本的理解，培养学生分析问题、解决问题、参加社会实践等多方面的能力，增加学生的社会责任感，使其形成正确的情感、态度与价值观。社会调查的运用要求是：①选择合适的课题；②要精心组织；③在调查过程中教师要加强指导，给予学生必要的知识与帮助；④要及时地总结。

(5) 撰写小论文。这是指在教师的指导下，学生运用中学政治课所学的知识分析问题、提出解决问题的观点并把分析过程与结论写成文本的过程。撰写小论文的要求是：①论题要新颖、简洁而又具有概括力；②分析论题要论据充分、分析深刻、逻辑严密、层次清楚；③要提出具有可行性的解决方法；④小论文要联系实际；⑤重点要突出。

（四）导学策略设计

【视野拓展】

高中政治课"导学策略"的思考①

所谓"导学策略"，是指根据教学内容和教学要求，教师通过导学案、创设情境、方法指导、组织活动等引导学生在课内外积极主动地学习的一种教学方法和策略，包括课前、课中、课后三个环节的"导学策略"。

1. 课前导学——培养学生自学的习惯和能力

(1) 利用导学案，明确自学要求。

(2) 积极指导并认真检查自学。

2. 课中导学——引导学生主动学习

(1) 激发兴趣，让学生愿学。

(2) 指导学法，让学生会学。指导学生自主学习、指导学生听课、指导学生思考。

(3) 组织活动，让学生乐学。

---

① 李安伦. 高中政治课"导学策略"的思考 [J]. 华夏教师，2013 (6).

3. 课后"导学"——引导学生课后学习
（1）指导完善导学案。
（2）指导课后及时复习。

导学策略设计内容包括导学方法设计和教学媒体设计。

1. 导学方法设计

导学方法设计是导学设计的一项重要内容。导学方法设计的主要内容包括引导学习活动方法优选和学法指导设计。

（1）引导学习活动方法优选。学习是学生的自主行为，是学生主动思维、自觉实践、生动活泼地学习和发展自己的行为。导学设计应为学生创造主动学习的条件，即优选如何引导学生"动脑""动手""动眼"的学习活动方法。优选的操作要求有：① 从导学目标和任务出发优选方法；②从导学内容出发优选方法；③ 从学生年龄特征和学习能力出发优选方法；④ 从教师本身的素质条件出发优选方法。

（2）学法指导设计。学法指导设计是针对指导学生如何学的设计，包括对促进学生的思维活动方法设计和学科学习活动的方法设计。对促进学生思维活动的方法设计的要求有两点：①了解学生思维活动的过程，掌握学生思维活动的一般规律；②要对各种强化思维训练的方法进行优选和组合，根据学生不同的思维类型采用不同的方法组合形式。对指导学生学科学习活动的方法设计也有两点操作要求：①要充分体现教师为主导、学生为主体的教学思想，强化学科学习活动的主体效应；②要充分体现对学生各种学习活动能力（如学习计划制订能力、预习能力、听课能力、课堂笔记能力、课后复习能力和独立作业能力等）的培养。

2. 教学媒体设计

教学媒体设计内容包括三个方面：教学媒体选择、教学媒体组合和教学媒体演示的设计。

（1）教学媒体选择。教学媒体选择有下列操作要求：
①选择要服从导学目标需要，适合表现导学内容。
②选择要发挥媒体特长，有利于教学。
③选择要适合教学对象特征，符合教育心理规律。
④选择要适应现有教学条件，方便教师操作演示。

（2）教学媒体组合。教学媒体组合是指把具有不同教学功能的教学媒体实行有机结合，发挥整体优势。媒体组合有多种形式，如录像和投影结合、挂图与录音结合等。无论采用哪种组合形式，都应该遵循下列操作要求：

①组合要体现媒体的互补性，要适合相互补充、相辅相成、直观形象、化难为易、循序渐进、深化效果的需要。

②组合要满足教学情境的需要。

③组合要使媒体相互渗透，有机结合。

（3）教学媒体演示。教学媒体演示是指使用一定的方式使教学媒体在中学政治课课堂教学过程中得以展示或呈现。教学媒体演示是教学媒体设计的关键。因此，它有下述操作要求：

①针对性。媒体演示要切合目标、突出教材重点和难点。

②启发性。媒体演示意在创设教学情境，启发学生思维活动，因而要演示材料或事物发展过程，不能用结论代替学生思考。

③效度性。媒体演示要高效，并不是越多越好，切忌过泛、过滥。

④逻辑性。媒体演示要注意逻辑性，应能呈现教材内容的来龙去脉。

⑤适时性。媒体演示的使用时机必须把握得当，不要随意使用，以免分散学生的注意力，对课堂教学造成干扰。

（五）学习评价设计

学习评价设计是对"导得怎么样和学得怎么样"进行一种检测和评估，对阶段的或最终的教学结果是否已达到预期目标做出反馈。它是整个导学设计工作的调控环节，是导学设计中一个重要的不可缺少的部分。通过这一环节，导学设计工作将得到不断反馈、矫正而更趋完善。学习评价设计主要是过程性评价设计。过程性评价是指对学生学习过程的评价，侧重于考察学生学习活动的全过程表现状况，并做出解释性的描述。它重视质的分析和价值取向的判断，贯穿学生学习活动的始终。

三、表述阶段

当以上内容构思成熟后，就可以把所构思的内容以一种流程的方式表达出来，形成清晰展示导学过程和表述导学结构的方案。导学方案有多种形式，如可用文字的形式，可用表格的形式，也可用流程图与说明相结合的形式。文字式和表格式是导学设计方案最为常用的版式。

（一）文字式的导学设计方案

文字式的导学设计方案是指用文字的形式来表现教学过程。文字式的导学设计方案与传统的教学方案在呈现方式上比较相似，编排顺序同样是：教与学分析—导学目标—教学策略—教学过程—教学评价。但它的设计理念基于导学，其设计教学过程基本是学生主体活动以及教师如何引导学生开展自主学习活动。

【案例分享】

"科教兴国战略"导学设计①

一、学习目标设计

知识目标：了解现代科技在生产力中的决定性作用，我国必须加快发展科技的步伐；了解教育在社会主义现代化建设中的地位和作用，发展我国的教育事业任重道远；知道"科教兴国战略"的含义、关键及意义。

能力目标：通过学习，让学生认识到国家实施科教兴国战略的重大意义，培养学生热爱科学的兴趣和科技创新的能力。

情感、态度与价值观：通过学习科教兴国战略的相关知识，培养学生热爱科学的精神，自觉履行受教育的义务，为祖国的强大而努力学习现代科学知识。

二、教学构思呈现

创设情境，促使学生主动参与；构建活动，让学生在活动中得到体验，在参与中得到发展；设置问题，合作探究，激发思考；同步检测，当堂达标。

三、教学活动准备

学生准备：搜集我国在科技教育方面所取得的巨大成就以及与发达国家的差距的有关资料。

学生自主阅读教材第60~65页，思考以下问题：

(1) 科学技术的重要性。
(2) 我国科学技术的成就以及与发达国家的差距。
(3) 教育的重要性。
(4) 我国教育现状与差距。
(5) 如何实施科教兴国战略？
(6) 实施科教兴国战略的关键是什么（意义）？

教师准备：检查反馈学生预习效果，做出自学指导。

---

① 本案例由顺德勒流义江中学朱湘红提供。

四、导学过程设计

第一步：情境导标

预设教师导学行为：提供有关"科教兴国战略"的视频背景，视频内容：新中国成立以来科技教育发展的视频，并配以孙楠的歌曲《五星红旗》。设问：影片中凸显我国哪些方面取得的成就？

预设学生活动：学生观看视频并思考回答问题；学生齐读学习目标。

第二步：活动导学

1. 独立构建（5分钟）

预设教师行为：教师布置板书图表填空题，同时巡视指导帮助有困难的学生。

预设学生活动：学生在预习的基础上，进一步归纳构建知识，填写表2-2。

表2-2

	科学技术	教 育
重要性		
	举例：	举例：
现状	成就（举例）： 存在问题：	成就（举例）： 存在问题：
意义		

2. 合作构建（5分钟）

预设学生活动：

小组合作：学生在独立构建的基础上，带着问题和疑问在小组内进行合作交流，在合作的基础上解决一些问题，提炼不能解决的问题。

展示成果、合作解答：以小组为单位汇报科技、教育的重要性，列举科技、教育取得的成就。产生的疑问由小组间解决一部分。

预设教师行为：巡视各小组合作情况，指导帮助小组解决一些问题，同时收集小组不能解决的一些共性问题。

第三步：启导精思

预设教师行为：

1. 练习导学

（1）中国研制成功每秒运算逾千万亿次超级计算机"天河一号"，处于世界领先地位。中国首台自主设计、自主集成的深海载人潜水器"蛟龙号"

首次下潜到 5188 米级海深，说明其已经具备在全球 70% 海域下潜的能力，这是我国科技发展史上的新里程碑，标志着我国成为目前世界上深海潜水国家之一。这表明（　　）

①我国已经成为科技强国
②我国在尖端技术的掌握和创新方面，已建立起坚实的基础
③科技创新能力，已越来越成为综合国力竞争的决定性因素
④当今世界归根结底是高端科技的竞争

A．①②　　B．①④　　C．①③　　D．②③

（2）我国与部分发达国家在教育、科技进步对经济增长贡献率指标上的比较：

表 2-3

时间	中国	美国	日本	德国
1978 年	5%	23%	18%	22%
1998 年	21%	45%	51%	63%
2008 年	39%	72%	75%	76%

思考：上表反映了什么？

2．板书导学

教育—人才—科技—经济

3．设问导学

对"今天的教育、明天的科技、后天的经济"这句话如何理解。

设计意图：通过图表式问题的设计，让学生加深对教育、科技的重要性的理解，以及为为什么要实施科教兴国的回答做出铺垫。

第四步：自主提升

预设教师行为：视频导学。提供"2012 年温总理的政府工作报告"（4 分钟）的视频资料。

设置问题：

（1）如何实施科教兴国战略？

（2）实施科教兴国战略的关键是什么（意义）？

预设学生活动：带着问题观看视频，结合书本解决思考题，小组合作交流学习，达成共识，学生以小组为单位展示学习成果。

第五步：拓展导结

预设师生行为：师生共同小结及填写下面表格。

表 2-4

	科学技术	教育
重要性	举例：	举例：
现状	成就（举例）： 存在问题：	成就（举例）： 存在问题：
措施意义	如何实施科教兴国战略？ 实施科教兴国战略的关键是什么（意义）？	

第六步：检测练习

检查学生的知识掌握情况及能力拓展情况。

（二）表格式的导学设计方案

表格式的导学设计方案是指用表格的形式来呈现教学内容和教学过程。相对于文字式的导学设计方案，使用表格呈现教学内容和教学过程有以下优点：一是文字精练，篇幅短小，只写最基本的内容，有较强的概括力；二是内容与策略相对应，教学过程各要素的关系得到较好表现，导学脉络清晰。表格式的呈现是目前导学设计方案采用的主要呈现方式。

【案例分享】

"我能行"表格式导学设计[①]

表 2-5

教材分析	第二课"扬起自信的风帆"由三框组成。"我能行"是本课的开篇课，由"自信一族""超越自负，告别自卑"两目构成。本课通过引导学生肯定自我，体验自信，区分自负、自卑和自信，为进一步学习"自信是成功的基石""唱响自信之歌"两框内容奠定认知与情感体验的基础

---

① 本案例由广州市花都区秀全外国语学校何燕杰提供。

续上表

导学目标	目标1　学生通过故事分享和推选身边的自信之星，树立榜样，感知自信是一种信念和力量，说出自信的含义及表现。 目标2　学生在列举自己的"我能行"和回顾自信帮助自己获得成功的经历中培养肯定、悦纳自我的愉快心态，形成自信的生活态度。 目标3　学生能在具体情境中分析、探讨自负、自卑与自信的区别，走出自信的误区，不自负、不自卑
导学策略	导法：活动探究法、情境导学法。 学法：自主学习、合作学习、探究学习
课前准备	教师准备：研读教材，分析学生，制作课件，指导学生表演情景剧。 学生准备：预习课文，搜集自信小故事，编好《考试风波》情景剧

活动导学过程

环节	教师导学	学生活动	导学意图
1. 案例导学	（1）出示学习支架：图片《小孩爬楼梯》。 （2）问题导思：如果这个孩子会说话，当妈妈帮他时，他会说什么？引出课题："我能行!" 预期：学生回答问题时可能声音不够大，所以需要教师及时引导第一个回答问题的学生，要求自信、大声，为全班同学树立典范	（1）读图。 （2）思考问题：如果这个孩子会说话，当妈妈帮他时，他会说什么？ 预期：学生可能会回答"我自己能爬""妈妈，我能行"等	用富有寓意的图片故事导入，给予学生直观感性的素材，引发学生的联想，自然导入主题
2. 寻找榜样	（1）出示活动支架：故事分享。 步骤： ①活动设计：每个同学课前搜集一个关于自信者的小故事作为演讲内容。 ②演讲要求：吐字清晰，表达流畅，声音洪亮，声情并茂，形象生动，脱稿，时间控制在1分30秒以内。 ③问题导思：故事中的主人公取得成功的一个重要原因是什么？ （2）出示活动支架：推选大会。 步骤：	（1）3个学生代表分享有关自信者的小故事。 （2）其他学生认真聆听故事，思考问题：故事中的主人公取得成功的一个重要原因是什么？ （3）回答问题。 （4）4人小组讨论，共同推选班级的自信之星，说明理由，制定自信之星的标准。小组代表发言。	通过故事分享和推选班级自信之星活动，更深入地走进学生生活，使课堂回归生活，充分调动学生参与的积极性，引导学生有意识地观察发现身边的榜样，让学生真切地感受榜样的力量，

续上表

环节	教师导学	学生活动	导学意图
2. 寻找榜样	①活动规则说明：4人小组讨论，每个组员轮流发言，组长负责把讨论结果记录在导学案，限时3分钟。小组代表发言，观点不重复。 ②组织讨论。 讨论导思： ①推选出班级的自信之星，名额不限，说明理由。 ②共同制定自信之星的标准。 提示：教师可以提示学生从不同的角度归纳，如：外貌表情、行为举止、性格品质、处事态度等。 总结点拨：自信的人应该是活泼、坦诚、虚心、大度、勇敢、果断、幽默、积极、开朗乐观、言行一致的等。 （3）请一名自信之星代表上台发表感言，表达对同学们认可的感谢之情和对同学们说一句鼓励的话语，展示自信者的风采。 要求：声音洪亮、仪态大方。 （4）知识导学：相信自己能行，是一种信念，也是一种力量。通过以上活动，相信同学们已经对自信有了很多感性的认识，现在请同学们阅读课本，归纳自信的含义及其表现	（5）"自信之星"学生代表上台发表感言，展示自信者的风采。 预期：老师要选好典型代表，充分鼓励、引导学生大方地说出感言。 （6）阅读课本，归纳自信的含义及表现，整理笔记	在榜样的感染下感知自信，激发树立自信的决心。 达成目标1

续上表

环节	教师导学	学生活动	导学意图
3. 我有"我能行"	（1）过渡：榜样有榜样的"我能行"，你也一定有你的"我能行"，那你的"我能行"表现在哪些方面呢？ （2）出示学习支架："我能行"表格。 步骤： ①学生自评：写一写你的"我能行"，可从生活、学习、体育、文艺、技能、人际关系、特长等方面下笔，写得越多越好。 ＿＿＿＿，我能行！ ＿＿＿＿，我能行！ ＿＿＿＿，我能行！ ＿＿＿＿，我能行！ ＿＿＿＿，我能行！ …… ②小组互评。 要求：补充对方没有讲到的"我能行"，不能重复。 预期：自评和互评对于正确认识自我具有重要意义，因此教师在这一环节要预留充分的时间给学生进行反思和评价。 ③自信地说出你的"我能行"。 鼓励学生自信地说出自己的"我能行"，帮助其树立自信。 ④回忆自信帮助自己获得成功的某次体验。 提示：你当时面对的是什么困难？你是怎么想的？怎么做的？结果是怎样的？你的感受是什么？	（1）从生活、学习、体育、文艺、技能、人际关系、特长等方面思考并填写"我能行"表格。 （2）小组成员互评，继续补充"我能行"表格。 （3）自信地说出自己的"我能行"。 预期：有个别不够自信的同学可能没有找到自己多方面的"我能行"，这时教师可以引导全班同学一起发现其优点、长处，帮助其更好地认识自我。 （4）回忆并说出自信帮助自己获得成功的某次体验	通过填写"我能行"表格引导学生从各个方面列举自己的点滴成功经历，感受"我能行"，学会正确认识自我，对自己做客观的评价，引发学生肯定自我的积极心理。 通过回忆自己感受最深的一次"我能行"，深化学生在前一活动中获得的"我能行"的感受，帮助学生在回顾以往的经历中得到对自己的进一步的肯定，培养积极、自信的生活态度。 达成目标2

续上表

环节	教师导学	学生活动	导学意图
4. 生活剧场	出示学习支架：情景剧《考试风波》。 步骤： （1）组织学生表演情景剧《考试风波》：反映自负者、自卑者与自信者在考试前、考试中、考试后的不同表现。 （2）组织讨论。 讨论导思：请分析剧中的3人分别是什么性格的人，为什么？ 提示：对于自负、自卑、自信三者的本质区别学生比较难理解，教师可根据情景剧的内容引导学生从对待自己的优缺点的不同来把握这一本质区别。 （3）反思自我，完成导学案填空： 小洋——自负；小宇——自卑；小源——自信。 我希望我是_____同学那样的人，我现在（就是/却是）_____同学那样的人	（1）表演、观看情景剧《考试风波》。 （2）展开小组讨论：剧中的3人分别是什么性格的人？为什么？ 预期：学生在讨论和探究自负、自卑、自信三者的区别时，可能只是从行为的表面而不是从本质上分析，需要教师及时进行提示。 （3）归纳自负、自卑、自信三者的区别，并整理笔记。 （4）反思自我，完成导学案填空	创设贴近学生生活的情境，并由学生表演，营造了轻松的教学环境，使学生在活动中参与，在参与中体验，在体验中感悟、探究新知。同时在共同探讨中容易激发学生思维，在交流互动中培养学生理解、分析、表达的能力，深化学生对自负、自卑、自信之间区别的认识。通过反思自身，引导学生客观地评价自己。 达成目标3
5. 小结升华	梳理知识结构图	（1）根据板书回顾本节课的主要内容，用简练的语言概括自负、自卑、自信的区别。 （2）诵读课本第22页的诗歌，感悟升华	帮助学生把握重难点，引导学生将所学知识和所获得的体会、感悟，用于自己的实践，真正做到学有所感、学有所得

四、完善阶段

当导学设计方案形成后,设计者还应进一步检查和推敲,利用反馈进行补充、修正和完善,使导学设计进一步优化。

设计完善阶段的操作包括两个方面:

一是依据中学政治学科导学设计评价标准检查和修正导学设计流程中各要素、各环节设计,使目标、内容、策略、媒体、方法、评价等要素设计进一步优化。

二是根据教学反馈,调整教学要素的组合方式,实行优化组合,使整个设计方案能和谐、有序、高效地运作,也就是通过教学反思,进一步完善导学设计方案。

【理论探究】

导学设计的反思是对课前所进行的导学设计与教学的实际进程是否有适切性进行比较和反思。课堂千变万化,而导学设计是课堂教学的蓝本,是对课堂教学的预设,对教学的发展起引导作用。在导学设计中,教师针对教学内容及其地位,学生已有的知识经验,教学目标、重点、难点,如何依据学生已有的知识水平和知识的逻辑过程设计导学过程,如何突出重点和突破难点,如何评价学生的学习效果等,都有一定的预设和思考。这种思考是否符合实际,能否在教学实际中得到落实,成为教学反思的重要内容。

◎导学设计的反思有哪些形式?
◎不同形式的导学设计的反思其各自的侧重点在哪里?

第三章
中学政治学科不同课型导学设计

本章概要

◎根据不同的分类依据,中学政治学科教学可以划分为不同的课型。不同课型导学设计的依据是:教学任务、教学主体与课型特点。

◎综合课型是中学政治学科教学的主要课型。其课型结构是:复习旧课—导入新课—讲授新课—巩固新课—布置作业。综合课型导学设计是常态课设计。

◎中学政治学科单一课型主要有新授课、讨论课、复习课、练习课、考试课、讲评课等。每种课型各有特点,导学结构及操作程序设计有所不同。

◎活动课型是以活动、实践、操作为主要任务的课型,它与课外活动不同,具有以学生为主体,以发展学生的社会实践能力为主要目标、以社会实践为主要形式的特点。其导学设计要突出学科性、目标性、主体性和操作性要求。

中学政治学科课堂教学有不同的任务,如传授新知识、讨论辩论、题目训练等。根据不同的任务,我们可以将课堂教学分成若干类型,亦即"课型"。研究不同课型的导学设计是从操作层面来研究导学设计。这种研究,促使我们不停留在一般导学模式上,而是进一步把导学模式具体化,使之成为教学过程中具体实施的步骤和程序,使导学过程变得具有可操作性。

第一节　单一课型导学设计

中学政治学科单一课型主要有新授课、讨论课、复习课、练习课、考试课、讲评课等。其中，新授课、讨论课、复习课和讲评课都是常用课型。现将常用课型的特征及其导学设计分述如下。

一、新授课导学设计

新授课，是课堂教学最常见的一种课型，是以教师传授新知识、学生学习新知识为主要目的，努力使学生掌握新的概念、原理，形成新的观点的课型。在中学政治学科教学中，新的概念、原理、观点、方法等一般采用新授课来教学。

（一）新授课的特征

（1）目标单一。新授课通常是教师用整堂课的大部分时间，集中向学生传授新的知识，使之形成新的观念，以期保证教学内容的完整性和连贯性。因此，新授课往往被称为概念课或原理课。

（2）新授课联着旧知识。在严密的学科体系中，知识的链条是互相扣合衔接的，每一个环节都不可或缺，不可断开。新授课中的知识并不是独立存在的，它与学生已有的旧知识有着千丝万缕的联系。因而，教师在讲授新课时须紧密联系学生的旧知识，使新旧知识发生迁移。

（3）难度较大。新授课的内容一般难于学生的已有知识，学生听起来会感到生疏、抽象、难懂，有一定的教学难度。但并不是所有的新知识都难，因为新知识以旧知识为背景，是能够超前学习或通过浏览而知其一二的。教师要准确把握新知识与旧知识之间的联系，并将新知识作为重点来对待。

【视野拓展】

在思想政治（品德）课教学过程中，教师对新知识的传授，一是要做到内容科学，观点正确；二是新知识的导入要自然，讲授要精当，巩固要及时；三是要根据学生的认知结构，考虑学生的实际接受能力，掌握知识授受的深浅程度，做到循序渐进；四是不能仅单纯传授新知识，应同时重视以知识为基础的能力培养和政治思想品德教育；五是在教学中切忌从抽象到抽象而忽略了学生的认识规律,也不要急于讲出新知识而忽略学生的思维过程;六是要注意贯彻启发式教学,通过设计的问题循循善诱,或利用多种直观教学手段,帮助学生理解和加深印象。①

(二) 新授课的结构

新授课的结构一般包括五个环节,这五个环节构成了常规教学,具有极强的可操作性。新授课五个环节分别是:

(1) 导入环节。分为教学组织、主题导入两个子环节。目的在于稳定学生情绪,激发学生学习动机,并为新知识的学习做铺垫与准备。

(2) 新知识学习环节。具体又分为提出问题、解决问题、揭示规律、质疑问难四个子环节。这是完成新授课教学任务的关键。

(3) 巩固新知识环节。分为基础训练和检查评价两个子环节,是突破阶段的继续和发展,目的在于巩固新知识、新技能。

(4) 发展环节。分为发展性训练和发展性思辨两个子环节,目的在于对所学知识做适当拓宽与延伸,集中发展学生的思维能力,同时为后续学习内容做必要的铺垫。

(5) 整理环节。分为系统整理和课堂总结两个子环节。这是新授课的终结阶段,主要任务是将有关知识梳理概括,提炼升华,使之形成体系,促使学生良好认知结构的形成,同时给学生最后一次质疑问难和发表意见的机会。

(三) 新授课导学设计的程序

根据新授课的结构,新授课导学设计的程序包括导学目标设计、导入环节设计、新知识学习环节设计、巩固新知识环节设计、发展环节设计、整理环节设计等六部分。

1. 导学目标设计

由于是新授课,学生接触到的知识是全新的,所以新授课的导学目标首先要具体明确,这有利于教学的运作;要紧密结合学生的实际;要突出新授知识(概念、原理)的重点和难点;导学目标可以依据课程标准的要求来编制,依次分为知识目标、能力目标以及情感、态度与价值观目标等。针对不同课时的内容,目标可以有所侧重和细化,让学生明确该节课要学什么,

---

① 胡田庚. 新理念思想政治(品德)教学论 [M]. 北京:北京大学出版社,2009:135.

要学到什么程度。

2. 导入环节设计

导入环节在教学上一般称为导入新课。导入新课设计方法多种多样，如设问导入、故事导入、悬念导入、视听媒体导入等。导入新课设计可按如下步骤进行：引起注意—激发动机—组织引导—建立联系。

3. 新知识学习环节设计

新知识学习环节是新授课的主要环节。新知识一般是教学的重难点，突出重点、突破难点的导学设计一般有以下几种方法：①围绕新知识学习的重点，设计一到两个带有启迪性的问题引发学生思考；②指导学生搜集具体材料、例证，帮助学生有步骤、有程序地梳理教学内容直至解决问题；③设计合作学习平台，通过师生、生生之间相互质疑，彻底弄清知识要点；④引导学生由个别上升到一般，揭示规律，合乎逻辑地得出结论和原理。

4. 巩固新知识环节设计

巩固新知识环节非常重要。巩固新知识环节的导学设计有很多方法。如有的教师设计一组材料引导学生验证所获得的概念、原理；有的教师设计练习题巩固学生所学的新知识。无论采用哪种方法来设计，关键是内容设计要具有针对性，如练习题设计可包括两方面的内容：一是基础识记类的内容。这是检测学生对教材基础知识内容的掌握情况，属于识记类，即第一层次的要求。二是能力提升类的内容。这部分习题具有一定的难度，关键是要选取易混易错的知识点来设置问题，通过完成习题来提高学生判断、区分问题的能力水平。

5. 发展环节设计

发展环节是学生学习能力培养和技能提升的重要环节。本环节的导学设计可以考虑设计与新知识相关的而又适当拓宽和延伸的由新材料构成的开放性习题，引导学生进行迁移性、发展性训练和发展性思辨。设计这类习题最好是以建议的形式出现，紧密联系当前时政热点和学生的生活实际，旨在提高学生参与社会实践的积极性以及创新能力。

6. 整理环节设计

整理环节是新授课最后一个环节。这一环节的导学设计最好设计为讲练结合的形式。设计知识检测完成后的有针对性的讲评，及时纠错；在此基础上师生共同对新授知识进行梳理归纳，提炼升华，使学生形成认知结构。

（四）新授课导学设计建议

（1）导入设计要开门见山，让学生尽快接触新内容。

（2）要以整体观点设计如何引导学生与课本对话、与教师对话；强化学生的参与意识，培养学生爱动脑、乐动口、勤动手的习惯，积极参与教学全过程。

（3）要重视思维过程的训练，指导学生想什么和怎样想，启迪思维，锤炼良好的思维品质。

（4）尽可能把内容设计成一个个有针对性的问题，或者创设出一系列情境，然后引导学生在特定的情境中去自由思考、深入研究。设问可在造成悬念时，在知识疑难处，在开拓思路时，在知识异同处，在疑难转折中，在原理运用上，在规律探讨中提出。问题的设计要把握好两个"度"：一个是梯度。即问题或情境的设计要体现出循序渐进的原则。也就是说，整堂课讨论的问题要由易到难、由简单到复杂、由形式的东西到本质的内容，体现升华的问题放到最后。另一个是适度。即难度要适中，过难或者过易的问题不要使用。

【案例分享】

"国家财政"新授课导学设计[①]

一、导学起始分析

学情分析：高一学生具有一定的观察、分析和思辨的能力，学生在日常生活中会不自觉地经常感受到财政的作用，对本框的知识性内容理解起来较容易。但财政政策对经济运行的调节具有较强的专业性，学生在日常生活中接触较少，因而这将是本节课的难点。

课标分析：评议一个由政府财政承担的工程项目，说明政府的财政支出对大众生活、经济发展的影响和作用。

二、导学目标制定

知识目标：能说出财政、国家预算和决算的含义；能识记财政收入的基本内容及具体获取渠道，理解影响财政收入的主要因素；知道财政支出的含义和具体用途；解释财政收支的对比关系；识记并理解国家财政的作用。

能力目标：懂得如何运用财政政策实现经济平稳运行；能学会根据政府职能合理安排财政支出的能力；能通过"模拟财政部长"的探究活动概括财政在社会经济生活中发挥的巨大作用。

情感、态度与价值观目标：感受我国国家财政的作用，增强爱国主义情

---

① 本案例由广东华侨中学陈春芳提供。

感；关心国家财政支出的内容，关注国家的发展，增强主人翁意识。

重点难点：

（1）重点：财政的巨大作用。

（2）难点：国家财政具有促进国民经济平稳运行的作用。

三、导学策略设计

拟从财政收入—财政支出—财政作用的逻辑顺序，从有利于学生对知识的掌握和培养学生解决问题的能力的角度，让学生亲身参与国家财政预算的分配与使用。这样，学生不仅可以亲身感受国家财政的作用，还能进一步领会政府的路线、方针、政策，体会到国家强大的自豪感。

导学策略包括：目标导航，案例导读；建立平台，合作探究；小组展示，成果交流；知识建构。具体以学生熟知的事例设计作为情境切入点，通过合作探究、共同学习、小组展示、教师点拨落实三维目标。

课程类型：新授课。

教学准备：

（1）学习支架：搜集2012年及2013年财政预算资料，关注中央和地方的财政状况，印制学生活动探究表格。

（2）教学工具：多媒体。

四、导学过程设计

第一环节：目标导航，情景导读。

学习支架：（情景展示）引导学生从材料中提炼有效的信息，导入本节课的学习内容。

材料一："嫦娥三号"探测器携"玉兔号"月球车首次实现月球软着陆和月面巡视勘察，从1992年开始实施载人航天工程到现在为止，共花费约390亿元人民币。

材料二：广州将投63.6亿元改造同德围。

思考：载人航天工程花费的390亿元与同德围改造的63.6亿元从何而来？

第二环节：互动导学，合作探究。

学习支架1："聚焦两会"——十二届全国人大一次会议。

材料一：2013年3月5日十二届全国人大一次会议审议通过了《关于2012年中央和地方预算执行情况与2013年中央和地方预算草案的报告》。2013年全国财政收入117 209.75亿元，全国财政支出125 712.25亿元，2013年国家将继续实行积极的财政政策和稳健的货币政策。

材料二：2013 年中央财政预算主要收入项目指标拟安排如下。国内增值税 20 950 亿元，增长 6.5%；国内消费税 8 550 亿元，进口货物增值税、消费税 15 875 亿元，关税 2 970 亿元，企业所得税 13 123 亿元，个人所得税 3 815 亿元，车辆购置税 2 426 亿元，出口货物退增值税、消费税 11 110 亿元，非税收入 2 755 亿元。

探究题：(1) 什么是财政？什么是预算和决算？

(2) 国家财政收入的最主要来源是什么？其他非税收入包括哪些？

(3) 财政收入会受到哪些因素的影响？如何增加财政收入？

学生合作探究：学生分成若干小组合作探究以上问题，旨在检测同学们对课本知识的理解和认知程度，从而正确认识我国现行财政收支的意义。

合作探究组织指导：每个小组推出一名组长，组长必须组织好成员合作学习，充分调动每位成员的积极性。组长先就共同的任务进行角色分工，每个同学针对自己探究的问题进行自主探索，要求每位组员先把想法写下来，时间是 5 分钟，然后小组长组织小组成员合作交流，形成小组的意见，时间是 3 分钟。最后，各小组将本组探究结果在课堂上交流，每个组可推出一位发言人，每个问题以最先举手的小组获得发言权，该组代表发言完毕后(其他组也可以即时对之进行点评或提问)，教师为该组点评。小组和教师都要说明给出评价等级的原因（其中 A 等级表示 90 分以上，B 等级表示 80~89 分，C 等级表示 70~79 分，D 等级表示 60~69 分）。科代表记下评价情况作为一次小组合作学习的成绩。为了鼓励各个小组参与竞争，规定凡是举手发言的小组合作学习等级加 5 分，即半个等级，如：张华组举手发言，其他组评、师评为 B，那么该组的合作学习等级为 B^+。

引导学生分析上述两则材料，思考上述三个探究问题。

教师点拨：

(1) 多媒体展示"什么是财政"：

①财政的含义；②财政的本质。

(2) 多媒体展示"国家预算和决算"：

①国家预算和决算的含义；②国家预算和国家决算的区别和联系。

(3) 影响财政收入的因素很多，但主要是两个方面——经济发展水平和分配政策。

①经济发展水平（多媒体展示）。相应措施：必须加快经济发展，大力增加社会财富总量。

②分配政策主要指决定财政集中资金比例的财政分配政策（多媒体展

示)。相应措施：在经济总量一定的情况下国家应制定合理的分配政策：既保证国家财政收入稳步增长，又促进企业的持续发展和人民生活水平的不断提高。

学习支架 2：2013 年财政部中央财政支出预算表（模拟）（如表 3-1）

表 3-1　2013 年财政部中央财政支出预算表（模拟）

项　目	支出 1	支出 2	支出 3	支出 4	收支是否平衡
占总收入的百分比/%					
支出目的					
体现财政的作用					

导思：请以 2013 年全国财政收入 117 209.75 亿元为参考，以图表的形式注明你们认为这些资金该如何分配，体现了财政的什么作用。并以财政部部长的身份向公众阐明原因。

学生合作探究：模拟 2013 年财政预算的支出情况并说出支出的原因，感悟财政的作用。

第三环节：小组展示，成果交流。

学习支架 3：展示两组"支出预算表"。

探究引导：比较分析两组"支出预算表"；引出财政支出的含义、内容及作用，并简要说明财政收入与支出的关系。

第四环节：知识建构，落实目标。

学习支架 4：知识归纳导图（略）。

第五环节：导学反馈。

检测题设计：（略）

二、讨论（辩论）课导学设计

讨论（辩论）课的主要任务是通过组织学生之间、师生之间的讨论、对话或辩论，相互启发，取长补短，加深对某个重要的理论问题、疑难问题的理解，或提高对某个实际问题的认识。[1] 这一类型的课，对于培养、发展学生的思维能力、辩论能力，调动学生的学习积极性、主动性，具有重要的

---

[1]　邹绍清. 思想政治课教学技术［M］. 北京：中央文献出版社，2010：100-101.

作用。

(一) 讨论课的特征

(1) 突出学生的主体性。讨论课采用了围绕主题让学生自由发言的形式，充分体现了学生的主体地位。具体表现在：讨论的准备阶段是学生在教师的指导下独立地搜集材料、论据，主动学习的过程；讨论阶段是学生作为讨论的主体自由发表自己的意见，对不同观点、看法相互讨论和争论的过程；讨论的组织过程也是由学生负责（一般由小组长或学生干部担任）、由学生独立承担的学习活动。

(2) 深化教学重点。讨论课一般围绕教学重点，要求学生联系实际去说明或分析问题。通过讨论，学生能加深对教学重点的理解和提高思想认识。

(3) 教师始终充当指导角色。讨论课的一个最大特征就是教师由主角变为配角。教师负责出讨论题目，培训组织者，参与各组讨论，及时激励，纠正错误，保持讨论的正确方向，做好总结。

(二) 讨论课导学设计的程序

讨论课的课型结构：确定讨论中心—组织讨论—总结评议。

讨论课导学设计的程序包括以下几个环节：

1. 导学目标设计

讨论课的导学目标设计可以从以下几个方面去考虑：一是深化对某一原理的理解或某一观点的认识；二是开阔视野；三是发挥学生集体学习和个人学习相互作用，提高自主学习能力；四是培养学生认识问题、分析问题的能力；五是培养学生的自学能力和口头表达能力。

2. 讨论主题设计

讨论主题最好来自于学生的思想"热点"和对重大问题的"疑点"。

【视野拓展】

讨论课的主题设计要考虑三个因素：教材理论、学生实际和社会现实。

(1) 政治理论课的教学任务决定了讨论的问题要紧紧围绕教学目标，紧扣教材基本理论。任何脱离教学目的的问题，再精彩、再巧妙也是不足取的。旨意明确，思考才能集中，才能把课堂宝贵的时间用在最需要解决的问题上，从而提高课堂教学质量。

(2) 讨论课的主体是学生，设计问题必须符合学生的实际要求。思维从问题开始，但并非所有的问题都能激发学生的思考积极性。太容易的问题，不能很好地构成学生智力和能力发展的内部矛盾，激发不起求知欲，学生不屑讨论；太难、太偏的问题，会使学生望而止步。因此，对不同需求的学生，要设计相应的问题，让学生有兴趣、有话说、有收获。

（3）要达到讨论的目的，必须引起学生的兴趣。要联系新闻热点、时事报道、生活实际设计讨论题，这样既能激发学生的讨论兴趣和激情，使他们有感而发，畅所欲言，又符合政治理论课本身的学科特点和教学原则。[①]

3. 讨论的组织形式设计

可以设计四人为一讨论小组或以自然学习小组为一讨论小组，也可以组成正反两方的辩论小组。

4. 讨论过程指导设计

讨论过程包括指导学生认真阅读教材，提问质疑、讨论、综合、归纳、评议。具体如下：

（1）引导学生阅读课文，理解与讨论相关的概念、原理、观点。

（2）指导学生围绕讨论题，搜集能阐明自己观点的理论依据、事例和数据。

（3）指导学生讨论或辩论的方法和技巧。

（4）指导学生拟好发言提纲，做好讨论准备。

（5）做出疏导与点拨设计。

【视野拓展】

在讨论课中，处于主导地位的教师必须对讨论进行正确而有效的引导。引导意味着教师要引导学生围绕主题讨论，引导对问题认识的不断深入，指引学生用辨证的方法分析问题，防止走极端。

（1）要导之有备。教师做必要的准备：要全面、透彻地把握所讨论的问题，要充分估计学生在讨论过程中可能出现的问题，要准备多套应急的措施。

（2）要导之有法。讨论是师生双方的共同思维活动，因此，教师不能把自己当作讨论的旁观者，要积极参与讨论，根据讨论实际情况及时施以点拨和引导。当学生在讨论中出现卡壳现象时，教师要适当讲解，帮助学生扫除障碍；当学生偏离主题时，教师要及时把握讨论方向；当学生因不同看法

---

① 谢菊兰. 论政治理论教学中的讨论课的教学组织［J］. 教育与职业，2009（9）.

而争论不休时,教师要引导他们找到分歧的焦点,把认识统一到正确的观点上来,切忌"放羊式"的无正确导向的讨论。此外,教师还要利用一些有助于启迪学生思维、培养学生智能的教法,努力使学生开阔视野,多角度、全方位地去认识问题。

(3) 要导之有度。作为政治理论课的讨论课,涉及很多思想认识上的问题或有争议的问题,教师在引导学生讨论时,可以阐明自己的观点,但不要用教训的口吻强加于学生,否则会引起学生的逆反心理。对于讨论中出现的反向观点,也不要一下子驳回,要引导学生经过自己思想的交锋来获得正确的认识。教师要把握好引导的度,引而不发,留有学生讨论的余地,否则将会回到讲授课,使讨论课有名无实。

(4) 要联系实际。教师在联系实际的引导中,要注意做到:一是联系国际实际。平时要善于搜集这方面的信息,认真筛选,组织材料,对影响世界的大事件进行理论分析。二是联系社会主义建设实际,不能简单地罗列实事,对社会上出现的一些违背社会发展规律的现象要引导学生辩证地看待。三是联系学生面临的实际。这样能增强学生的感性认识,使其真正感受到政治理论课与自己的关系,激发学习兴趣。[①]

(三) 讨论课导学设计建议

(1) 讨论课的目的在于调动学生的学习主动性和积极性,把思想教育与知识传授、能力培养融为一体。因此,要把教学任务融入学生活动的全过程予以考虑和安排。

(2) 必须明确学生是讨论活动的主体。讨论课必须以学生活动为主,但决不能忽视教师的主导作用。

(3) 讨论课是对教师教学水平、组织能力的一个考验。导学设计对可能出现的各种观点都应有周密的考虑。

(4) 讨论题目设计必须基于学生提出的问题综合归类来确定讨论的中心议题。

(5) 教学过程设计应留有足够让学生讨论发言的时间,注意启发学生如何去分析和论证问题。

---

① 谢菊兰. 论政治理论教学中的讨论课的教学组织 [J]. 教育与职业, 2009 (9).

【案例分享】

"消费面面观"小组专题讨论导学设计[①]

一、导学目标设计

(1) 认知目标：通过讨论，进一步使学生理解影响消费的因素，我国居民消费结构的变化及原因，人们消费心理的类型等有关消费的问题。

(2) 觉悟目标：通过学习讨论，一方面使学生充分体会到我国的改革开放给人们的消费生活带来的种种新变化，加深对我国改革开放政策的了解和认同；另一方面使学生感受到我们今天生活水平的提高来之不易，逐步培养其正确的消费观。

(3) 能力目标：通过学习讨论，把对消费的感性认识上升为理性认识，学会综合运用基本观点观察、分析社会现实问题，培养多角度、多层次思考、分析、解决问题的能力，增强学生关注现实经济生活、参与经济生活的能力。

二、准备阶段指引

(1) 进行分组：模式实行小组负责制，以小组成员合作性活动为主体，以小组目标达成为标准，以小组总体成绩为评价依据。小组的划分、形成、小组长的产生以自愿组合为原则，教师给予指导。要求每组不少于4人，不多于7人。（专题讨论所要完成的工作量比较大，任务比较重，考虑到学生的能力和学习压力，小组的成员较多，虽给管理带来一定的压力，但学生学习的实际参与度和思维的广度最好，过少或过多都不利于学习）小组成员及小组长应在学期初即确定。由于本专题需要进行社会调查，任务很重，根据学生的情况，可考虑两个小组共同讨论同一专题。

(2) 建设教师团队：在展开专题讨论前，教师根据学习内容，提高自身综合素质，就疑难问题向相关学科的教师请教，各学科教师之间形成良好的协作关系。

(3) 设计课堂教学的空间形态：全班学生按学习小组安排座位，以利于形成小组学习的"集体空间"，有利于集体意识的形成，便于组织学生开展小组讨论学习。

(4) 调整课堂教学的时间结构：课堂教学的时间除了教师讲授、师生交往和学生个人学习思考外，尽可能增加学生之间直接交流和协作的时间。教师应在上课前，与当值小组就时间安排做好准备。

---

① 本案例由广东中山纪念中学陈媛媛提供。

三、讨论过程导学设计

1. 专题讨论的一般程序

讨论主要分为三个阶段。第一阶段是小组成立，分配工作，理论学习；第二阶段是活动开展，具体程序如下：确定学习专题和学习目标 → 搜集、整理资料，备好教案 → 小组讨论，形成初步结论 → 呈现资料、问题，分组讨论 → 组际交流、综合联系，教师点拨 → 归纳、总结、评价 → 迁移练习、自我评讲；第三阶段，各组将本组活动情况汇总，形成成果报告，期末在班或年级中进行成果展示，评出优秀小组。

2. 讨论过程的指导设计

第一阶段：教师组织当值小组进行理论学习，指导学生了解相关讨论专题的理论，为专题讨论的开展打下理论基础；同时，指导学生根据研究任务，确定人员分工；教师提供讨论方法、资料搜集方法（如文献、报刊、互联网，并推荐相关书籍及搜索网站等）、问卷制作等方面的学习支架。

第二阶段：

（1）指导学生确定讨论专题和讨论目标。本活动的专题是"消费面面观"。教师根据专题内容指导小组讨论，由小组确定讨论的具体目标、范围和内容。指导学生居民消费进行分解，细化为以下几个专题：我市居民消费受哪些因素影响，消费水平如何；我市居民消费结构的变化；中学生消费心理。

（2）指导学生搜集、整理资料：我市居民的收入水平、消费支出安排、就业状况、突发事件等对消费的影响，居民对未来消费的展望、要求、变化等以及中学生的手机消费、零用钱如何用和中学生消费中的误区等，作为学习和讨论的重点内容。

（3）指导小组提出问题、讨论问题，初步形成结论。提出问题：我市居民消费水平的现状怎样？影响居民消费的因素有哪些？我市居民消费与收入水平之间为什么出现不协调的地方？"非典"等突发事件对居民消费有何影响？我市消费结构发生了什么变化？这是由什么引起的？我市居民对消费的展望、信心和要求？中学生的零用钱如何用？中学生消费观是怎样的？中学生消费中存在哪些误区？……小组讨论：指导学生根据调查结果对问题进行讨论和组内交流；形成初步结论：指导学生把讨论的结果记录下来，以书面形式提交，教师及时给予指导和修正。

（4）指导组际交流：分组讨论结束，教师组织组际交流。设计思路由当值小组主持，各组提供讨论结果，并进行交流、争论、探讨，教师加强调控,密切留意各方,及时协调矛盾。组际交流激烈,尤其在"我市(家)根据恩格尔系数处于什么水平,距离富裕还有多远距离,我市居民的消费水平、消费心理等对经济、社会发展有何影响,中学生消费的误区,怎样看信贷消费"等问题上,学生表现出极大的热情和关注,联系自家消费的实际,全班讨论激烈,碰撞出思维的火花。教师应视情况给予及时点拨,尤其须在如何将讨论内容与教材知识点联系起来上面加强指导,使之形成正确观点和取向。

(5)指导课堂汇报:各小组推选出一个成员在课堂上讲述讨论结果。可以由当值小组主持,各组由一位成员主讲,其他成员补充,将整理好的背景资料和问题向全班同学讲述和呈现,口头讲述和投影,或以课件形式呈现。教师现场补充学生回答中的不足或遗漏的内容。其他小组根据材料提出自己的疑问。如:调查对象的代表性是什么?什么是恩格尔系数?根据恩格尔系数,我市居民消费水平处在哪个阶段?中学生的消费有哪些不科学的?怎样才能适度消费?信贷消费是不是超前消费?我们应怎样对待信贷消费?等等。

(6)指导学生总结归纳:经过一轮的交流和激烈争论,学生初步形成共识。教师指导当值小组总结出结论:我市居民消费升级兴起,消费结构随着我市居民进入小康阶段发生了很大变化,居民消费已由物质消费为主走向物质消费与精神消费、服务消费并重,由寻求温饱的重视衣、食消费,转向谋求住、行条件的改善,在紧张的工作之余谋求休闲旅游;我市居民收入和消费双增,但传统消费观的制约,影响消费的进一步拉动;我市居民对未来的消费信心较足,但信贷消费仍主要停留在房贷上,其他方面的信贷消费还有待于进一步开发;中学生消费存在许多误区,要树立正确的消费观等。

(7)指导学习评价:指导学生根据课堂表现,进行自评和互评。教师口头给予鼓励性评价。并做好记录,以供期末总评价时做参考。

(8)指导巩固知识、迁移练习:可以由当值小组投影事先准备好的综合性练习题,全班分组进行练习,并由当值小组主持,进行评讲。教师巡回检查和辅导。

第三阶段:指导各小组将各自的活动开展情况汇总,写成成果报告。

三、复习课导学设计

复习课旨在通过"温故",帮助学生强化已学过的知识,并达到知新,悟出新意，加深理解，融会贯通，系统地掌握所学知识。

【视野拓展】

复习课的特征①

教学内容的选择性：有目的地选择学生迫切需要复习的内容，而不是不分重点平均用力。

知识体系的系统性：将知识归纳、整理、建网，使支离破碎的知识系统化、科学化。

能力发展的迁移性：让学生灵活运用知识，使其举一反三、触类旁通。

似曾相识的疲劳性：学生对于复习内容似曾相识，打开书了然，合上书茫然。

复习时间的紧迫性：复习课往往面临着时间短、头绪多、容量大、节奏快的问题，因而要求师生宏观上把握，微观上吃透。

复习课课型结构是：组织教学—提出目标—知识归类—范例分析—题型训练。

（一）复习课导学设计的要求

复习课的课型结构对复习课导学设计有如下三个方面的要求：

第一，能指导学生进行知识归类，形成知识网络。这一要求是由两方面的需要决定的：一是教学内容整合的需要。中学政治学科各模块自身具有独立的逻辑体系，教师在授课中常采用各个击破的形式，容易忽视知识之间的内在联系。复习课导学设计的知识点教学要体现如何引导学生对所学知识从点、线、面上进行归类，形成知识网络。二是学生学习心理的需要。学生的学习心理是由学生已学到的知识与自身经验所构成的。学生掌握系统化、结构化的知识后，便有可能对新知识自觉进行归类、编码和积累，并随时自觉检索和提取。学生的学习心理同样有对知识归类和形成知识网络化的诉求。

第二，帮助学生掌握有效的学习方法。复习课导学设计的指导思想必须明确：复习课，重要的不是教师如何讲，而是教师如何导；不是教师将知识归类后教给学生，而是指导学生自己整理归类；教师演示要与学生训练相结合。因此，在设计上要充分考虑如何指导学生掌握复习方法，关键是如何设计让学生动手、动脑去整理知识并学会迁移运用。教育家笛卡儿指出，最有价值的知识是关于方法的知识。方法，说具体点就是技巧和步骤。复习课只

---

① 何善亮. 复习课教学存在的问题及其改进建议［J］. 当代教育科学，2012（2）.

有突出复习方法的指导，才能真正体现其课型特征。

第三，指导学生进行知识迁移的训练。真正掌握知识规律并不只是停留在知识的归类、综合、系统化的水平，而要上升到培养和提高运用知识解决实际问题的学习能力。因此，复习课的导学设计，还必须体现"活化知识，学以致用"的精神。而要做到活化知识、学以致用就必须进行知识迁移的训练。如针对知识系统综合和归类内容，针对教学实际，编制有质量、有典型性的习题来指导学生进行严格的能力训练，通过训练能够迁移运用所学的知识，最终做到活、快、巧。

（二）复习课导学设计的程序

复习课的重点是巩固与加深理解知识，是对知识的理解进一步深化与促使学生能力的提升，因此，方法的学习与内容的结构化显得更加重要。复习课的导学设计程序一般包括导学目标设计、复习内容设计、学法设计、范例分析与教学媒体设计五个环节。

1. 导学目标设计

复习课导学目标设计要注意两个问题：一是要有针对性，尤其是针对重点和关键内容以及学生学习过程中的典型失误。二是要居高临下，抓住知识网络。

2. 复习内容设计（可按知识的网络结构编写）

根据已学过的知识内容，构建知识体系。引导学生以体系的形式将所学知识内容以点、线、面的层次串联起来，以便对知识进行更深层次的理解。如根据学生已学的知识内容，运用概念图、思维导图等策略指导学生进行综合、梳理、归类、概括，让学生明确每一知识点、每一能力要求在整体结构中的位置，把握内在联系的网络结构，明了各知识因素的组合运用。

3. 各种题型学法设计

复习课的目的不但是要让学生掌握知识，更重要的还是要让学生学会运用。因此，设计复习题、基本题、灵活题和综合题等题型的学法指导时，教师要考虑三个度：广度、深度、应用度。广度是指设计习题的主要内容不局限于所学习的知识，可适当涉猎相关知识的程度；深度是指设计习题不但能帮助学生掌握知识，还能考查学生对易混易错知识内容的区分能力的程度；应用度，主要是指所设计的习题能帮助学生解决问题的程度。

4. 范例分析

如果说新授课是讲点，复习课就是讲线和面。复习课是通过提纲挈领地引导学生自主理清知识关系。因此，复习课的范例分析设计要抓住两点：一是做形成知识结构的示范；二是做复习方法指导性示范。

5. 教学媒体设计

复习课的知识容量大，节奏快而时间有限，解决这一矛盾的办法是借助多种媒体的辅助配合使用，如投影、图表等，需要对教学媒体从选材到排列做精心的安排。

（三）复习课导学设计建议

（1）复习课是完整、系统地整理、深化知识的过程。它重在归纳、系统分析、比较和巩固提高。我们要把复习课组织成为引导学生重新发现的过程，引导学生理清知识的整体结构（线索），沟通知识之间的联系，使之系统化，培养学生信息整合能力和正确的思维方法。

（2）要全面分析全班学生情况，明确复习目的，并做好计划安排。

（3）要注意解题思路的培养和复习方法的指导，指导学生善于联系已学过的知识，善于对比，善于对知识进行整理和分类。

（4）练习题的设计要有针对性、典型性、启发性、层次性和系统性。最好以题组形式出现，抓一题多变、一题多解或多题一解等训练。特别要在综合训练上下功夫。

（5）复习内容设计要突出重点，揭示知识规律。加强对教材中易混淆知识点的复习，提高分析能力，培养触类旁通、举一反三的能力。

（6）教态、语言、板书等方面的设计尽量使学生有新鲜感，以引发学生新的思维方式。

（7）教学过程设计要重视思维过程的训练，锤炼思维品质（思维的敏捷性、思维的灵活性、思维的深刻性和思维的创造性等）。教师的示范设计要有针对性，重在设疑、答疑和启迪思维。

【案例分享】
"政府的职能：管理与服务"复习课导学设计①

一、导学目标

本课突破难点的总目标是引导学生理解我国政府的职能及其转变，使学生具备分析现实政治现象的能力，提高学生的政治素养。

具体目标如下：

目标1 学生能够结合实例说明我国政府是人民的政府。

---

① 本案例由广州市第六中学卢葭提供。

目标2　学生能够明确政府是国家行政机关，说明政府与权力机关的关系。

目标3　学生能够判断政府的四个基本职能，并能用以分析实例。

目标4　学生能够结合实例，总结说明政府职能的有限性，说明政府正在建设服务型政府及其意义。

目标5　学生能够理解政府的作用是管理和服务。

目标6　学生能够联系生活，总结公民意识和政治素养的主要体现。

导学重难点：政府的四个基本职能与政府职能的转变问题。

二、导学思路

时政导入引出主题—自主回顾厘清知识—导学分析深化认识—穿插练习巩固认识—贯穿情感、态度与价值观的养成。

导学方法：探究导学法、读书导学法、讨论导学法、谈话法、练习导学法。

三、导学过程

1. 时政导入

呈现学习支架：视频《国务院机构改革再启动》（节选1）

导思提问：政府机构的改革，权力的整合旨在？（观察学生的回答，及时捕捉学生回答中的亮点并加以引导，引导学生答出要点，并及时给予肯定的激励。）

导读指引："请同学们翻开课本，阅读复习第27至28页课文内容。一边阅读一边在学案上列出本课知识点及知识点中需把握的关键词，4分钟时间。"（学生按要求复习课文内容，尝试列出本课知识点，并标记关键词；个人任务完成后同桌两人相互评价，交换意见。）

个别提问：提问学生。（被提问的学生作为代表展示同桌交流成果。其他学生关注作答同学的答案，同时反思自己的答案并及时补充作答。在学生列举本框知识点的过程中，教师一边板书并肯定其回答的合理部分，一边引导学生全面回答、准确表述与精练归纳。）

板书："政府性质""政府的基本职能""政府的作用""服务型政府""政府与公民的关系"。

2. 厘清知识

（1）政府的性质。

从政府与人大的关系角度：我国政府是国家权力机关的执行机关，是国家行政机关。从政府与人民的关系角度：我国政府是人民的政府。

(2) 政府基本职能。

知识点：①组织社会主义文化建设的职能；②保障人民民主和维护国家长治久安的职能；③提供社会公共服务的职能；④组织社会主义经济建设的职能。

呈现学习支架：部分政府机构改革情况。

导思提问：从政府机构改革中看到政府的哪些职能在加强？

操作指引：提醒学生通过抓住材料的关键词进行判断。明确任务后组织学生6人小组讨论。教师巡堂了解各小组讨论情况并进行必要的指导。

导学策略：提问4个小组的代表，在小组代表的回答过程中引导学生从材料中把握关键词，提取信息，联系知识点。进而让学生回归课本的正文内容，全面把握政府的4个基本职能。在此基础上联系时政，要求学生进行知识迁移，理论联系实际。

具体操作：

（1）组织社会主义文化建设的职能。

提问小组代表：回归课本，这一职能包括几个方面？从哪些关键词进行判断？

板书："文化建设"

点拨：两个方面。关键词：马克思主义科学理论、思想道德素质、科学文化素质、科教文卫体事业、国家文化软实力。

这一职能的两个方面与我们文化生活模块的第四单元"建设中国特色社会主义文化"有所联系，这一单元里面提到的精神文明建设、思想道德建设等都体现政府组织社会主义文化建设职能。

（2）保障人民民主和维护国家长治久安的职能。

提问小组代表：回归课本，这一职能包括几个方面？从哪些关键词进行判断？

板书："人民民主""长治久安"

点拨：七个方面。关键词：独立与主权、生命安全及合法权益、合法财产、人民民主、人民内部矛盾、犯罪分子、社会治安和社会秩序等。

涉及这些方面体现的是政府保障人民民主和维护国家长治久安的职能。这里一方面保障人民民主，是对人民实行民主；另一方面打击违法犯罪分子等，是对敌人实行专政。体现我国新型民主和新型专政的统一。

（3）提供社会公共服务的职能。

提问小组代表：回归课本，这一职能包括几个方面？从哪些关键词进行判断?

板书:"社会公共服务"

点拨:六个方面。关键词:公共设施、就业、医疗卫生制度、社会保障体系、人口和优生优育、优化环境和防止污染等。

政府提供社会主义公共服务职能主要表现在涉及民生的方方面面。最近新闻离不开的可怕病毒——H7N9病毒,在这类重大卫生事件中,我国政府越来越重视提供一些公共服务,引导公民正确防治。

（4）组织社会主义经济建设的职能。

点拨:四个方面。关键词:经济调节、市场监管、社会管理、公共服务。

3. 深化学习

深化点1:社会主义经济建设职能的四个方面:经济调节、市场监管、社会管理、公共服务。

学习支架:材料《新国五条　强势出击》。

问题:新国五条出台,房哥房姐寝食不安。请分析政府如何运用国五条对经济进行组织与调控。

操作指引:分析材料中的经济现象,思考材料如何体现组织社会主义经济建设职能中的四个方面? 6人小组合作分析,3分钟时间。

提问小组代表,并要求其他小组或其他同学对被提问同学进行评价与补充答案。教师在小组讨论过程中对部分小组的讨论结果给予指导与评价。评价重点:①表述的准确度。②抓取材料关键词的能力。③运用课本原理分析现实问题的能力。

点拨:

①社会管理。材料中讲到的"乱举牌""乱摆摊"行为政府需要进行管理。社会管理就体现为这类维护公共经济秩序,创造良好经济环境的举措。

②市场调节。材料中所看到的"首付比例""贷款利率"等关键词其实是市场调节里政府最常用的宏观调控手段。运用货币政策、财政政策或者设定经济目标等等。

③市场监管。联系时政:广药集团的维C银翘片与王老吉涉嫌有毒?

④公共服务。公共服务强调政府给市场主体提供经济信息、咨询、引导等服务。

联系时政:3月份CPI数据出炉。

深化点2:"公共服务"与"提供社会公共服务"职能的区别。

点拨：公共服务主要强调在经济领域中，为市场主体提供服务，营造良好的经济环境，促进经济发展。提供社会公共服务职能主要强调整个社会生活领域，强调为公民提供服务，涉及民生的方方面面，旨在为社会的发展提供良好的社会环境。

深化点3：政府基本职能的履行主体；我国政府职能的划分；政府职能的表现。

点拨：政府基本职能的履行主体是政府。党、人大、政协和其他国家机关无权代替政府履行职能。政府职能的划分具有相对性，所以部分职能之间可能存在交叉。

在一些社会现象里面可能体现一个职能，也可能体现多个职能，同学们要做到具体问题具体分析。

（3）政府的作用。

知识点：我国的政府是便民利民的政府，是为人民服务的政府。

板书："管理""服务"。

点拨：一方面我们感受到政府对我们进行的管理。从出生、结婚、离婚到死亡都要受到政府的管理。另一方面政府为我们提供服务，比如政府为我们提供的气象服务，我们到学校接受教育也是政府所提供的。所以政府给予我们的管理与服务其实就是政府的作用。从人民对政府职能履行的感受来说，政府的职能又表述为管理和服务。

（4）政府职能的有限性。

呈现学习支架：视频《国务院机构改革再启动》（节选2）、材料《铁道部职能转变图示与提示》。

操作指引：观察铁道部一分为三，职能如何划分？体现政府职能如何转变？6人小组为单位展开讨论，3分钟时间。

提问小组代表。

问题导思：统筹铁路发展规划和政策的职能在于对综合交通运输做统筹规划，这属于行政职能，政府是否要管？拟定铁路建设标准并进行监督等同样属于行政职能，属于市场监管，政府是否要管？具体铁路建设、客货运输业务等属于企业职能，那政府是否要管？

点拨：属于行政职能的，政府该管的还是要管。但如铁路票价，提供服务的数量等应该由市场来决定。在这则材料中，政府从以前什么都管，到现在不该管的不管了，有所为有所不为。体现政府由全能政府转变为有限政府。另外，体现政府工作的侧重点，也就是在工作中的定位问题。对市场还是保留必要的管理职能，但是不再直接参与经济，不再直接干预经济。而是转为为经济发展提供服务，以营造良好的市场环境为主。从以管理作为工作的侧重点转变为以提供服务作为工作的侧重点。由管制型政府转变为服务型政府。

展示习题：2013广州一模选择题第28题（略）

（5）公民与政府的关系。

点拨：公民要了解政府，相信政府，支持政府工作，寻求政府帮助，监督政府行为；政府要为人民服务、对人民负责，依法行政，提供求助途径，自觉接受人民监督。

5. 真题演练

改编展示习题：2012广东高考第37题（略）

通过这道高考题作为大题练习达到以下目的：①指导大题解题方法；②引导学生感受广东高考题的特点与难度；③通过对评分说明的点拨明确知识点的掌握程度；④练习巩固，检测学生掌握情况。

6. 运用提升

提供高考真题供学生做课后练习提升。

7. 课后作业

完成学案上两道大题和配套练习册选择题部分。整理笔记，完成配套练习，核对答案。

8. 板书设计

图3-1

四、讲评课导学设计

讲评课旨在分析、述评考试（考查）情况，总结学生在学习上的优点及不足，指出矫正方法。采用该课型能使学生改进学习方法。与复习课强调"理"（即对知识的归纳、整理）不同，讲评课更加强调"通"，即对知识的迁移应用，最终目的在于培养和提高学生运用知识、解决问题的能力。讲评课着力于在巩固和加深理解已学知识内容的基础上，强化对知识的迁移能力，培养学生举一反三、触类旁通，运用所学知识解决问题的思维品质。因此，要把讲评课上好并非易事，要把讲评课中的主观题讲清楚讲明白，更需要一定的技巧。对于讲评课中的主观题评讲除了明确答案外，更重要的是让学生明白审题的角度、解题的步骤与答题的技巧。

讲评课的课型结构是：组织教学—综述考试（考查）情况—分析错题原因—提出矫正方法—答疑。

（一）讲评课导学设计的要求

讲评是一项综合性的工作，有一定的技术难度。讲评课导学设计有下列要求：

（1）抓准症结。讲评课导学设计要从找病根入手，解决丢分问题。导致学生丢分的原因不外乎两个，一是学生方面的原因，一是教师方面的原因。一般说来，多数学生答不好的试题，如果不是试题太偏太难，超出学生的知识范围，就是教师在教学上存在薄弱环节。如果是学生的问题，就要找出学生发生错误的症结所在，犹如医生治病一样，只有找准病根，才能对症下药。

（2）分析原因。讲评课导学设计的重点应落在"分析产生错误的原因"上。

（3）抓住共性。学生发生错误的地方可能很多。讲评内容的设计要抓住共同发生的错误或大多数人发生的错误，避免浪费时间。

（4）鼓励评价。鼓励是进步的添加剂，鼓励能给学生一种希望、一种动力。设计讲评方法应能够充分表扬进步同学，鼓励学生总结经验，争取更大的进步。

（二）讲评课导学设计的程序

讲评课的目的在于通过分析试卷查漏补缺，纠正错误，巩固双基，并且在此基础上寻找产生错误的原因，从中吸取失败的教训，总结成功的经验，进一步提高学生解决问题的能力。因此，讲评课导学设计的程序应该是在这一目标的指引下进行的一系列操作过程。具体来说，讲评课导学设计程序为：导学目标设计—分析试卷—整体评析—设计学习平台—典型错误评析与矫正—反馈总结、评价。

1. 导学目标设计

讲评课教学目标设计应从两个方面去考虑：一是总结学生在学习上的优

点和差距；二是通过讲评要强化学生某些方面的学习技能。

2. 分析试卷

分析试卷包括分析"一个差距""四率""四度"。"一个差距"，即与前几次测试成绩做比较，找出差距，包括全班和个别学生的前后成绩对比，对全班和个别学生的学习情况形成初步的评估。"四率"包括试题的正确率、错误率、优秀率、及格率。"四度"包括试题的信度、效度、难度、区分度。在此，试题的信度包括分析试卷题量、试题对教学知识的覆盖程度、分数的分布、试题设问的准确程度、学生的临场状态；试题的效度是指测验结果与测验目标之间的相关程度；试题的难度即试题的难易程度，也就是试题与学生知识、能力水平相适应的程度；试题的区分度是指试题对学生成绩的区分程度，也就是试题对不同学生成绩的鉴别程度。一般来说，试题应该有良好的区分度，以发现学生各自存在的问题，便于教师的教学改进。

3. 整体评析

整体评析设计大致包括以下内容：一是综述本次考试的基本情况；二是表扬优秀；三是客观、全面地指出存在问题；四是分析产生错误的原因。

4. 设计学习平台

这一环节的导学设计主要是将要讲评的题目，如易错题、经典题题号确定下来，制定学生开展学习活动的规则和任务。如设计互纠互学活动：将错题的讲解任务交给做错的学生；由学生自主探究或小组合作去寻找答案及解释；各组抽签选一名同学与教师换位讲解题目；学生自评总结。

5. 典型错误评析与矫正

这一环节的导学设计可设计师生角色换位的形式。其操作程序是：组织发言设计，即按讲评题目的顺序随机抽选各个题目的"小老师"发言解答。设计倾听，内容包括听学生的解题思路，听学生所指出的重难点、所确定的疑点，或者站在学生的角度提出质疑；设计提问，包括鼓励其他学生对"小老师"提出疑问，捕捉学生提出的即时性问题，生成有价值的问题。

6. 反馈总结、评价

教师在这一过程中的导学主要是对学生的表现进行课堂和课后的反馈与总结。课堂上的反馈，主要是对"小老师"的解答进行引导和补充。课堂上的总结设计主要是在审题、解题技巧、解题方法、解题的规范化等方面对知识点进行巩固，梳理知识逻辑，强化巩固重点、难点或疑点，联系时事或生活增加素材，拓展知识。评价设计要贯彻发展性评价理念，给予学生更多的肯定性评价。与此同时，教师要引导学生反思，促进教学相长。

【视野拓展】
生本理念下政治选择题讲评课策略探索[①]

讲评课教学策略主要分为三大部分：前置工作策略、课堂展示策略、评研策略。以下详细分析三大策略的具体操作。

（1）前置工作策略。教师方面，做好选择题的数据分析，确定课堂着重分析的题目，并且根据题目不同特点设计形式丰富的学习活动。最好能够做好重点分析题目的PPT，使教师课堂提示点拨更加节省时间、提高效率。参考答案可以根据课堂学习活动的要求灵活处理。学生根据教师的要求，对题目进行精细分析；重点就错题进行分析。

（2）课堂展示策略。教师方面，创设问题情境，促进学生参与展示，维持良好的师生、生生交流的氛围，及时精确点拨分析。学生参与到教师创设的活动中去，真实地展示自己对问题的分析和讲评。

学生的展示主要在教师创设的情境下以可观察的行为活动展现自己的思维过程，既可以是小组内的研讨，也可以是全班的展示。针对选择题的特征，可以设计以下几类活动。

一是找关键。根据答案要求在题干中找出相关信息，培养学生的信息提取能力。如果题干没有直接的关键信息，要求对重点内容进行归纳概括。这一活动，可通过板演的方式，尽量让每一个小组都有机会把小组研讨的结果通过黑板在全班展示。让有代表性的小组向全班同学陈述。

二是言语分析。在生本环境下，由学生详细分析，完整地陈述，从对题干的分析和归纳到对题肢错项和无关选择的分析辨别。为了提高学生言语分析的质量和让更多的学生参与，可以在全班展示前先组织深入的小组研讨，然后再由小组代表在全班展示。

三是修改题肢。在不改变题干的前提下修改题肢中的错项或无关选项使其符合题干的要求，成为正确答案。这对教师和学生来说都是很大的挑战，因为不但要准确把握题干和题肢的信息，还要对题目所涉及的知识有充分的理解，而且答案并不唯一。采用板演的方式，展示小组研讨成果，然后请有代表性的小组陈述修改的依据。

四是修改题干。使学生清楚无关选项所考查的知识，在掌握这些知识的内涵、外延及本质特征的基础上修改题干，使题干的内容符合无关选项考查的知识特征。小组代表通过板演写出研讨结果，并请有代表性的小组代表陈

[①] 本策略探索由广州西关培英中学胡润珍提供。

述修改的依据。

（3）评研策略。该策略贯穿于课堂学习的始终。教师鼓励在小组讨论时同学间观点的相互质疑，在全班展示时同学自由地提出自己的不同看法、对不同观点的评价和质疑。

（三）讲评课导学设计建议

（1）试卷讲评前要做好充分的准备。做好试卷的统计与分析，要对学生在试卷中的正误情况进行统计并分析其原因，以便在讲评时能做到有备无患，切中要害。

（2）对产生错误原因的分析，教师不仅要在学生身上找原因，而且要在自己的教学上找原因，通过对反馈的分析调整自己的教学。另外，分析产生错误的原因还要与学生的学习能力结合起来，考虑相应的对策。例如，学生对基本概念、基本原理没有掌握，就要在基础理论部分下功夫；学生分析问题、解决问题能力弱，就要在开发学生智力上下功夫；学生存在答题技能技巧问题，就要在答题方法上下功夫。

（3）讲评试卷要突出重点。教师在阅卷时尽可能地用双项知识细目表来分析全班的各得分项，找出存在的共性问题，再结合学生的答题情况诊断清楚出错的症结，把握住哪些题目学生错得多，哪些错得少，错的原因是什么，学生需要弥补的是什么，等等。找出讲评课的重点，将上课的主要精力、时间集中到学生中存在问题最突出、最主要和最想知道的重点内容上来，为学生解惑、释疑，引导探究。

（4）在讲评课中要突出师生互动与生生互动，突出学生的主体地位与教师的引导作用。学生间的互动能够充分地调动同学间解决问题的资源，从而实现问题解决的目的。师生间交流，尤其是教师有针对性的对学生分析的点拨，能够培养学生自主发现、解决问题的能力和自信心；教师的讲评要体现引导学生改正错误，因此不是包办，而是精确点拨，从旁辅助。教师的点拨是根据学生的展示的行为而做出的精练的点评，因此占用课堂时间少，而且点到即止，绝不能代替学生分析讲评。

（5）要延伸发散，指引变化。就考试来说，考查点是相对稳定的，但命题人却可以随意变化题意、角度，在设计题目的条件、问题的设问方式上推陈出新，让应试者眼花缭乱，防不胜防。因为变换情境，学生很可能会由于思维的定式造成失分，此时善于分析和应变最为关键。所以每道题按原题讲完后，教师要把原题进行改造，和学生一起进行解题小结和反思，即对某个知识从多个侧面、多个角度进行合理的发散延伸，引发设题、解题的积极性，拓展学生思维的空间。

【案例分享】

2013学年上学期政治（文科）期中考讲评课
导学设计（选择题部分）①

一、导学内容分析

本节课导学内容是期中考中正确率未达到70%的选择题。题目覆盖了"文化生活"第一到第三单元的学习内容，有的题目还需要学生综合运用这三个单元的知识进行分析。

二、学情分析

学生都比较喜欢做选择，而且对选择题没有恐惧的感觉，就是考得最一般的同学也不怕发表自己的意见。通过本学期一段时间的锻炼，两个班已经培养了一些基本掌握了选择题分析的基本方法，而且能够通过自己的分析讲解帮助同学解决选择题问题的同学。

三、导学目标

在学生合作学习的环境下，通过提炼关键信息的活动提高学生提取信息能力，通过运用言语方式详细分析选择题的题干和题肢，使学生掌握选择题答题的基本方法，通过知错就改的活动进一步强化学生对基础知识的记忆和理解。

四、导学策略

学生分工共同完成14题选择题的分析任务，促进同学间的相互交流，培养同学间的合作精神；在展示活动中，学生体验成功的喜悦和对同学精彩表演的赞赏和尊重。

五、导学重点、难点

学生未能解释清楚的题目。

六、导学步骤

（1）发下试卷，核对选择题的参考答案。

（2）第一环节：找关键（培养学生的信息提取能力）。

合作学习组织引导：运用PPT分配学习任务。一共有4道题目，分成两大组分别各自完成两道；讨论时间2分钟，各小组代表把关键信息写到黑板上，并陈述选择这些关键信息的理由。学生每分析一道题目后，教师就播放PPT做简短的点评。

---

① 本案例由广州西关培英中学胡润珍提供。

(3) 第二环节：细分析（培养学生团队精神）。

合作学习组织引导：播放 PPT 分配学习任务。一共有 8 道题，学生分成两大组各自分别完成四道题。讨论时间 5 分钟，然后由小组自愿或教师请出整个小组同学到讲台分析题目。学生每分析完一题，教师通过播放 PPT 做简要的点评。在台上分析的同学要接受台下同学的质疑和提问。如果台上的学生未能解答，教师就请台下能够解答的同学进行分析。

(4) 第三环节：知错就改（强化基础知识的记忆）。

合作学习组织引导：播放 PPT 分析学习任务。一共有两道题，学生分成两大组各自分别做一道题。只给了约 30 秒的准备时间，然后小组代表到黑板上把修改后的答案写出来。最后教师播放 PPT 做精简的点评。

(5) 第四环节：小组内继续讨论还有存疑的题目，教师个别指导。（如果课堂有剩余时间这一环节就开展，如不够时间就要求学生课外学习）

导学反思：选择题的讲评课如果组织得好，整个课堂学生都处于活跃状态。学生合作学习环节环环相扣，台上同学的展示水平高、质量好，甚至超越了教师所思考的范围。使用 PPT 做简要的点评，不但节省了时间，也通过 PPT 的展现与学生的分析对比，更加地突出了学生精彩的表现。

第二节　综合课型导学设计

中学政治学科综合课是相对单一课而言的，它是指综合完成两个以上教学任务的课时教学形式。由于它既适合学生年龄特征和学习心理，又适合综合完成绝大多数课、节的教学任务，因此，在教学实际中经常被采用，成为中学政治学科教学的主要课型。

一、综合课的特征

相比于单一课型，综合课的特征主要表现在以下两个方面：

(1) 综合性。这种综合性表现在：第一，在一堂课内综合完成若干教学任务。综合课与单一课的最大区别在于完成教学任务的量的差别。多数单一课也有组织教学、布置作业等教学环节，但从任务的角度看，它们只需完成单一的教学任务，而综合课起码要完成两个以上的教学任务。一般地说，在大多数情况下，一堂思想政治课的教学任务并不是单一的，总有若干相互联系的任务。如复习任务、讲授任务、练习任务这三项任务在许多时候都集中在一堂课中。在这种情况下，只有综合课才能较好地完成这些任务。第二，在一堂课内综合使用多种教学方法。由于综合课在一堂课中要完成若干教学任务，因此它要针对不同任务的特点综合采用相应有效的多种方法。

（2）复杂性。课的类型是由教学任务、学科性质、教学对象、教学方法等多种因素决定的。这些因素组合的复杂程度决定了课型的复杂程度。相对于单一课来说，综合课所涉及的教学任务、教学方法因素更为复杂。因为综合课的教学任务和教学方法具有多样性，多样的任务和多样的方法与学科性质、教学对象的组合变化必然是复杂的，从而也决定了综合课的复杂性。

二、综合课课型结构

综合课课型结构是指综合课的基本组成部分及各部分进行的顺序和安排。近年来，中学政治学科课型改革，使新的综合课型不断涌现，出现了综合课型结构多样化的局面。如：三段式课型、四因素课型、五环节课型、单元网络课型等。本节主要介绍中学政治学科教学中较为普遍运用的一种课型设计——五环节课型导学设计。

五环节课型的基本结构是：复习旧课—导入新课—新知学习—巩固新课—练习拓展。

五环节相对独立，又互相联系，各有自身特定的功能，又统一构成综合课的完整过程。复习旧课的目的在于对已学过的知识进行复习巩固，强化学生对学业的责任感和按时完成作业的习惯；导入新课的作用在于承上启下、由旧到新，把学生的注意力吸引到新课上来，加深新旧知识的联系；新知学习的目的在于使学生掌握新知识，培养学生运用所学知识分析解决问题的能力；巩固新课的作用在于帮助学生及时复习、消化和巩固新知识；练习拓展的目的是使学生合理地利用课外时间，进一步巩固所学的知识。

三、综合课导学设计

（一）复习旧课导学设计

复习旧课是指组织教学后，教师以口头或书面形式复习检查旧课知识的环节。复习旧课导学设计内容包括：①选择与新课密切相关的旧知识设计复习问题；②设计复习的方法（口头复习或书面复习）。

（二）导入新课导学设计

导入新课是指在复习旧课后，承上启下，过渡到新课的环节。导入新课设计内容包括：①选择与新课内容相关联的材料，如故事、漫画、案例、诗歌、电教媒体；②设计导入的形式；③设计导入的程序；④揭示新旧知识之间的必然联系；⑤展示教学目标。

（三）新知学习导学设计

新知学习环节是指在导入新课后进入师生共同探究新知识的环节。该环节的导学设计内容包括：①设计新知识内容的逻辑顺序。②设计突出重点的学法指导，如通过运用概念图，加深对重点的印象；或运用思维导图多角度形成网络，扩大知识面，促进新知与旧知融合；或加强知识的内在联系，使重点地位突出而不孤立。③设计帮助学生突破难点的途径。如设计问题，启发积极思考；设计板图，说明原理；运用适宜的数据，做定量分析；演示教具，加强理解等。④设计导学的方法，包括如何采用讲述、讲解、谈话等方法设计和具体教学语言的设计。⑤设计提问内容和方式。如提问台阶设计、难易度重点设计等。⑥设计板书与教具。

（四）巩固新课导学设计

巩固新课指讲完新课后，对所讲新知识进行综合复习、巩固提高的环节。巩固新课导学设计的内容有：①指导学生归纳、梳理新授知识；②设计巩固新课的方式，如提问、谈话方式，师生共同总结方式，图表归纳方式，练习方式等。

（五）练习拓展设计

练习拓展是指巩固新课后通过设计思考题、练习题进行知识或能力的拓展。这一环节的导学设计关键在于设计合适的思考题、练习题引导学生深化对新知识的理解和运用。思考题、练习题的设计可从三个方面考虑：①题目的内容应是教学的重点；②题目的形式要富有成效，最好是材料题，要突破"是什么""为什么"的格局；③题目要有一定难度，接近学生的最近发展区。

四、综合课导学设计建议

（1）综合课型设计较单一课型设计来说，难度较大，要求教师在设计时要认真钻研课程标准和教材，明确教学任务，有针对性地编制导学目标和选择导学方法。

(2) 综合课型一般都由若干教学环节构成，这些教学环节集中反映了一堂课教学过程的基本规律。进行综合课教学设计要认真研究教学环节的特点、目的和功能，使设计尽量符合教学环节的要求。

(3) 进行综合课型设计要有整体意识，要注意各环节的内在联系，各环节的内容和方法设计应相互渗透，相互呼应，使一堂课发挥出最大效能。

【案例分享】

"国家财政"导学设计[①]

一、教材分析

"国家财政"是"经济生活"第八课"财政与税收"的第一框题。政府、企业、居民个人是社会分配的三大主体，本课是在承接第七课"个人收入的分配"的基础之上，探讨国家参与社会分配的相关知识。

课标对本课的基本要求是：评议一个由政府财政承担的工程项目，说明政府的财政支出对大众生活、经济发展的影响和作用。

导学重点：财政的巨大作用、影响财政收入的因素。

导学难点：国家财政具有促进资源的合理配置、促进国民经济平稳运行的作用。

重难点突破：首先让学生通过情境（包括视频、文章、图片等）体验，初步感受知识；其次通过小组合作的形式进行问题研究、深入理解；最后是教师归纳讲解并点拨知识。

二、导学目标设计

知识目标：帮助学生理解财政的含义、财政的作用、财政收入、财政支出和财政收支平衡。

能力目标：指导学生运用身边的事例说明财政在社会经济生活中发挥的巨大作用以及财政政策对经济运行的调节作用；培养学生寻找财政收入的渠道、识别财政支出的用途、解释财政收支的关系的能力。

情感、态度与价值观目标：引导学生感受财政的作用，体会社会主义市场经济体制的优越性，增强公民意识，关心公共财政的用途。

三、课前准备

资料印发：南方周末文章《"计划30年收回成本"——广珠城轨账

[①] 本案例由中山纪念中学陈媛媛提供。

本》、上海商报文章《赤字增加有利于促进经济发展》。

上传《中国统计年鉴2013》至班级邮箱，学生四人为一组，用Excel软件制作中国自1978—2013年（重点年份如1978、1982、1984、1992、1994、2000、2008、2012年等）的GDP及财政收入曲线图，并打印在A4纸上。

四、导学过程设计

第一环节：目标导航——目标导学，明确学习方向。（1分钟）

学习支架：PPT展示"国家财政"学习目标。

导学意图：通过呈现目标，为学生明确学习的方向。

第二环节：设计支架——温故知新，设置疑问导入。（3分钟）

1. 呈现学习支架

(1) 呈现图片：《财富蛋糕如何分配》（如图3-2）。

图3-2 财富蛋糕如何分配

(2) 呈现资料：四种"花钱办事"模式。

经济学家弗里德曼概括的四种"花钱办事"模式：拿自己的钱办自己的事、拿别人的钱办自己的事、拿自己的钱办别人的事、拿别人的钱办别人的事。

2. 设计问题

(1) 看图思考：除了企业、个人外，参与分配社会财富的主体还有谁？

(2) 从"理性经济人"这一经济学假设的角度看，这四种"花钱办事"模式中，哪些模式让人更有（或更没有）节约意识，为什么？

(3) 在刚刚提到的三个主体（企业、个人、国家）中，哪个主体"拿钱办事"的模式往往是"拿别人的钱办别人的事"，谁来解释一下？

3. 学法指导

引导学生回顾以往的知识，联系生活实际深入思考。

4. 归纳导出

引出国家参与社会分配，引导学生关心公共财政的用途，避免财政资源的浪费，进而引出本课主题"国家财政"。

导学意图：通过图片与问题支架的呈现，激发学生的兴趣与疑问，为新知的学习打下基础。

第三环节：自主学习——提取信息，掌握基础知识。（3分钟）

1. 呈现学习支架

表3-2　财政

	财　政
目　的	
含　义	
本　质	
运　作	

表3-3　财政收入与财政支出及两者关系

	财政收入	财政支出
含　义		
分　类		
关　系		

导学指导：①阅读教材自主学习财政的目的、含义、本质、运作，填写表3-2；②阅读教材，填写表3-3。

导学意图：支架在于呈现引导学生自主阅读教材，帮助学生理清思路，掌握本课的重、难点知识。

第四环节：探究导学——合作探究，突破重点难点。（30分钟）

探究活动1

提供视频支架：《继续实施财政政策　重点投向民生》，上海商报文章《赤字增加有利于促进经济发展》。

问题导思：

（1）4人小组合作分析视频材料，归纳财政在哪些方面发挥作用。

点拨提示：从视频中获取"着力解决教育、医疗等问题""安排赤字""积极的财政政策"等关键信息，从中总结财政的作用——促进社会公平、改善人民生活；促进国民经济平稳运行。

（2）结合材料，小组合作探究赤字的适用范围。

点拨提示：充分利用已有资料，一分为二地看待赤字，区分扩张性财政政策与紧缩性财政政策，理解财政具有促进国民经济平稳运行的作用。

导学意图：通过视频资料引导学生相互间的交流与讨论，突出财政具有促进国民经济平稳运行的作用。

探究活动 2

提供支架：南方周末文章《"计划 30 年收回成本"——广珠城轨账本》[工期：2005—2013 年；投入：181 亿元（约 1.5 亿元/千米）；收益：2012 年 4.38 亿元]

设计问题（1）：广珠城轨在投资建设上有何特点？

点拨提示：从该项目的规模、工期、成本、收益等角度进行分析。

设计问题（2）：如果你是私营企业老板，你愿意兴建此类基础设施吗？为什么？

点拨提示：从此类工程投资建设的特点、企业的目的、个人或企业的能力的角度思考，结合国家财政促进落后地区、特殊行业（如高新技术行业）资源合理配置的作用。导出财政的作用——促进资源的合理配置。

导学意图：通过本案例感知财政具有促进资源的合理配置的巨大作用。

探究活动 3

提供支架：学生课前自制的 GDP 及财政收入曲线图。

设计问题：请一组学生展示曲线图，并分析两幅图在走势上各有何特点，它们之间有关系吗？

提示：经济发展水平是影响财政收入的基础性因素。

问题导思：财政的作用有哪些？财政收入越多越有利于发挥以上作用吗？

提示：分配政策是影响财政收入的另一因素。

知识导航：影响财政收入的因素。

导学意图：培养学生实证意识和搜集分析经济数据的能力，理解影响财政收入的因素。

第五环节：知识建构——梳理脉络，建构知识体系。（2 分钟）

展示板书：

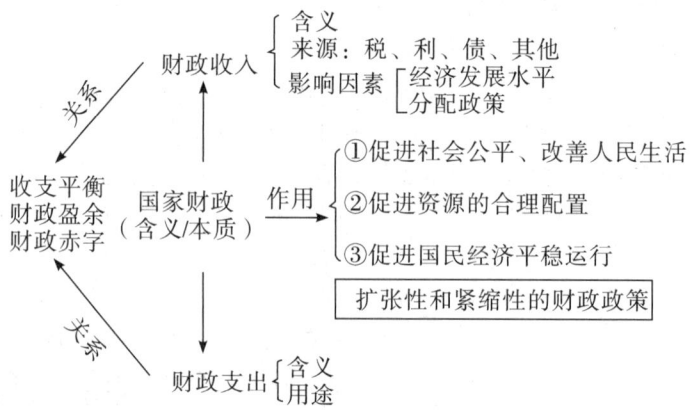

图3-3

自主学习：学生根据板书回顾本节课的内容。

知识归纳：对于学生说得不全面、不准确的地方进行补充分析，指出并强调重点知识，引导学生从感性认识上升到理性认识，理清本框知识脉络。

导学意图：理清本框知识脉络，帮助学生建立思维导图意识。

第六环节：能力提升——学会运用，尝试迁移知识（1分钟）

设计作业：

在下面题目中任意选择一道，写一份500字以上的报告：①搜索中山市"三公"支出情况。②简评中山市政府某项大型的财政支出项目。

目标：帮助学生通过知识拓展和提升，促进学生实现知识迁移，由知识向能力和素质转变。

第三节　活动课型导学设计

原国家教委颁布的《关于义务教育全日制小学、初级中学课程计划（试行）》指出，我国小学、初中课程结构由学科类和活动类两类课程构成。这一改革对中学政治学科改革产生了深远的影响。这意味着人们在致力于学科课堂教学改革的同时，开始把目光投向活动课教学的改革。课程改革的这一动态，推进了活动课导学设计研究的开展。

一、活动课与课外活动的关系

中学政治学科活动课是指以活动、实践、操作为主要任务的课型。它与中学政治学科课外活动既有联系也有区别。两者在活动的主体、目标、时空等方面有相同或相似之处，但在活动的任务、内容、主要形式等方面却有明显的区别。具体表现在：第一，任务不同。活动课是中学政治学科的一种课型，它必须按课程标准的规定，在一定时间内完成一定的教学任务；而课外活动却没有硬性规定的教学任务，它旨在提高学生的修养、技能和素质。第二，内容不同。活动课以教材为依据，有教学进度规定的教学内容；而课外活动既没有统一的教材也没有统一的教学参考书，活动内容具有独立性。第三，活动的主要形式不同。活动课的活动形式主要是以社会实践活动为主，课外活动则是以课外开展各种活动为主要形式。

二、中学政治学科活动课的特征

以活动、实践、操作为主要任务的中学政治学科活动课有下列特征：

（1）以学生为活动主体。在中学政治学科活动课中，学生是活动的主体和学习的主人，掌握着学习与实践的主动权。他们在教师的指导下，主动参与活动，运用自己的各种感官去体察社会现象，独立思考、分析研究各种问题，探索解决问题的方法和途径，在社会实践中理解和运用教材阐述的概念、原理和观点。学生主体作用的充分体现是活动课的显著特征之一。

（2）以发展学生的活动能力为主要目标。这一特征是中学政治学科活动课与课堂教学各课型相区别的一个重要标志。虽然中学政治学科活动课与课堂教学各课型在目标内容表述上是一致的，都包括知识、能力、觉悟三个部分。但是，两者的目标侧重点却不同。中学政治学科活动课教学目标侧重于通过活动来强化学生的学习技能，以达到培养学生联系实际，在实践中学习知识和运用知识于实践的能力。而课堂教学中无论是单一课型还是综合课型，其教学目标都侧重于帮助学生形成知识结构，强调在知识学习的基础上发展学生的思维能力和知识迁移能力。

（3）以社会实践活动为主要形式。中学政治学科活动课教学形式生动活泼，有社会调查、参观访问、竞赛讲座、学工学农等。这些教学形式的最大特征都是实践活动，在时空上有广阔性。从时间上讲，除了可以利用上课时间外，还可以利用学生其余可自由支配的时间，因此时间的运用有充分的自由度；从空间上看，活动课可以在教室内进行，也可以延伸到实际生活和社会实践中。这种以社会实践活动为主的教学形式也使活动课有别于学科课堂教学的其他课型。

三、中学政治学科活动课导学设计的要求

中学政治学科活动课由于具有其自身的特点，其导学设计要遵循下列要求：

（一）要突出学科性

中学政治学科活动课是本学科教学组织形式的一个有机组成部分。其导学设计应充分体现本学科的要求和特点，应与课堂教学设计融为一体，有机结合，既使课堂教学内容在活动课中得到巩固、验证和认识深化，又使活动课的内容纳入课堂学习的科学理论体系。

（二）要有明确的目标

活动目标是制定活动方案、组织活动和评价活动成绩的依据，是活动课导学设计首先要考虑的问题。一般地说，活动课的目标包括四个方面：一是要求学生掌握基本概念和原理；二是开阔学生的视野；三是发展学生的能力；四是提升学生的情感体验，从根本上说是要提高学生的素质。因此，设计活动方案首先要明确以上活动目标。

【理论探究】

情感和价值观是凌驾于知识和技能之上的精神产物，它源于知识和技能的积累，可影响却更加深远。现代教学认为："教学活动不仅要关注学生认知方面的发展，也要关注学生情感态度和价值观的培养以及人的生活意义和生命质量的提升等多方面的任务。"情感态度在某种程度上决定了人生发展的走向，而价值观则影响为人处世及做事风格。活动教学虽较注重过程性知识与技能生成，但活动却不应仅停留于教学的外在习得阶段，必须深入于理性知识之中挖掘感性的个人情感及价值观。①

◎教师在设计过程中怎样做才能提升学生的情感、态度与价值观？

（三）要发挥学生的主体作用

中学政治学科活动课的目标之一是要培养和发展学生独立自主的活动能力。因此，活动课型设计应能体现学生集体和个人的独立性、自主性和创造

---

① 潘皓琳，孟庆男. 新理念下的活动教学设计［J］. 现代教育科学，2013（3）.

性的发挥，有明确操作要求、步骤、方法、时间、地点、形式及注意事项，使学生能理解教学意图，自觉地、有计划地完成教学任务。

四、中学政治学科活动课导学设计程序

中学政治学科活动课设计程序与课堂导学设计程序大致相同，但内容和要求则有所区别。现将中学政治学科活动课导学设计程序分述如下：

（一）导学目标确定

（1）提出活动课导学目标的依据。活动课导学目标的确定要有可靠的依据，而依据则来自于对活动的必要性和可行性的分析。首先，要从理论和实际两方面分析活动的意义；其次，分析学生的年龄特点、知识水平和存在问题，为活动课导学目标的针对性和可行性提供前提。要做好这些分析工作，要求教师在确定活动课导学目标之前做调查研究工作，如了解学生需求等。

（2）确定活动课导学目标的内容。中学政治学科活动课与课堂教学的各种课型是互为补充的，因而导学目标设计两者各有侧重。活动课导学目标设计侧重于以下内容：一是知识的运用。中学政治学科活动课是学科中某一领域的加深和扩展，它的功能在于应用和巩固学科课程知识。因而它更强调知识在实际中的运用，导学目标设计应对此有所侧重。二是自主、自理、自治。中学政治学科活动课是一种充分体现学生自主意识的课型，其导学目标设计应强调学生的主体性，着重培养学生的独立自主的活动能力，以及良好的信念、情感、态度与价值观。中学政治学科活动课十分强调中学政治课的性质——德育性，因而其活动导学目标设计重点应是培养学生正确的理想信念、良好的道德情感、积极的人生态度和良好的行为习惯。

综上所述，中学政治学科活动课的活动导学目标内容应包括知识、能力、情感态度与价值观三方面因素，让学生通过活动在知、情、意、行等方面得到发展，提升综合素质。

（3）目标描述。中学政治学科活动课导学目标的描述要具体、简明、有针对性和可操作性。

（二）导学内容设计

活动课导学内容设计包括设计确定活动主题、选择活动内容和活动内容的组织等三个步骤。

1. 确定活动主题

活动主题是活动的中心，活动课所有内容的选择和组织都是围绕主题展开的。中学政治学科活动课的主题多种多样，一般地说，如果从活动任务来

划分,活动课的主题可分为两类:①单项活动主题。即根据某一项活动任务而确定的主题。②综合主题。即根据多个活动任务确定的系列活动主题。如系列教学活动主题"法律知识知多少"。活动主题的确定应从多方面、多角度去思考,从众多的问题中抓出重点。

2. 选择活动内容

当活动主题确定后,可围绕主题选择适当的活动内容。中学政治学科活动课内容非常广泛,概括起来主要有:①学科新信息;②乡土内容;③学科知识综合运用的活动内容;④与其他学科交叉横向联系的综合性活动内容;⑤社会实践性活动内容。一般地说,中学政治学科活动内容与学科教学内容是互相渗透、互相结合、互为补充、互相促进的。所以,选择活动内容的关键是选择与实践紧密相关的内容。

3. 活动内容的组织

活动内容的组织是一项综合性的设计工作。具体方法有:一是根据活动程序组织活动内容。如"小论文"活动的内容组织顺序可这样设计:指导选择写作题材,教给学生分析问题的方法,指导小论文的写作,组织小论文演讲,进行小论文评展。二是根据活动主题组织活动内容。如社会调查活动的调查内容就可以围绕主题来组织。

(三) 活动形式设计

活动课的内容确定后,选择合适、新颖的活动形式对活动效果影响极大。形式得当,可以使学生真正成为学习的主人,积极地探索求知,还能达到寓教于乐的目的。中学政治学科活动课的形式主要有四种:一是讲座形式。请专家、学者、企业家、机关部队工作人员进行专题讲座。如时事政策报告会,社会、经济、政治问题专题讲座,思想品德修养演讲会等。二是社会调查。社会调查是中学政治学科活动课的主要形式。三是竞赛形式,如辩论。四是参观访问。如参观革命圣地、博物馆、工厂、农村,访问英雄、模范、科学家等。

(四) 活动组织设计

活动课组织工作的设计和落实对活动课的质量也极为重要。活动课的组织设计包括:确定活动对象、选择活动空间、安排活动时间、设计活动程序。

(1) 确定活动对象。中学政治学科活动课一般是以中学某一年级的学生为对象,通过班级、小组进行组织。确定活动对象的主要依据是活动目标和学生的年龄特点、知识水平。

(2) 选择活动空间。中学政治学科活动课的空间可划分为校内空间和校外空间。校内空间有课室、图书馆、礼堂、校园等各种专用场地;校外空间有工厂、农村、街道、军营、博物馆、革命圣地、名胜古迹等。

（3）安排活动时间。中学政治学科活动课属于课时教学，时间安排应该与学科课堂教学时间安排进行统筹分配，力求做到动静交替。考虑到活动课的特点，每一次的活动课都应安排不少于50%的时间让学生进行动脑、动手的实践活动。在一次活动课中，要把握好时间节奏，安排好各环节所需要的时间，使活动既能按时完成又能保持学生的兴趣。

（4）设计活动程序。一般来说，活动程序可分为准备阶段、实施阶段、总结评比阶段。对活动程序的设计总的要求是对具体时间、参加人员、组织人员、活动方式做较为详细的说明。具体有下列要求：每一阶段的任务要制定得具体明确，并预想到可能出现的问题及相应解决方法，程序的编排要注意各部分之间的联系，不仅在活动内容上，而且在活动组织上、器材的准备上都要统筹安排。

对于系列活动课，还要对每一个子活动制定出具体的进度要求、活动议程，确定具体负责人。如果活动程序比较复杂，活动场地交叉使用，还要设计出活动的线路，以便组织和指导。总之，活动程序的设计要一目了然，便于操作。

（五）活动准备设计

中学政治学科活动课大都在教室以外进行，时空的广阔性和活动的复杂性容易使活动课出现一些意想不到的情况。为了保证活动课的顺利进行，活动课设计一般都要考虑设计活动准备。活动准备一般包括三个方面：学生参加活动的心理准备、知识技能准备和物质准备。三方面的准备工作要求分述如下：

（1）心理准备。指为学生参与活动时所需的心理状态做准备，要求学生明确活动的目标和内容，增强参与意识和协作心态，做好解决问题、克服困难的准备。

（2）知识技能准备。指活动涉及的相关知识和技能的准备。要求教师要认真选择与活动主题相关的知识、技能进行复习以及指导学生活动的方法与技能。

（3）物质准备。物质准备包括活动所需的场地、器材、设备、材料等准备工作。首先，要求事先检查有关设备、场地是否合乎活动的要求，是否安全、有效；其次，要求学生准备的材料应在活动方案中详细列出。

（六）活动导学策略设计

活动导学策略设计是指教师依据学生的心理发展规律和学习规律，设计活动平台以及在活动中各种"导"的方法。如引领、指导等，以引发学生在活动中"学"。具体策略如图3-4所示。

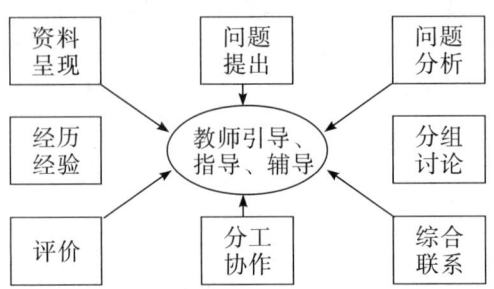

图 3-4　活动导学策略图式

（七）导学方案编写

中学政治学科活动课导学方案是政治教师导学设计的书面成果。其编写有一定的格式和要求。中学政治学科活动课导学设计方案的内容要素包括：活动标题（标题是对主题的概括）、活动目标、活动准备、活动对象、活动内容、活动方式及程序、活动成果（活动成果指对活动最后要达到的结果进行具体说明，以便朝着这个方向去努力）。

中学政治学科活动课导学设计方案的格式一般来说比较灵活和自由，经常使用的有两种基本格式：文字式和表格式。设计模板见本节"案例分享"。

【案例分享】

活动导学策略设计
——以思想政治课小组专题研究导学策略为例①

表 3-4

学习程序	学习目标	学习内容	学习形式	教师导学
第一步骤：确定学习专题及目标	（1）明确具体学习任务和评价标准；（2）激发学生的学习兴趣，使学生一开始就形成积极的学习动因，处于良好的准备状态	（1）明确如何学习、如何收集资料；（2）明确学习什么内容，需要什么材料；（3）明确要达到什么要求	口头、书面形式	（1）善于筛选学习专题；（2）目标设计简明，能激起学生达标的内心需求

---

① 本案例由广州市垣福中学周静调提供。

续上表

学习程序	学习目标	学习内容	学习形式	教师导学
第二步骤：搜集、整理资料，备好教案	（1）为学习专题提供实践依据； （2）培养学生搜集和处理信息的能力	（1）搜集、学习或调查与专题有关的背景资料或素材； （2）对资料进行筛选、整理	文字形式、影音形式、网络形式	（1）指导搜集、调查、整理的方法和方式； （2）指导资料的筛选
第三步骤：提出问题、讨论问题，形成初步结论	（1）开拓思路，学会提出问题，创造表达独创的机会； （2）加深了对材料及学习内容的理解； （3）培养学生的群体意识、群体活动能力和集体责任意识	（1）对所搜集的材料进行分析、综合，提出问题； （2）运用所学的知识判断、比较、分析，找出理论观点与材料之间的关联，探求解决问题的方案； （3）交流成员意见，初步形成小组结论并以书面形式提交给教师，在教师指导下修正	小组长主持，交流、争论、比较、统合	（1）引导小组讨论过程，及时解疑； （2）鼓励学生多层次、多角度思考问题，做出假设，提出解决方案； （3）训练小组长的组织能力； （4）设想各种课堂突发事件及应对方法
第四步骤：呈现资料和问题，全体学生分组讨论	（1）培养学生的参与能力，为全体学生，尤其是后进生提供更多的课堂参与机会； （2）开拓学生思路，将个人独立思考的成果转化为全组共同的认识成果； （3）通过小组间及小组成员间的相互竞争、相互交流，提供更多的自我表现的机会	全班分组讨论所呈现的资料和问题	交流、争论、比较、统合	（1）调控课堂情况，密切留意各方反应； （2）及时给予帮助和指导，解决疑难，指引方向； （3）加强小组讨论过程的指导，协调各方矛盾； （4）通过小组讨论，发现教师无法一一纠正的错误或遗漏问题，查漏补缺

续上表

学习程序	学习目标	学习内容	学习形式	教师导学
第五步骤：组际交流，综合联系，师生共同评析，教师点拨	（1）通过组际交流，为学生创造"代表集体"的机会； （2）通过组际启发，进一步拓宽学生思路，将小组共同认识成果转化为全班共同认识成果； （3）通过师生共析、互评，教师点拨，纠正错误，使学生学会联系，学会倾听不同意见； （4）促进小组讨论，共同构建竞争与合作统一的学习情境，提高学习兴趣	小组讨论的结果、过程和体会	口头汇报、互查、互评	（1）为更多的学生尤其是后进生创造代表小组和自我表现的机会； （2）妥善安排各组交流的机会、顺序，以保证各组间的竞争和表现机会均等； （3）及时发现交流中出现的问题、矛盾，做出处理； （4）对交流情况做必要的总结； （5）鼓励学生发散思维，不设唯一答案和硬性评价标准
第六步骤：小组总结、评价	（1）培养学生综合、归纳、拓展能力，提高学生思维的广度和深度； （2）通过自评、互评，创造更多的交流、竞争机会，激发思维大冲击的火花； （3）激发学生的创造力，活跃课堂气氛	对各种意见进行分析、综合、评价，展示不同思维过程，联系学习内容，加工不同信息，形成共识	全班进行	（1）筛选信息，分析不同意见并做出精要归纳； （2）调控学生的情绪，引导学生完成教学任务； （3）提出问题，引导学生对现实问题做出正确评价
第七步骤：巩固知识、迁移练习、自我评讲	（1）通过迁移练习，巩固知识，加深理解，提高综合联系能力； （2）学会运用，培养联系实际、对政治、社会、经济问题做出正确判断、提高分析的能力	综合性题目的练习	全班进行，当值小组评讲	（1）筛选具备综合性、科学性和针对性的练习题； （2）指导、帮助学生解决问题，深化理论的理解和运用； （3）强评价（按严格标准评定成绩）和弱评价（口头评价）相结合

第四章
中学政治学科基于学案的导学模式设计

本章概要

◎学案是引导学生自主学习的一种学习方案。学案的编制要遵循三个原则：导为暗线、学为主线原则，启发性原则，个性发展与全面发展相结合的原则。学案的内容主要包括学习目标、学法指导、知识准备、导学新知、问题讨论、归纳总结、梯度训练题、拓展延伸、达标检测等，每项都有具体的要求。

◎基于学案的导学模式设计与学案既有联系又有区别，它是以学案为载体，引领学生带着课前对新课内容自主学习未能解决的问题进入课堂学习的导学方案。基于学案的导学模式设计包括导学目标设计、导学策略设计、导学环节设计、导学评价设计四个环节。

◎基于学案的导学模式设计要处理好预设与生成、"学"与"导"、稳定性与灵活性等之间的关系。

基于学案的导学模式设计是以学案为载体，引领学生带着课前对新课自主学习未能解决的问题进入课堂学习的导学方案设计。其基本特征是："导"以"学"为中心，围绕"学"而"导"。它的基本任务是：明确学习任务，展示学习材料，进行学习定向；制定学习策略，提供学习"支架"；组织自我检测，整合学习成果，优化认知结果，提高元认知水平。基于学案的导学模式设计凸显了学案的功能和价值。

第一节 学案设计

一、学案

学案，简而言之就是针对学生自主学习而开发的一种学习方案。即是建立在学情分析基础之上，根据教学目标，遵循学生知识建构过程的规律而设计的学习方案。学案不是教学内容的拷贝，也不是教师讲授要点的简单罗列，它是新知识的学习载体，是帮助学生形成新知与已知经验的联结；也是帮助学生加工新知识、形成知识网络的支架。

由于学案编制的着眼点落在学生学什么和如何学上面，设计和编制学案要遵循三个统一的原则：

（1）理清"导"与"学"之间的关系，实现"导"为暗线、"学"为主线的原则，努力体现更多的自学、自问、自做、自练的方法和平台，使学生真正成为学习的主人，增强对学习的兴趣。

（2）引导学生独立思考，实现掌握知识（学会）与发展能力（会学）的统一，体现启发性原则，使学案成为学生掌握学科知识体系和学科学习方式的载体、教师教学的基本依据。

（3）实现个性发展与全面发展的统一。学案的编写应该服从学生身心发展的特点和实际需要，充分考虑和适应不同层次学生的实际能力和知识水平，使学案具有较大的弹性和适应性。

学案的内容主要包括：学习目标、学法指导、知识准备、导学新知、问题讨论、归纳总结、梯度训练题、拓展延伸、达标检测等。格式一般是每一节课一个学案，如果一节课内容较多，可以分成××学案（一）、××学案（二）。不同类型知识和不同课型的学案会有不同的内容，呈现方式也不尽相同。

二、学案设计步骤

学案内容设计主要按课时内容设计，与教师上课基本同步。学案设计的基本思路是把握三条线：知识线、学法线和能力线。其中知识线是明线，学法线和能力线是暗线。一般以知识为主线编写学案，把知识线、学法线和能力线有机地结合起来。具体步骤如下[①]：

（一）学习目标的编制

学习目标应该包括三维目标：知识目标、能力目标、情感态度与价值观目标。知识目标与能力目标是显性目标，要根据课程标准编制，需要学生通过努力去完成。情感态度与价值观目标是隐性目标，在学案上可写可不写。学习目标要与教师的导学目标相对应，突出学习重点和难点，以使学生在整个学习过程中都有明确的目标。

---

① 本节案例均由惠州市东江中学夏霞提供。

【案例分析】
"矛盾的普遍性和特殊性辩证关系"学习目标

表 4-1

知识目标	识记矛盾的普遍性和特殊性的含义,理解矛盾的普遍性和特殊性辩证关系及其重要意义
能力目标	通过课堂自主探究学习与课堂互动活动,理解矛盾的普遍性和特殊性辩证关系及其方法论要求,学会运用这一原理来分析和解决现实问题
情感目标	在合作学习中体验集体的智慧和力量,在探究过程中感悟哲学思维魅力,坚定"走自己的路,建设中国特色社会主义"的信仰

分析:本目标包括知识、能力、情感三维目标,为本节课的学习提供了指引。其中知识目标是从"识记""理解"两个层次提出了要求;能力目标是在知识学习的基础上,要求学生不但要学会这一知识,而且还要会学,能运用普遍性和特殊性辩证关系解决现实的问题,对学生在能力上提出了要求。知识目标和能力目标都是显性的,通过学习可以达到并且可以检测到。情感目标贯穿在知识学习、能力形成的过程中,这一目标是隐性的,却是必不可少的。

(二) 重点、难点的确定

重点是指教材中最基本的、最主要的概念或原理,或教材中对理解某个原理引起前提和关键作用的部分,或教材中最有现实意义的内容。符合以上三个要求之一的都可以视为重点。

难点一般指学生最难理解的概念、原理,或教师最难讲清的问题(包括概念、原理,教材中反映出来的现实问题等)。

重点、难点的确定对学案内容结构有举足轻重的作用。

【案例分析】
"矛盾的普遍性和特殊性辩证关系"重点、难点

重点:矛盾的普遍性与特殊性辩证关系原理。

难点:理解的矛盾普遍性和特殊性的含义和辩证关系。

分析:矛盾的普遍性与特殊性辩证关系原理是本节课的基本教学内容,是矛盾问题的精髓,只有清楚明白地掌握它们之间的辩证原理,才能把握矛盾论的实质,它在本节课中起基础性、关键性的作用,因此作为本节课的重点。同时,对于学生来讲,这一原理有一定的抽象性,学生难以理解,因此,也作为本节课的难点。

（三）学习支架设计

学习支架是指支撑学生学习的思维框架。任何新内容的学习都是建立在学生已有知识框架基础上的。教材中的知识内容在编排上一般跨度较大，学生前后知识的衔接有困难。一些知识点难度大，学生建立概念产生困难。为了让学生能够自主学习，我们应该设计一些学习支架，为学生的学习铺路搭桥。因为学习支架能使学案形成一条明线，给学生以明确的学习思路。学习支架设计一般围绕教学目标，根据学生的认知规律，将课本知识进行拆分、组合、梳理，以问题链、结构图等形式呈现，使知识条理化、层次化和整体化，体现知识的内在联系和保证思维的流畅性。当然，学习支架设计要因教学内容不同、学生的思维模式不同而设计相应的台阶，减少学生学习中的思维跨度和思维的难度。比如，概念学习，教师应提供能体现"提出问题→观察→分析、比较、抽象概括、演绎形成概念"的学习支架；学习支架的设计还要让学生明确应该怎样学、怎样练、怎样体会知识所蕴含的情感态度与价值观。另外，学习支架的形式也可以因教学意图不同而变化，可以是材料型，可以是活动型，也可以是导图型。

【案例分析】

"矛盾的普遍性和特殊性辩证关系"学习支架

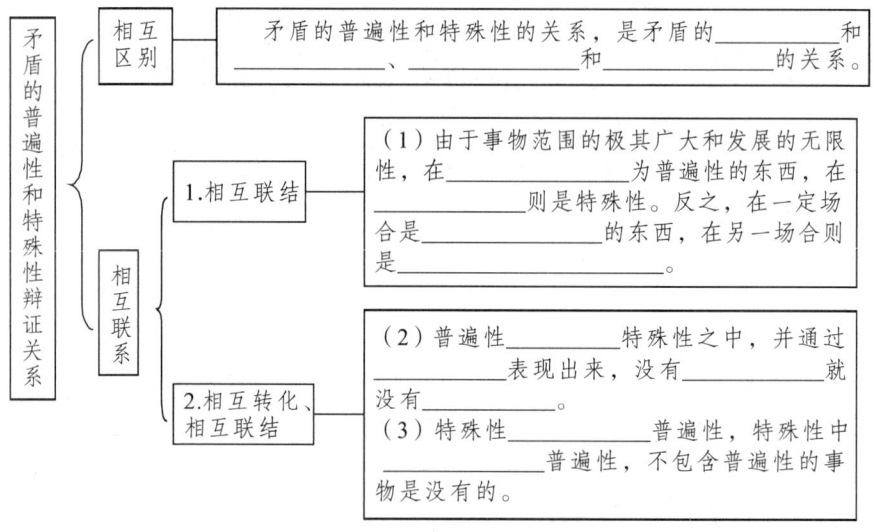

图4-1 导图型学习支架

分析：此学习支架通过归纳的方法、以结构图的形式将普遍性与特殊性的辩证关系清晰地呈现出来。学生借助支架学习，能抓住本节课的重点，明确矛盾的普遍性与特殊性既相互区别又相互联系的辩证关系。

（四）学习环节与学法设计

学习环节设计是指把学习过程划分为若干阶段，每一个阶段根据学习目标设计为一个环节。例如课前预习环节、课中探究环节、师生归纳环节、拓展提升环节等。每个环节的设计都包括相应的学习要求和活动平台。学习环节设计是学案的主体部分，它包括：

（1）教材内容的重新整合。即根据具体情况对课本内容进行删减、合并、重组。

（2）学习内容呈现顺序设计。

（3）教学过程的安排。即根据学生认知规律安排所学内容的先后顺序。

（4）学习材料的设计。创设问题情境，在重、难点处创设阶梯性问题。

（5）活动平台的搭建。设计游戏、讨论等合作学习形式。

学法设计是指引学生怎样学的方法设计。在学案中，学法设计一般体现在活动的组织和学习的要求上。

【案例分享】
"矛盾的普遍性和特殊性辩证关系"学习环节与学法

1. 自主预习

阅读教材第67~68页，标记重点知识，并完成以下知识框架和《××学案》第61~64页习题。

2. 小组合作探究

探究一：矛盾的普遍性和特殊性的含义

活动1：不同的励志语

活动要求和方法：请每一位同学把事先准备好的自己最喜欢的叶子拿出来，并写上自己最喜欢的一句励志语。各小组分别展示所找到的叶子，并且说出喜欢的叶子和励志语的理由。

活动2：问题思考

根据课本第71页综合探究1分析：

（1）莱布尼茨谈的"相异律"和"同一律"分别是指矛盾的什么？

（2）矛盾的普遍性和特殊性的关系就是整体和部分的关系吗？

探究二：矛盾的普遍性和特殊性辩证关系

活动1：小品表演

要求：表演小品《白马非马》。要求表情丰富，富有幽默感，故事情节连贯，达到让同学捧腹大笑的效果。

表演材料：两千多年前，我国有个叫公孙龙的思想家，牵着一匹马出关，把关的人对他说，法令规定不许带马出关。公孙龙却说："我牵的是马吗？我牵的白马，不是马！白马和马是两回事，规定只说马不准出关，但并没有说白马不准出关呀！"经过一番舌战，公孙龙还是牵着马出关去了。——《白马非马》

思考：

（1）白马是马吗？为什么？体现了什么哲理？

（2）为什么公孙龙还是把白马牵出塞外去了呢？不是凡是马就不能出塞外吗？这是什么道理？

活动2：动一动

方法：拿出一张白纸，裁剪出一个只有三条边的四边形。凡做不出来的同学都要受到一定的"惩罚"。谈谈"裁剪只有三条边的四边形"的哲学启示和感悟。

活动3：小组竞赛

方法：猜猜下面各题体现的是矛盾的特殊性还是普遍性？

（1）梨相对于水果来说是_____，相对于贡梨、鸭梨、雪梨来说是_____。

（2）阶级斗争在阶级社会是_____，在整个人类社会是_____。

（3）你能找出实际生活中矛盾的普遍性和矛盾的特殊性之间相互转化的例子吗？

探究三：矛盾的普遍性和特殊性的方法论意义

图4-2是各届奥运会会徽：

图4-2　各国奥运会会徽

(1) 奥运会会徽设计有哪些不同点和相同点？奥运会会徽的设计理念体现了怎样的思维过程？

(2) 建设中国特色社会主义的重要哲学依据是什么？

（五）达标检测

达标检测是指根据课本内容或课文后面的练习进行选题、组题，检测本课时内容学习的情况，为学生的学习活动设计及时的反馈和评价系统。达标检测是针对性训练，可及时巩固强化新知识。达标检测的习题设计目标是学生做更少的题掌握更多的知识。一般来讲，达标检测的习题可分成以下类型：

(1) 针对性练习，针对某个具体知识点的练习。这种练习一般用于课内。

(2) 巩固性练习，这种练习一般于课后巩固复习用，也可作为学生的家庭作业。

(3) 强化训练，这种练习一般位于章节之后的综合性练习。

(4) 挑战性练习，一般为学有余力的学生而设。

【案例分享】

"矛盾的普遍性和特殊性辩证关系"达标检测

时间：　　　　分数：　　　　评价：

选择题

1. (2011·江苏单科) 宋朝张先《木兰花》中云："人意共怜花月满，花好月圆人又散。"下列诗句与题诗所含哲理相近的是（　　）

A. 月满中秋夜，人人惜最明

B. 年年岁岁花相似，岁岁年年人不同

C. 但愿人长久，千里共婵娟

D. 年年今夜，月华如练，长是人千里

2. (2011·天津文综) "太极图"是中华文化的瑰宝，它是由黑白两个鱼形纹组成的圆形图案，俗称"阴阳图"（见图4-3）。该图看似简单，却包含着丰富的哲学意蕴。其内涵主要有（　　）

①一分为二的观点　　②绝对同一的观点

③矛盾双方相互依存的观点　④矛盾双方相互贯通的观点

A. ①②③　　B. ①③④　　C. ②③④　　D. ①②④

图4-3

3. 在社会实践活动期间，某校组织学生前往安徽凤阳县小岗村参观，村干部向同学们生动地介绍了小岗村改革开放的历程。"小岗村的历史是改革开放的历史，小岗村是中国农村改革的缩影。"从中同学们可以领悟到的哲学道理是（   ）

　　A. 事物发展的前途都是光明的
　　B. 矛盾的普遍性寓于特殊性之中
　　C. 矛盾是事物发展的源泉和动力
　　D. 量变达到一定程度必然引起质变

三、学案设计要求

学案设计是一项高难度的工作。要设计出高质量的学案，就需要做好以下几方面工作：

（1）做好充分的准备工作。设计学案前要深入研究课程标准，确定适宜的教学目标；熟练把握教材，以明确教学重点、难点、疑点和三易点（易错、易混、易漏的知识点），以提高编写学案的针对性。

（2）深入研究学生的需要。学案的编写应该服从学生身心发展的特点和实际需要，充分考虑和适应不同层次学生的需求，使学案具有较大的弹性和适应性；充分发挥学案的导学导练功能，设计适当的梯度导学导练指引。梯度导学包括基础知识导学、基本技能导学和思维创新导学；梯度导练包括基础知识导练、基本技能导练和思维创新导练。

（3）学案设计应该具有整体性。学案设计既要有学习的目标、学习活动（知识的剖析、深化、拓展），又要有知识的迁移和运用（梯度训练题、推荐作业）。这样才符合学生的学习规律，才能有效地提高教与学的质量和效果。

（4）学案设计应该科学规范。学案设计的规范性包括：知识呈现、引用事实要有根据；提出定义要合情理；语言规范，排除歧义；概念内涵准确、外延确定；推论应逻辑性强、正确无误。规范的学案能够使学生从中了解学术研究的方法、培养科学态度。

四、学案设计应注意的问题

学案编写质量高低直接影响到课堂导学的教学效果。在学案的编写过程中应注意以下几个问题：

（1）避免学案编写教案化。教案的着眼点在于教师讲什么和如何讲，它是以教师为中心，强调的是"教"；学案的着眼点则在于学生学什么和如何学，它是以学生为中心，强调的是"学"。编写学案的过程本身就是一个探究性的活动过程，它不是教案的翻版，它需要教师从帮助学生学会学习的角度出发，按照从易到难、从现象到本质、从一般到特殊的认识规律，有层次地安排学习内容。它还要求教师有创新精神，提出的问题要从课程标准出发，但又不拘泥于标准，要有利于帮助学生突破常规思维局限，有利于挖掘学生的潜能，有利于学生发现问题。学案的编写，从学习目标、复习旧知到自学指导、疑难解释，再到反馈练习、知识迁移等都要体现"先学后教，问题教学，启思导练，当堂达标"的教学方针，而且要注重归纳总结，思路点拨，不要只是罗列知识点。

（2）运用换位思考。学案设计要认真思考如何编写对于学生最具有实用性。要考虑学案编写"导"这条暗线，即利用支架、工具、平台、学法，诱导学生去发现知识、探求知识，防止学生的思维进入死胡同。

（3）避免学案编写作业化。从性质上来看，学案是帮助学生完成学习目标的手段，而习题或考卷则是检验学生学习效果的手段。绝不能把学案当成变相的题海战术，这不但起不到应有的效果，反而会加重学生的负担。学案中的习题设计要有一个出发点：让学生做更少的题，掌握更多的知识。

（4）发挥集体智慧。学案编写要依靠集体智慧，要充分发挥备课组的力量。学案的质量只有经过集体讨论、打磨才能得到保证。同时，学案编写也要不断征求学生的意见。学生在学案使用过程中会不断反馈信息给教师，促使教师对学案中不合理、不科学的地方进行完善修改。

第二节　基于学案的导学模式设计

一、基于学案的导学模式

根据导学模式设计出来的方案也称导案。导案是在一定理论的指导下形成的比较稳定的、简明的课堂教学活动程序及其方法体系的设计方案。基于不同的理论指导，或不同的教学实践需要，或教师个人的个性选择，导案有不同的类型，如基于学案的导案、基于活动的导案、基于案例的导案等。

导案与学案既有联系也有区别。一方面，导案与学案是相互依存的，学案是导案的内容和载体，离开学案，导案就没有针对性和操作性；同样，导案是学案真正成为学生有效学习工具的指引，没有导案，学案就会沦为学习参考资料。另一方面，导案与学案也有区别：

　　（1）使用对象不同。导案是教师设计的用于引导学生自主学习、合作探究的导学方案。导案的使用对象是教师。教师在服务学生主体的思想指引下，以学定教，以导促学。学案是教师为使学生自主完成学习任务而设计的学习方案。学案的使用对象是学生，是教师钻研了教材之后，站在学生的角度编写出的学习内容和学习步骤。学案给学生提供了操作方法，引导学生循着教师所指引的路线，一步一步独立地学习教学内容。

　　（2）设计目标不同。学案的设计是以学生为中心，关注重心是"学什么"和"怎么学"，其设计目标是使学生通过学案的学习，在知识、能力、情感方面有所收获。而导案的设计遵循"以生为本""以学定教"的生本理念，关注的重心是"导什么"和"怎么导"，其设计目标是通过导案的设计，关注学生"学"的过程与方法，促进学生学习方式的转变；同时也关注教师"导"的策略与方法，促进教师教的方式的转换，促进师生的共同发展。

　　（3）呈现方式不同。学案的呈现一般包括学习目标、重点难点、学法提示、学习过程（知识链接、学习探究、课堂反馈、热点聚焦、启发点拨、问题讨论）、自我检测、反思小结、课后巩固等环节，而导案的呈现一般包括导学目标设计、导学策略设计（导法设计、学法设计）、导学环节设计（预习指导、探究质疑指导、展示与反馈指导、精讲与点拨、检测与拓展）、导学评价设计等，是在学案的基础上指导学生学习的设计。

　　（4）主体关系不同。学案的设计重心是学生"如何学"和"怎样学"，强调学生是学习的主体，突出的是学生的自主学习与生生之间的互动。而导案的重心是"导什么"和"怎样导"，既强调学生为学习的主体，也强调教师的主体性，突出的是师生之间的互动合作。

　　基于学案的导学模式是指依托学案载体，引导学生自主学习、合作探究的导学策略。它是教师在深入研究课标、教材和学情、学法的基础上提出引导学生学习的策略。即根据学案的内容设计如何指引学生通过自主、合作、探究学习新知，发现、提出疑问，并针对学生存留的疑惑与问题进行展示交流，生生互教，教师点拨、拓展和延伸的策略。基于学案的导学模式是提高课堂学习效率的新型课堂教学模式，它不仅重视教师组织、诱导、点拨、示范等"导"的过程,更注重学生主动学习、能力迁移、合作探究等"学"的过程,充分体现了"以学生发展为本"的教学理念,突出了学生学习的主体地位,突出了教师指导者、引领者的角色,使"教"的传统模式真正让位于鲜活的"学"的模式。

二、基于学案的导学模式设计流程

基于学案的导学模式是一个多任务、多层次、多环节构成的复杂系统,其设计流程如图4-4所示,一般包含以下基本环节:①

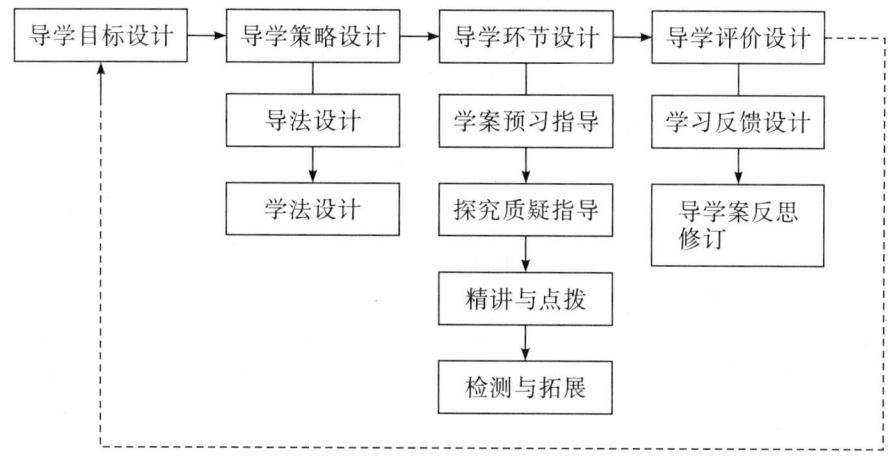

图4-4 基于学案的导学模式设计流程

(一)导学目标设计

导学目标包括导标和学标。导标是教师如何指引学生达成学标的目标;学标是学生通过学习应该达成的目标。导标设计是建立在学标基础上的,学标是导标的依托。

【案例分享】
"矛盾的普遍性和特殊性辩证关系"导学目标
知识目标:帮助学生识记矛盾的普遍性和特殊性的含义,理解矛盾的普遍性和特殊性辩证关系及其重要意义。

---

① 本节案例由惠州市东江中学夏霞提供。

能力目标：提供课堂自主探究与合作学习互动平台，培养学生抽象思维能力、辩证理解问题的能力，增强合作能力、交往能力、表达能力。

情感目标：引导学生在合作学习中体验集体的智慧和力量，在探究过程中感悟哲学思维魅力，坚定"走自己的路，建设中国特色的社会主义"的信仰。

（二）导学策略设计

导学策略设计包括导法与学法的设计。导法设计重在指导学生学习的策略设计，而学法设计重在学生在学习过程中的方法设计。

【案例分享】

"矛盾的普遍性和特殊性辩证关系"导学策略

导法：学案导学小组合作的三环六步导学法。

学法：自主学习、体验学习、游戏活动、合作学习、探究学习。

（三）导学环节设计

环节一：学案预习指导

教师把学案印发给学生，要求学生在学案"导航"的指导下，巩固旧知识并对新课内容进行预先学习；通过尝试做学案上设计的习题，获得对即将新授内容的初步了解，并提高自主获取知识的能力。该环节的导学设计要求：一是设计指导学生自学方法。如告诉学生学案中哪些内容是重点，哪些内容只要略读教材就能掌握，哪些内容应注意知识前后联系才能解决等。二是要求学生记录预习中的疑问，让学生带着问题走向课堂。

【案例分享】

"矛盾的普遍性和特殊性辩证关系"学案预习指导

第一个环节：课前自主学习预学案

（1）引导学生关注目标导航，明确学习目标，把握重难点知识。

（2）自主预习。

学习支架：学案的知识框架和《××学案》第61~64页习题。

学法引领：引导学生自主学习教材和预学案，把握本课的重点，梳理知识结构，学会运用归纳法，归纳出矛盾的普遍性和特殊性辩证关系。学生记录预习中的问题，在课堂小组合作学习中解决。

设计意图：通过学生的自主学习，培养学生分析问题和提取有效信息的能力以及综合归纳能力。

环节二：探究质疑指导

这是基于学案导学模式的重要环节。这一环节是生生合作探究、师生互动环节，是学生发现问题、提出质疑、形成困惑、解决问题、总结归纳的环节。这一环节的导学设计包括：搭建探究平台，设计探究活动要求和指引。例如，我们可以这样设计讨论的指引：

讨论要求：要求每组学生围绕学案上的讨论题，各抒己见，展开充分的讨论，并在此基础上收集信息，集中思考，提问质疑，分析判断，寻找合适的答案。

小组发言：由各组推荐代表做总结发言，其他同学做出补充或质疑。

教师提示：教学重点、难点问题讨论的步骤。

在设计探究质疑的过程中，要体现学法指导，让学生知道他们应该怎样学、怎样做，怎样将教师的思路转变为自己的思路。设计不同内容的不同指导方法，如在知识规律的教学中，引导学生掌握形成规律的方法："分析案例→提出问题→观察讨论→归纳、演绎结论"。探究质疑的指导设计还要体现对知识所蕴含的能力价值和情感价值的挖掘。

【案例分享】
"矛盾的普遍性和特殊性辩证关系"探究质疑指导

第二个环节：课中合作完成探究案（30分钟）

1. 导学思路

复习导入新课—生生互动环节一（找一找、说一说、谈一谈、评一评，引出矛盾的普遍性和特殊性的含义）—生生互动环节二（秀一秀、动一动、想一想、比一比，通过学生的活动来突破矛盾的普遍性和特殊性辩证关系这一难点）—师生互动环节三（赏一赏、析一析，通过观看视频来分析矛盾的普遍性和特殊性的方法论意义）—教师和学生共同归纳小结—学以致用，能力提升。

2. 导学过程

第一步：复习导入——教师引导，学生参与。

导思：上节课我们学习了关于矛盾的普遍原理及方法论和关于矛盾特殊性的含义及其表现，下面请一位同学来回顾一下，并思考矛盾普遍性和特殊性之间有何关系。

目的：通过复习上节课的内容，引导学生分析两节课内容的内在联系，从而导入本课的主题——矛盾特殊性和普遍性的辩证关系。

第二步：探究导学——游戏体验，自主合作，讨论探究。

活动探究一："找一找""说一说""谈一谈""评一评"矛盾的普遍性和特殊性的含义。

活动1：找一找——实物展示，感悟哲理。

活动组织：采用小组活动形式，要求组员分别展示所找到的叶子，并且说出喜欢的叶子和励志语的理由。时间为3分钟。

思维引领：为什么同是一片叶子，每个人说出的励志语不一样？

观点：每一个同学的性格和特点不一样；每个人的生活环境和人生经历不同。

设计意图：引导学生提升到哲学层面得出结论——矛盾的特殊性。

活动2：说一说——仔细观察，发现哲理。

出示学习支架：用课件展示各小组精彩的叶子和励志语言。

思维引领：这些不同的叶子之间以及励志语之间有无共同点？

观点：叶子都有表皮、叶肉和叶脉，能进行光合作用和蒸腾作用。励志语言都很积极向上，能够使人产生学习的动力，给人以激励作用。

设计意图：引导学生去发现哲学、得出结论——矛盾的普遍性。

活动3：谈一谈——互动分享，分析哲理。

活动组织：说说自己身边的关于矛盾普遍性和特殊性的例子与大家分享，小组派代表发言。限时2分钟。

知识生成：学生根据自己的理解列举生活中的例子。其中有正确的，如：学生与男女学生的关系，人与不同肤色人的关系都分别是矛盾的普遍性和特殊性。也有错误的，如：学校与各个班级的关系，国家与不同省份的关系。

思维引领：大家分析一下刚才某某同学列举例子是否属于矛盾的普遍性和特殊性呢？如果不是，那么是属于谁和谁的关系呢？

活动4：评一评——思维碰撞，延伸哲理。

活动组织：各小组讨论辨析观点——"矛盾的普遍性和特殊性的关系就是整体和部分的关系吗？"限时3分钟。

观点：普遍性与特殊性等于共性与个性、一般与个别，但不等于整体与部分、多数与少数的关系。"多数"与"少数"是现象上的数量关系，普遍性与特殊性是从本质上思考事物的，二者有根本区别。"整体"与"部分"是从范围上考察事物，不能与本质混为一谈。如：学校是整体，对应部分是班级；学校作为普遍性，对应的特殊性是大、中、小各类学校。

设计意图：引导学生区分不同哲理的关系得出结论——矛盾的普遍性和特殊性并不等于整体与部分的关系。

活动探究二：通过"秀一秀""动一动""想一想""比一比"等系列游戏活动突破矛盾的普遍性和特殊性辩证关系原理这一难点。

活动1：秀一秀——小品表演，领悟哲学。

学习支架：用课件展示导学案材料《白马非马》。

活动组织：①准备好的小组上台表演小品《白马非马》的哲学故事，要求故事情节连贯、表情丰富、富有幽默感，达到让同学捧腹大笑的效果。②其他小组的同学看完表演，讨论交流故事中所蕴含的哲学道理，派小组发言人谈观后感和哲学道理。

思维引领：公孙龙犯了什么错误？这给我们什么哲学启示？

观点：官兵不懂得白马和马的关系，就是个性与共性的辩证关系。公孙龙把两者的关系割裂开来混淆了官兵的思维。矛盾的普遍性和特殊性是相互联结的，普遍性离不开特殊性，普遍性寓于特殊性之中，并通过特殊性表现出来，没有特殊性就没有普遍性。

设计意图：①通过学生的表演活动引导学生自己推出哲学结论——矛盾的普遍性离不开特殊性。②通过活动达到培养学生对小品等文艺节目的自编、自导、自演能力，提高学生的形象思维、口头表达、艺术鉴赏等多种能力；同时也能很好地激发学生的学习动机，充分地利用课堂的时间和空间给学生以美的享受，实现思想性、科学性和趣味性的统一。

活动2：动一动——手工体验，顿悟哲学。

活动组织：请每位同学拿出一张白纸，裁剪出一个只有三条边的四边形。凡做不出来的同学都要受到一定的"惩罚"，谈谈"裁剪只有三条边的四边形"的哲学启示和感悟。（3分钟）

活动结果：同学们拿出纸张和剪刀开始进行裁剪活动。结果没有一位同学能够剪出来，大家很困惑和愕然。

思维引领：为什么做不出来呢？这其中蕴含着什么哲学道理？

知识生成：因为四边形必须有四条边，而此处要求里面只有三条边，没法做。四边形的共性就是一定要有四条边，离开这一共性的特点，要做成四边形就不可能了，其哲理应该是特殊性也离不开普遍性，不包含普遍性的特殊性是没有的。

设计意图：引导学生化抽象为简单，用行动来顿悟哲理。哲理虽比较抽象，但源于生活实践，学生在亲自实践活动中所获得的认识要比在教师单纯的讲授活动中的认识要深刻得多。通过此方式学生很容易得出哲学结论：矛盾的特殊性也离不开普遍性。

活动3：想一想——智力竞赛，运用哲学。

学习支架：用课件展示脑筋急转弯《阿凡提的故事》的材料。（材料：阿凡提开了一个染坊，给乡亲们染布。巴依见大家都夸阿凡提的布染得好，十分妒忌，就想刁难阿凡提，让他出一回丑。有一天，巴依扛着一匹白布来找阿凡提："听说你很会染布，能不能帮我把这匹布染一染？""说说看，你要染成什么颜色呢？"阿凡提问道。"我要染的颜色既不是红的，也不是绿的；不是红、绿、黄、蓝、紫、黑、白等各种不同颜色之中的任何一种颜色，请你帮我染染吧！"）

思维引领：请同学们帮助阿凡提解决难题。

呈现答案："布已经染好了，请你随时来拿，不是星期一，也不是星期二，不是任何一个星期中的任何一天。"

教师归纳：唯物辩证法的普遍性（共性）和特殊性（个性）不是各不相干，而是不可分割的。二者是辩证统一的关系。矛盾的普遍性和特殊性相互联结。矛盾的普遍性寓于特殊性之中，并通过特殊性表现出来，没有特殊性就没有普遍性。特殊性也离不开普遍性，离开共性的个性是不存在的。布的颜色的普遍性，只能存在于红、绿、黄、蓝、紫、黑、白等各种不同颜色之中。日期的普遍性，只能存在于星期一、星期二、星期三……星期日之中。没有后者的特殊性，就不可能有前者的普遍性。

设计意图：充分运用情境激趣与设疑导思的方法，化被动为主动，引导学生分析问题，注重启发与鼓励，关注学生自主探究与合作学习。

活动4：比一比——小组竞赛，迁移哲学。

学习支架：用课件展示探究案（材料：同化和异化的矛盾在生物界是_____，在整个自然界是_____，在相对于水果来说是_____，相对于贡梨、鸭梨、雪梨来说是_____；阶级斗争在阶级社会是_____，在整个人类社会是_____）。

思维引领：这说明了什么哲学道理呢？你能找出实际生活中矛盾的普遍性和矛盾的特殊性之间相互转化的例子吗？

理论观点：矛盾的普遍性与特殊性不是凝固不变的，在不同的场合又是可以转化的。

教师点评：在这一比赛闯关活动中，大家表现得很积极，竞争很激烈。总结同学的例子和观点，可以得出结论：矛盾的普遍性和特殊性不是凝固不变的，在不同的时间和场合又是可以相互转化的，但是我们要注意这种转化是有条件的。

归纳知识：用课件展示矛盾普遍性与特殊性是辩证统一的关系原理：

（1）矛盾普遍性和特殊性是相互联结的。①普遍性离不开特殊性，普遍性寓于特殊性之中，并通过特殊性表现出来，没有特殊性就没有普遍性；②特殊性也离不开普遍性：不包含普遍性的特殊性是没有的。

（2）矛盾普遍性和特殊性是相互转化的，矛盾的普遍性与特殊性不是凝固不变的，在不同的场合又是可以转化的。

设计意图：化被动为主动。充分运用情境激趣与设疑导思的方法，引导学生分析问题，注重启发与鼓励，关注学生自主探究与合作学习；这个环节引导学生运用其已有的经验进行观察、思考和分析，获得新知，充分体现学生自主建构知识的过程；实现情感态度与价值观的目标。

活动探究三：通过"赏一赏""析一析"等活动理解矛盾的普遍性和特殊性的方法论意义。

活动1：赏一赏——情境激趣，体会哲学。

学习支架：用多媒体播放歌曲《北京欢迎你》后，用课件展示世界各国不同的奥运会会徽。

思维引领：

（1）请同学们猜猜，这些图片分别是哪个国家的奥运会会徽？

（2）你为什么认定这是某一国的奥运会会徽？它有什么特点让你认出它？

（3）你是通过什么要素认定这是奥运会会徽的？这些要素（共性）原来存在于什么地方？

（4）这些奥运会会徽的不同特点能不能离开它们所传递的共同信息？体现了设计者什么样的思维过程？体现了怎样的哲学道理？

生成知识：个性—共性—个性，具体来说也就是每一国家都有自己的特色。在进行奥运会会徽设计的时候，要能够通过奥运会的会徽体现出不同国家和城市的特色，同时还要兼顾奥运会的体育竞技精神哲学共性，这种思维的方式就是从特殊性到普遍性，再由普遍性到特殊性的思维模式。

思维点拨：学会科学的认识方法：从特殊性到普遍性，再由普遍性到特殊性的认识方法。

学会科学的工作方法：①学会"一般号召和个别指导相结合"；②从群众中来，到群众中去（显示并结合构建社会主义和谐社会材料进行讲解）；

③解剖麻雀，抓好典型（分析其所体现的哲理）。

设计意图：通过合作探究解决一系列的问题，引导学生从感性材料上升到理性认识，分析其原因，并进行总结，培养学生的分析、归纳、概括能力。

活动2：析一析——时事热点，运用哲学。

学习支架：播放视频"习主席关于中国梦"的时政材料。（学案材料）

思维引领：实现中国梦与建设中国特色社会主义的关系是怎样的？你能概括出建设中国特色社会主义的重要哲学依据吗？

观点：

建设中国特色社会主义的重要哲学依据：矛盾普遍性与特殊性关系原理，一是关于矛盾问题的精髓；二是马克思主义普遍原理同中国革命具体实际相结合的重要哲学基础；三是建设中国特色社会主义的重要理论依据。从中国国情出发，建设中国特色社会主义，体现了矛盾的普遍性与特殊性、共性与个性的具体的历史的统一。

思维点拨：大家注意该原理的常用关键词：搞试点、从群众中来到群众中去、从一般到个别、解剖麻雀、抓好典型等。

设计意图：通过播放反映建设中国特色社会主义伟大历程的时政材料，增强学生对建设中国特色社会主义理论与实践的直观感受，从而加强教学的说服力和感染力，提升学生理论联系实际的能力。

环节三：精讲与点拨

该环节是展示成果、反馈困惑、互帮互教、师生互动的环节，主要由师生一起梳理总结，解决疑惑，深化理解。这是教师在设计学生自学、讨论、交流步骤的基础上，根据教学重点、难点及学生在自学交流过程中遇到的问题所设计的重、难点讲解步骤。该环节设计的内容要精，要有针对性，切忌面面俱到。设计的点拨方法应具有启发性。通过启发点拨，化解难度，为学生能获得清晰的认识"铺路搭桥"。设计点拨的思路应能培养学生的思维能力，最大限度地发挥学生学习的积极性。设计的评价方式应恰当，例如对学生讨论交流过程中提出的具有独创性的问题给予表扬，学生提出比较幼稚的问题时不讥笑、挖苦，以保护学生参与课堂活动的积极性。

【案例分享】

"矛盾的普遍性和特殊性辩证关系"知识建构

第三步：知识建构——梳理知识，建构体系

自主学习：由学生根据板书和学案预习部分，回顾本节课的内容，归纳总结本课的知识要点和框架。

知识归纳：对于学生说的不全面、不准确的地方进行补充分析，指出并强调重点知识，引导学生从感性认识上升到理性认识，理清本框知识脉络。

教师点评：两个概念，一个辩证关系，一个理论运用。

设计意图：理清本框知识脉络，帮助学生建立思维导图意识。

环节四：检测与拓展

目标检测，巩固训练，迁移运用，这是"导练"环节的主要任务。本环节主要设计"一题多解""一题多变""多题一解"等变式训练的方法，以此检查学生直接应用知识的能力和知识迁移的能力。

【案例分享】

"矛盾的普遍性和特殊性辩证关系"检测达标

第四步：检测达标——学以致用，能力提升

学习支架：课件展示——选择题解题指导。

一抓：找出材料和设问中的关键词，抓住题目的中心意思。

二排：用排除法排除选项中明显错误的选项，缩小范围。

三联：联系材料中的关键词找出选项中的正确的选项。

操作模式：自主完成，互助评讲——学生根据上面的要求做，核对答案后在小组内互助答疑，最后由教师点评讲解。

选择题（略）。

设计意图：帮助学生通过知识拓展和提升，促进学生实现知识迁移，由知识向能力和素质转变。

课后作业：

（1）请你做一份关于本校各班级的班级文化和校园文化的调查表，并用所学的哲理来分析两者的关系，写成小论文。

（2）利用网络来了解中国不同城市的特点，以及中国城市的特点，分析两者的关系。

设计意图：引导学生在合作学习中体验集体的智慧和力量，在探究过程中感悟哲学思维魅力。

从以上设计流程我们可以看到，基于学案的导学模式的每个基本环节都是值得深入研究的子系统，任一子系统的成效都关系到整个模式的最终实效。同时，我们也可以看到，基于学案的导学模式体现了新课程改革的理念，它的目的是实现教学方式的转变。它通过创设愉悦的认知环境，使学生循导而学，由学会逐步到会学，从而培养自主学习的能力、习惯，以至素质的全面提升。它也必将促使广大教师转变教学观念，促进教学方式的转变，推动课堂教学模式的改革，提升课堂教学的效能，提高教学水平和质量。

三、基于学案的导学模式设计要求

基于学案的导学模式设计将"导"与"学"结合起来，以"导"促"学"，以"导"引"学"，以"导"生"学"。在设计过程中要注意以下几点要求：

（1）"导学"内容设计要有实效性。导案与学案密不可分。好的学案是一堂好的导学课的先决条件，但教师决不能仅仅局限于已设计好的学案。因为学案仅是学生学习的文本，再好的学案也不能把课堂上的所有情景都设计到。所以，教师在学案的基础上要依据不同的课型设计不同的导案，突出一个"导"字，即在教学过程中诱导学生发现知识，探求知识。

（2）"导学"方法设计要有灵活性。"导学"方式不能一成不变，要随导学对象的不同而不同。针对不同的学生，要进行分类诱导。不同群体、不同班级学生的学习能力和水平有高有低。比如，"重点班"的学生基础、能力都比较强，"导学"设计的方法仅仅点拨关键之处即可，问题设计的难度要稍大；"普通班"的学生基础、能力都较差，问题设计的难度要稍低，导学方法要层层推进，逐渐接近问题的实质。

（3）"导学"对象设计要突出主体性。导学设计强调以学生的学为中心，对于预计学生学习过程中可能会出现的问题，要根据学生的实际，设计"导"的方法，把学生的"学"与教师的"导"有机地结合在一起。例如，可以设计鼓励学生互相帮助、互相竞争、互相交流的平台。让学习得法的学生走上讲台，让学得好的学生为学有困难的学生进行讲解等。让优秀的学生体验成功，看到自己的进步；让学有困难的学生领略"我学习我成功"。

（4）"导学"工具设计要充分利用多媒体。"导学"仅靠教材、学案、黑板、粉笔、教师一张嘴，很难达到高效的学习效果。因此，导学设计要借助现代化的教学设备，来弥补学案的不足，增大学案的容量。比如，利用网页课件让学生自主探究，制作"课件"，提高学案导学的质量等。

四、应该处理好的几组关系

基于学案的导学模式设计应该处理好以下几组关系：

（一）预设与生成的关系

预设与生成是辩证的对立统一体。课堂教学既需要预设，也需要生成。预设与生成是课堂教学的两翼，缺一不可。它们是相互影响、相互制约的关系，精彩的生成离不开精心的预设，凡事预则立，不预则废。预设是教学的基本要求，因为教学是一个有目标、有计划的活动。教师必须在课前对自己的教学任务有一个清晰、理性的思考与安排，因此要重视预设。精心的预设为精彩的生成创造条件。基于学案的导学模式设计过程本身就是对课堂教学的预设过程，应"着眼于整体，立足于个体，致力于主体"，设计弹性方案，为师生在教学过程中发挥创造性提供条件，给学生留有充分想象的余地和自主建构的空间。

首先，在编写导学设计前，教师不仅要深入理解教材，重组教材，更要深入了解学生，从学生现有的认知水平、情感态度现状出发，制定多维目标，然后依据目标预设有助于学生学习的思路，尽可能多地将学生在学习中可能出现的情况预设到，这是走向动态生成的逻辑起点。其次，在设计导学过程时要"大气"，重在全程大环节的关联式策划，它可以包括教学过程中教师活动、相应的学生活动、组织活动的形式、活动期望效果的假设、师生互动方式及产生的预想目标。在此基础上形成综合的、富有弹性的教学方案，为学生创设一个"海阔凭鱼跃，天高任鸟飞"的广阔发展空间。例如：设计"股票、债券和保险"一课的导学设计时，可以让学生以20万元存款为例设计一个理财方案，并阐述理由。学生在设计理财方案过程中自主学习股票、债券和保险的知识并进行梳理归纳，分析其优缺点。这个活动的设计着眼于整体，没有提供太多的细节，这给课堂生成留下了足够的空间。对此，学生会表现出极大的兴趣和热情。课堂上让学生展示几个典型的方案，并组织学生进行合作讨论其合理性。这样有利于学生在课堂上积极发言，畅所欲言，弹性设计收到了很好的效果。

（二）"学"与"导"的关系

"导"与"学"是教学中的一对基本矛盾。"导"因"学"而存在，制约着"学"的发展方向,"学"因"导"的存在而具有方向性与计划性。"导"与"学"相互影响、相互制约,共同推动着学生的发展。在这一矛盾关系中,学生的"学"是这一矛盾变化发展的主要原因,而教师的"导"是"学"的外部原因,"导"围绕着"学"进行。基于学案的导学模式设计是从教师"导"的视角出发来设计整个导学过程的。"导"的质量直接影响着整个模式的进程和结果,但"导"并不是目的,"导"是为了"学",教师的"导"只有通过学生的"学"才能真正转化为教学效能,也就是说,学生的"学"是决定因素。因此,基于学案的导学设计要建立学生主体意识,重视并正确认识学生的"学"。

处理"学"与"导"的关系,首先要正确认识学生的"学"并不仅仅是基本知识的学习,更重要的是学习品质的形成,包括学习方法的培养、学习能力与学习习惯的养成等。在设计"导"时要注重将方法的学习、能力的形成与习惯的培养贯穿在"导"的全过程中。其次,教师的"导"要善于激发学生的"学"。由于"学"具有盲目性与不自觉性,教师的导学设计应该通过各种措施激发学生的学习潜能与热情,明确学习的目的与意义。再次,教师的"导"要为学生的"学"创造时间和空间。学是主体,导是主导,通过设计"探究质疑""展示反馈"等环节引导学生通过小组合作探究、讨论交流,促进"学"的生成。

(三) 稳定性与灵活性的关系

教学模式是大量教学实践活动的理论概括,在一定程度上揭示了教学活动的普遍性规律。其所提供的程序对教学起着普遍的参考作用,具有一定的稳定性。但稳定性并不排斥灵活性,相反,基于学案的导学模式应根据中学政治学科的特点、年级的高低、课型的不同、现有的教学条件和师生的具体情况,进行适当的调整。这一方面体现了对不同课型特色的关注,另一方面体现了对不同教法的探讨。只有把稳定性与灵活性充分结合起来,才能满足多种教学需求。

(四) 学科与生活化的关系

基于学案的导学模式设计思想政治课堂教学模式的构建,应充分考虑思想政治课的学科特点。例如就设置探究活动而言,"经济生活""文化生活"模块更注重获得知识的体验,淡化了概念识记的要求,可以多通过情境式探究进行设计;"政治生活"模块内容有鲜明的政治性,可以多结合时事材料进行设计;"生活与哲学"模块内容抽象性比较强,对学生的理解能力的要求比较高，可以多通过故事、生活化材料进行设计。另外，根据高中不同年级学生在学习品质、思维能力、兴趣爱好各方面特点的不同，在设置课堂相应环节的时间分配上也应该有所区别。例如高一年级学生刚上高中，知识跨度较大，教师"讲授"与"点拨"环节的时间可以比其他年级的稍微多一些。

  基于学案的导学模式设计要思考的远不止上述这些关系，还有形式与结果的关系、教学与评价的关系、课内与课外的关系，如何彰显教师教学风格、如何有效地体现教师的指导作用等一系列的问题有待于我们深入思考和实践。课堂教学改革关系教育教学质量的高低，关系到学生成长和教师发展，关系到国家的未来和命运。让我们以高度的责任感，大胆探索，勇于创新，做课堂教学改革的先行者。

第五章
中学政治学科基于案例的导学模式设计

本章概要

◎ 案例，是呈现某一真实事件和事件中的问题以及就事件中的问题所发表的看法、评述。教学案例是用于课堂教学的典型事例讲述，一般由背景、情景故事（或事件）、问题及解决问题、评析与思考等要素组成。一个相对完整的教学案例编写步骤是：选择具有冲突性的背景材料—组织背景材料—设计案例的呈现方式—设计设问方式。

◎ 基于案例的导学模式设计是以学生为学习的主体，以案例为核心，通过教师引导，学生自主分析和研究典型案例，建立起一套适合自己的完整而又严密的逻辑思维方法和思考问题方式的一种导学模式。其基本特点是：教学内容案例化；以学生讨论为中心；解决理论与实际的难题。

◎ 基于案例的导学模式设计由七个环节构成：导学起始分析、导学目标制定、案例设计、导学策略设计、课前准备、导学流程设计、导学评价设计。

基于案例的导学设计是指设计一个或几个独特而又具有代表性的典型事件，引导学生通过案例的阅读、思考、分析、讨论，建立起一套适合自己的完整而又严密的逻辑思维方法和思考问题方式的导学模式。它的基本任务是：设计一种模拟或者重现现实生活的一些场景，并通过引导案例场景的讨论或者研讨活动，对案例进行分析、比较，从中抽象出结论或原理。

第一节　教学案例设计

教学案例设计是指设计能运用到教学中的典型、真实的事件。它与一般事件设计、教学设计等既有区别又有联系。它由背景、主题、细节、结果和评析五大要素组成。教学案例设计的重心是对案例的选择与素材的整合。

一、案例

案例，是对某一实际情境的描述。即呈现某一真实事件和事件中的问题以及就事件中的问题所发表的看法、评述。案例有以下特征：

（1）案例是真实发生的典型性事件。首先，案例必须是已经发生过的真实的事件，而且是在常态的情境下发生的事件。真实性是案例的生命力所在。案例不能是教师自己凭空想象出来的，没有真实发生的故事不能作为案例。对案例的描述没有加入评论性或分析性语言，只是原原本本描述事实发生的情节和过程。其次，案例具有典型性。所谓典型性，许多学者将其概括为：①案例在教育教学上具有一定普遍意义；②案例是常常可能遇到的事情，能够在一定程度上反映某一类事物、某一类教育活动的共性。

（2）案例有完整的情节，包括一些戏剧性的冲突。案例讲述的是一个个的故事。它叙述了故事产生、发展的过程，是对事物或现象的动态性的描述。在完整的故事中，要有矛盾和冲突，有思考的价值与空间，要能引发学生提出问题、反思与争辩。

（3）事件的叙述在同一个时空框架之中。即案例选择的是学生所熟知的、与其时代背景相适应的材料，至少是近3年以来发生的事情。

【视野拓展】

美国贝内特（Bennett）等人通过对哈佛工商学院一年级学生及教师的调查，提出了一组成功案例的特征：①

一个好的案例应讲述一个故事。这个故事必须要有有趣的情节。

一个好的案例必须要有一个中心论题。

一个好的案例描述的应该是近期发生的事情。

一个好的案例可以使人对案例所叙述的事情产生共鸣。

一个好的案例需要有对已经做出的决策的评价。

一个好的案例需要对面临的疑难问题提出解决方法。

一个好的案例要能教人们掌握一定的方法与技能。

案例根据其作用的不同，可分为描述性案例和分析性案例；根据内容的

---

① http://www.tjhdjyzx.com/html/709.htm.

不同，可以分为专题性案例和综合性案例。

教学案例与教学课例是两个不同的概念。教学案例是蕴含教学内容的典型事例，一般由背景、情景故事（或事件）、问题及解决问题、评析与思考等要素组成。教学课例一般由教学设计、课堂实录、教学反思等要素组成。

"事例"与"案例"也是两个容易混淆的概念。无论是"事例"还是"案例"，都是已经发生的事情，是对已发生的事件的记述，体裁也比较接近。但两者还是有本质上的区别。案例是鲜活的描述，具有形象描述、生动显现、揭示问题、说明道理的特点。事例是指具有代表性的、可以作为例子的事情。案例与事例的区别如下：

（1）主导者不同。事例的主导者是教师。教师通过举例子，或者说故事的方式来运用事例。案例的主导者更多在于学生。教师的作用主要体现在案例的设计中。案例的使用需要学生全程参与，发散思考，提出解决方案。学生不是旁观者，而是参与者。

（2）运用目的不同。事例运用的目的在于佐证教师的观点，或者承上启下，主要起到论证或者引导的作用。案例运用的目的在于让学生参与并且体验。案例本身包含有对错，重在培养学生的分析与决策能力，重在知识框架的建构，重在师生互动。

（3）流程设计不同。事例设计只需要准备好例子或者故事素材，在合适的时间抛出来即可，或论证观点，或承上启下。这个过程，一般完成只需要几分钟，甚至1分钟就可以完成。案例需要经过系列的设计，包括设计案例背景、组织素材、设计问题等环节。

（4）问题设计不同。事例多用于佐证，一般不设计问题。当然，事例运用过程中也可以抛出一些问题，但是这些问题只是为了过渡或者小结。案例中的问题设计是案例中关键的一环。问题需要根据教学内容或者授课对象来设计。一般情况下，为了让学生更好地参与、思考和体验，一般设计为有冲突或者矛盾的问题，这些问题可以有答案也可以没有答案。

【视野拓展】

华东师大郑金洲博士提出：[1]

所有的案例都是事件，但并不是所有的事件都可以成为案例。案例展示与反映的肯定是一个事件，否则也就不成其为案例。但是能够作为案例的事

---

[1] http://www.tjhdjyzx.com/html/709.htm

件必须要具备这样两个基本条件：一是在事件中必须要包含有一个或多个疑难问题，同时也可能包含有解决这些问题的方法。换句话说，没有问题在内的事件不能称为案例。二是这个事件应该具有一定的典型性，通过这个事件可以给人带来许多思考，带来若遇到同样或类似事件如何应对的借鉴意义和价值。正如美国有的研究者所讲到的："教学案例描述的是教学实践，它以丰富的叙述形式，向人们展示了一些包含有教师和学生的典型行为、思想、感情在内的故事。"（作者注：这也是案例有别于课堂实录的重要之处）

二、案例设计步骤

案例的设计没有一个统一的模式与格式，但从案例包含的内容来说，设计一个相对完整的案例大致会涉及以下几个步骤：

（一）背景材料的选择

背景材料是根据教学内容与学生实际精心选择的。冲突性是一个好的案例的基石。我们所选择的教学案例要能引发学生的冲突，继而让学生思考并进行辩论。在选择案例方面，要基于学生的特征和教学内容的实际需要。冲突性的案例类型可以是学生认知方面的冲突，也可以是情感方面的冲突，还可以是行为方面的冲突等。

【案例分享】
"政府的权力：依法行使"背景材料选择[①]
本节课选择2012年5月5日广东午间新闻《城管下跪劝商贩网上引热议》作为教学材料：

事件发生在5月1日晚上7点30分左右，山东济南市大明湖街道城管科科长杨珂带领执法队员到大明湖东门例行巡查，发现一名怀抱小孩的女商贩在违规占道摆摊。当执法队员准备对女商贩经营的物品暂扣时，由于女商贩不予配合发生争执。10分钟后，女商贩突然抱着孩子跪在正在执法的杨珂面前。面对这一情况，杨珂也立刻跪了下去，并劝女商贩先把孩子抱起来，以免吓到孩子，并随即将女商贩扶了起来。

选择《检察日报》评论作为补充材料：

---

① 本章案例由东莞市第一中学宋永成提供。

当前造成城管执法问题的主要原因有：一是法律不明确。城管执法体制的法律地位不确定、不稳固。二是建制不统一。有垂直管理，有分级管理，设置混乱。三是人员配置不统一、不整齐。四是职能界定不清。城管具有哪些检查、处罚职能，与其他执法部门的区别等许多问题都存在模糊不清现象。

（二）背景材料的组织

选择好背景材料后，需要根据教学目标对材料进行加工和处理，或组合、或改编、或重新创设情境。背景材料的组织和加工同样要考虑学生的年龄特征和知识水平。背景材料的组织方法有两种：一是根据教学需要把反映同一个教学内容的正面材料、反面材料和容易引起争议的、具有代表性的材料组合在一起。通过设计问题引发学生讨论。二是在现成的案例基础上进行加工和扩展，争取做到一课一例。

【案例分享】

"政府的权力：依法行使"背景材料组织

上述《城管下跪劝商贩网上引热议》的材料比较长，而且内容单一，未能覆盖本课的知识点，必须对其进行加工。该材料加工成三个片段："城管很忙"、"城管很累"、"城管很心痛"。

"城管很忙"：城管的忙，有一定季节性。夏天昼长夜短，摆夜摊的多，再加上瓜果蔬菜集中上市，设点摆摊的瓜农菜农也不少。天热，大家肝火旺，言语争执难免发展成肢体冲突，甚至酿成流血事件。

"城管很累"：城管忙来忙去，效果并不好。小贩们有个行之有效的对策，就是"打游击"：这两天查得严，就过两天出摊；这条街查得紧，就去那条路。实际上，真正"打游击"的是城管。比起数量庞大的商贩，城管人太少（"临时工"也算上），只能这里打一枪，那里放一炮，没有更好的办法。

"城管很心痛"：城管很忙，也很累，但费力不讨好。公众对其印象不好、评价很低。除了频发的暴力执法让其名声不佳、小贩是弱势一方更容易引发同情外，还有一个重要原因是小贩满足了百姓的生活需求。举个例子，在北京郊区新开通的地铁站附近，先头部队总是小商小贩。他们的生意不错，让这里看起来有了点商业气息和市井味道，而不那么像荒郊野外。

（三）案例呈现方式设计

案例呈现有两个方面的作用：一是为了使案例更接近真实情境；二是为了减少学习者面对单一案例呈现方式的乏味，激发学生学习的兴趣与热情。一个好的案例可以使读者有身临其境的感觉，对案例涉及的人能产生移情的作用。案例呈现方式有文字材料呈现、漫画描述、口头描述、角色扮演、运用多媒体技术再现等。无论运用何种方式呈现，都要为学习者创设一个真实的问题情境。

【案例分享】

"政府的权力：依法行使"案例呈现方式设计

上述材料设计成漫画形式呈现（如图 5-1 所示）。因为漫画具有简单、直观、可视性强的特点。

城管很忙

城管很累

城管很心痛

图 5-1　漫画材料

（四）设问设计

案例必须包含设问。案例区别于一般事例的最大特点就在于案例有明确的问题意识，是围绕问题展开的。一个好的案例要对面临的疑难问题提出解决方法。案例设问主要有两种类型：一种是引导性设问。这种设问方式是：你认为应该怎么做？另一种是非引导性设问。这种设问的方式是：对于这样的案例，你想说些什么？

【案例分享】

"政府的权力：依法行使" 设问设计

根据上述材料设计设问：

（1）漫画材料设问。请同学们结合漫画思考：城管对小贩进行驱逐和处罚是否合法？这种行为为什么常常会引起人们的不满？

（2）视频材料设问。结合视频中的背景材料，辩论"城管该不该跪"。

（3）文字材料设问。请同学们结合相关评论和相关分析思考：政府应该如何提高依法行政水平，破解"跪"的困局呢？

三、教学案例设计要求

教学案例不同于生活中的事例，我们在设计教学案例时，应该注意以下要求：

（1）真实可信。案例的价值在于提供真实而典型的素材，用于教学分析研究。在选编案例过程中，教师要根据课程标准去搜集和查阅已有的文献资料，注意真实的细节，做到选材得当、描述真实，决不可主观臆测，虚构而作。

（2）时效性强。案例背景材料的选择必须具有时效性，能够反映时代特征。尽量选择最新时政材料，特别是当年重大的时政和社会热点、焦点问题的相关材料，贴近社会与学生生活。

（3）典型生动。案例是为教学目标服务的，因此它应该具有典型性，且应该与所对应的原理有直接的联系，能够反映同一类事物的特征。编写案例要摆脱乏味的教科书编写方式，在客观真实基础上更多地体现形象和细节的具体描写。如采用场景描写、情节叙述、心理刻画、人物对白等，甚至可以加些议论，边议边叙。案例可随带附件，诸如照片、曲线、资料、图纸、当事人档案等一些与案例分析有关的图文资料。

四、案例设计应注意的问题

案例编写质量高低直接影响到课堂导学的教学效果。在案例的编写过程中应注意以下几个问题：

（1）案例应该只有情况没有结果，有激烈的矛盾冲突，没有处理办法和结论。后面未完成的部分，应该由学生去决策、去处理，而且不同的办法应会产生不同的结果。如果结果一眼便可望穿，或只有一好一坏两种结局，这样的案例就不会引起争论，学生会失去兴趣。从这个意义上讲，案例的结果越复杂、越多样性，就越有价值。

（2）设问应具有以下特点：①未知性和可及性。即问题符合学生的认知结构水平，能够激发和调动学生的探究意识，符合"可及"而"不可立即"的特征。②针对性及思辨性。即设问要尽量结合具体的情景材料，从学生的生活实际和教学目的、内容、要求的客观实际出发，结合情景，把疑点设在重难点、易混点、思维的转折点处，或者是现实问题的道德冲突处。③整体性及层次性。设问要围绕课堂的核心目标，结合情景，整体布局，综合考虑课堂与课后的延伸性，问题之间环环相扣，共同构成一个有序的问题系统。设问要结合课标要求分层次提出，层层推进，形成思维坡度，要兼顾不同层次学生的认知水平，难易搭配，使每个层次的学生都有思考的空间和锻炼的机会，不同层次的学生都能够引起思维共鸣。④启发性及开放性。设问能起到巩固和加深原有的基本知识和基本技能的作用，能启发心智，获得新的体会及认识，使问题既成为思维的起点，也成为思维的动力。设问要有延伸、拓展的空间，能引发出新的问题和新的结论。

【案例分享】
"维护生命健康权"案例设计

材料：在欧洲，一名妇女得了一种特殊的癌症，快要死了。医生说只有一种药或许能挽救她的生命，这种药是本城药剂师最近刚发现的一种镭。这种镭只能在镇上一家药房可以买到。因为是独家生意，每一剂药的成本是400美元，药剂师要价4 000美元。患病妇女的丈夫名叫海因兹，他找到他所认识的每一个人借钱，最终也只能筹到2 000美元，仅够药价的一半。他告诉药剂师说他的妻子快死了，求药剂师将药便宜些卖给他或者让他以后再付钱。但是药剂师不为所动,坚持要一次付清。在走投无路的情况下,海因兹砸开药店为他妻子偷药。

思考:

(1) 海因兹应该偷药吗?药店老板的漫天要价会受到惩罚吗?人们竭尽所能去挽救另一个人的生命是不是很重要?

(2) 海因兹偷药是违法的,在道义上他偷药是否有错?为什么?

(3) 你认为海因兹应该怎样做?为什么?你会怎样帮助他?

第二节 基于案例的导学模式设计

基于案例的导学模式是课堂教学常用的一种模式。它以学生为学习的主体,以案例为核心,教师引导学生自主分析和研究典型案例,自主获得合理的结论和建立起适合自己的思维方法和思考问题方式的一种导学模式。

一、基于案例的导学模式

具有中学政治学科特色的案例导学模式就是将案例教学引入中学政治学科课堂教学中,"以案例为前导","引出问题","围绕案例","分层解析"学科基本概念、原理和方法。基于案例导学模式的基本特点是:

(1) 案例分析引导贯穿于整个教与学的过程始终。

(2) 以学生自主学习、合作学习为中心。

(3) 构建一个开放性的学习过程。

(4) 重点培养学生分析和解决实际问题的能力。

二、基于案例的导学模式设计流程

基于案例的导学模式设计流程一般包括导学准备设计、导学流程设计和导学评价设计三个环节,如图5-2所示。

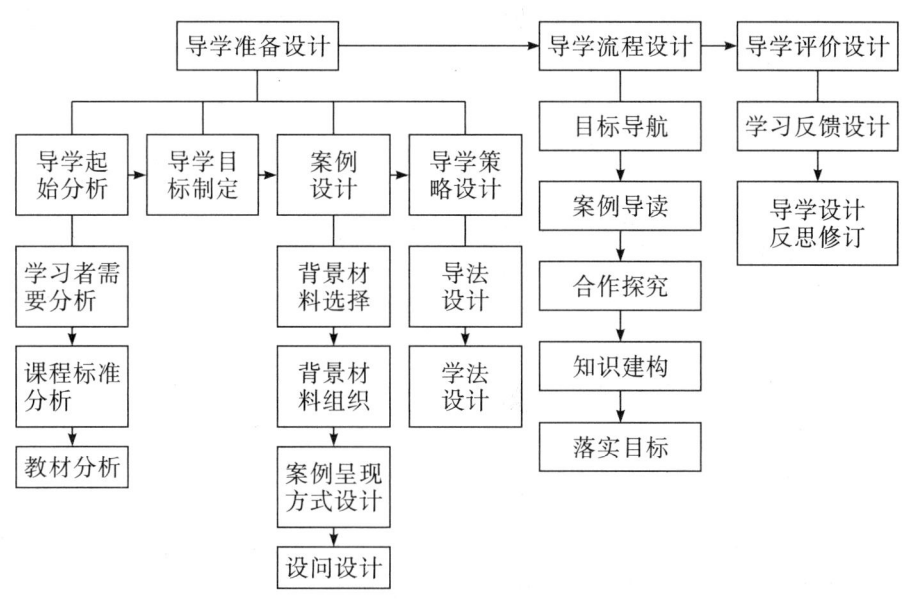

图5-2 基于案例的导学模式设计流程

(一) 导学准备设计

导学准备设计包括：导学起始分析、导学目标制定、案例设计、导学策略设计。

1. 导学起始分析

导学起始分析包括学习者需要分析、课程标准分析、教材分析。

(1) 学习者需要分析。学习者需要在导学设计中是一个特定概念，是指学生学习方面目前的状况与所期望达到的状况之间的差距，也就是学生目前水平与期望学生达到的水平之间的差距。基于案例的导学过程是一个问题解决的过程，只有发现学习问题，认清问题的本质才能着手对它进行解决。所以，学习需要分析是基于案例的导学模式设计过程的重要开端。在基于案例的导学模式设计中，首先要做的不是匆匆忙忙地去选择案例，而是确定学习的需要，找出需要让学生掌握的基本原理、基本问题、基本事实。

(2) 课程标准分析。课程标准是课程的核心要素。其规定了课程的性质、目标和内容框架，是导学实施的基本依据。教师在进行导学设计前必须认真学习和研究课程标准，明确学习内容的主旨。分析课程标准对于导学目标的合理制定、学习内容的取舍、导学过程的组织安排、案例的选择与设计等具有重要的作用。

(3) 教材分析。教材是教学的基本材料。教材分析是教师进行导学设计、制订计划的基础。编写导学设计首先要对相关教材进行分析，领会教材的编写意图，熟悉整个教材的基本内容，了解教学内容的地位、容量、难度与特点等，确定教学的重点、难点与关键点，以使导学具有针对性。

2. 导学目标制定

导学目标的制定包括知识目标、能力目标和情感、态度与价值观目标制定。知识目标的制定要符合学生的实际需要，注意学生的可接受性；能力目标的制定要有针对性、层次性；情感、态度与价值观目标的制定要具体明确，便于操作。

3. 案例设计

案例设计包括背景材料选择、背景材料组织、案例呈现方式设计和引导学生讨论的问题设计。具体设计方法见本章第一节。

4. 导学策略设计

导学策略设计包括导法设计和学法设计。导法设计指教师组织、引导学生学习的方法，包括教师组织学生讨论、引导、释疑、归纳、总结、点评、扩展延伸等方法的设计。学法设计是学生在参与案例导学式所用的合作学习、个别学习、自主学习等方法，包括讨论、听课、思考、自学的策略与方法等。导学策略设计还包括教师的课前准备和学生的课前准备。教师的课前准备如制作多媒体课件、实物、挂图，布置学生预习等。学生的准备包括仔细阅读教材和参考文献，参加必要的社会实践活动等。

【案例分享】

"政府的权力：依法行政"导学准备设计

1. 导学起始分析

学生已有第三课法律分析的知识基础。本课作为第四课第一框进一步探讨了政府应该如何行使好公共权力，如何真正地做到对人民负责，因此是对第三课法律分析的深化，同时又为监督政府做好了铺垫，起到承上启下的作用。

2. 导学重点、难点

(1) 导学重点：依法行政的意义和提高依法行政水平的要求。

(2) 导学难点：依法行政的具体要求，特别是合法行政与合理行政的区别。政府审慎用权，科学民主决策。

(3) 重难点突破：首先让学生通过情景体验，初步感受知识；其次通过问题研究、自由辩论、思维碰撞等方式深入理解；最后教师归纳讲解并点拨知识。

3．导学目标制定

（1）知识目标：明确政府依法行政的含义；理解政府依法行政的意义；知道政府提高依法行政水平的具体要求；明确政府要审慎行使权力，科学民主决策。

（2）能力目标：根据情景和问题，就有关政府依法行政的内容，提高学生自主学习、合作学习和探究学习的能力，培养学生辩证地认识问题的能力，提高归纳与分析的能力，例如通过辩论分析政府依法行政的重要意义。

（3）情感、态度与价值观目标：关注政府依法行政的表现，形成符合时代精神的法制观念；体会我国政府推进依法行政、进行科学民主决策的重要意义。

4．导学策略

（1）导法：五步探究导学法。

（2）学法：自主学习、合作学习、探究学习。

（3）课前准备：

①学生做好本课的预习工作，通读全课内容特别是对第三目案例的研读。

②教师通过与学生的交流，初步了解学生对政府依法行政知识的认识程度。

③要求学生查阅有关辩论赛中自由辩论阶段的规则。

（二）导学流程设计

导学流程设计包括以下环节：目标导航、案例导读、合作探究、知识建构、落实目标。

（1）目标导航，即教师在课堂开始时向全班学生解读学习目标的要求。此环节设计的目的是让学生明确本节课的学习任务。

（2）案例导读，即在课堂上用幻灯片投影已设计好的典型案例，学生带着案例所设置的若干问题阅读教材，找出与案例相应的概念、原理，获得对即将学习的新授内容的初步了解。

（3）合作探究，即设计如何组织、指导学生对案例进行探究的策略。如要求每组学生围绕案例设计的设问，各抒己见，充分展开讨论，并在此基础上收集信息，提问质疑，分析判断，寻找合适的答案；设计如何引导学生剥去案例非本质的细节，揭示其内部特征以及案例与教学内容之间必然联系的提示或问题；设计培养学生的合作技能的方法，包括倾听别人观点意见、表达自己的看法和进行讨论等；设计引导学生对教学中的重点、难点问题展开讨论的方法，以及引导学生运用教材提供的观点尝试解决问题方法等。

（4）知识建构。指在案例分析达成共识的基础上，指导学生运用概念图或知识导图对课本的理论知识进行梳理，建构完整的知识体系，提升学生学习能力与掌握学习方法水平。

（5）落实目标。主要是通过反思学习内容深化学生体验学习的成就感，落实三维目标的达成情况，尤其是情感态度与价值观目标的达成情况。

【案例分享】

"政府的权力：依法行政"导学流程设计

1. 目标导航——展示PPT

通过本节课学习，达成以下目标：

（1）知识目标：明确政府依法行政的含义；理解政府依法行政的意义；知道政府提高依法行政水平的具体要求；明确政府要审慎行使权力，科学民主决策。

（2）能力目标：通过自主学习、合作学习、探究学习，学会多角度、多层次分析案例的能力，培养辩证地认识问题的能力、归纳与分析的能力。

（3）情感、态度与价值观目标：通过本节课学习，能够关注政府依法行政的表现，形成符合时代精神的法制观念；体会我国政府推进依法行政、进行科学民主决策的重要意义。

2. 案例导读——生活链接，激趣导入

出示学习支架：漫画《城管很忙》《城管很累》《城管很心痛》。

案例导读：漫画《城管很忙》《城管很累》——作为城市综合管理人员，城管很忙，城管也很累；漫画《城管很心痛》——城管很纠结。

导思：有好事者用"城管"造句。作名词：城管上道，鸡飞狗跳。你也太城管了。作动词：他再不老实，就城管他一下。看来城管很忙很累，但往往得不到人们的认可和支持，出现这样的悖论，谁来解释一下？

目的：通过城管这一生活中矛盾的形象让学生认识到"公共权力，切莫滥用"，进而引出本课主题"政府的权力：依法行政"。

3. 合作探究——自主探究，合作讨论（30分钟）

导学思路：提供三个探究活动和一个辩论活动，以问题为载体，组织自主学习、自由争辩、小组讨论，以培养学生获取解读交流处理信息的能力和自主探究的习惯。

预期：①学生在讨论与探究时，可能会根据自己已有的认知和判断去思考，不一定符合实际情况，所以需要教师及时进行提示；②"城管该不该跪"这一辩论活动及如何解决当前"跪"的困境难度可能较大，但对于培养学生的综合能力和进行德育熏陶具有重要的意义，可以通过教师引导帮助完成。

探究活动1："纠结的城管"

步骤：

（1）知识导航：依法行政（含义、主体、依据）。

（2）问题导思：为什么要依法行政，在今天有什么样的必要性呢？

（3）展示漫画《城管很忙》。

（4）导思：

①在这幅漫画中，城管对小贩进行驱逐是不是合法的？有没有法律依据？

②为什么这种行为常常引起人们的非议与不满呢？

提示：依法行政是法律赋予城管的管理职权，但结果常常事与愿违。观察漫画中城管的行为，从合法性与合理性、程序正当的角度思考。

目标：培养学生认知能力，学习知识点"依法行政的含义及具体要求"。

探究活动2：辩论活动"城管该不该跪"

步骤：

（1）播放视频《城管向小贩下跪》。

（2）活动设计：结合视频中的背景材料，以"城管该不该跪"为主题展开辩论。

（3）辩论组织设计：

内容：正方观点——城管该跪；反方观点——城管不该跪。

要求：双方先讨论2分钟，每方辩论时间各2分30秒。

组织：选出主持1名、记录员2名、计时员2名。

流程：

①主持人宣布辩论规则和要求：双方都有2分30秒时间，双方交替发言。双方各有一名计时员和记录员。提倡针锋相对，但不要人身攻击。

②正反方提示。

正方提示：a. 城管跪下来是一种进步，是为民执法，比以往暴力执法起码要文明很多，有利于给其他城管做一个榜样，有利于塑造城管亲民的形象。b. 那位妇女带着宝宝，说明她属于弱势群体，城管下跪，是尊重妇女，体现人格平等。c. 小贩对城管下跪，而城管高高在上的话，容易引起公愤，可能会引起城管和群众的肢体冲突。城管下跪，有利于维护现场的秩序。

反方提示：a. 城管向小贩下跪，是一种无可奈何的表现，有损政府权威。b. 城管下跪，说明社会没有一个完整的福利制度，如果有完善的福利制度，那妇人和孩子还需要下跪吗？c. 依法行政有一点是高效便民。高效便民需要程序正当。城管不可能对每一个小贩下跪，下跪并不是高效便民的正当程序，有损法律的尊严。

③总结点拨：正方主要是从城管的行为会影响到秩序、人格平等、提供优质服务、为民执法等角度进行探讨。反方不跪的理由是从政府权威、法律的尊严、正当程序角度阐述。结论：政府权力具有重要意义，不管是对公民，对政府本身还是对法律都起着不一样的效应。

（4）知识导学：阅读课本，归纳政府依法行政的意义。政府依法行政，有利于保障人民群众的权利和自由；有利于加强廉政建设，保证政府及其工作人员不变质，提高政府的威信；有利于防止行政权力的缺失和推动社会主义民主法制建设。

（5）学法指导：政府依法行政的意义可从四个角度展开阐述。第一是从人民的角度。政府权力来自人民，政府行使权力的目的是维护人民利益。第二是从政府的角度，第三是行政权力的行使。第四是整个社会法律效应。

目标：培养学生思辨能力和法治观念的提升，学习知识点"依法行政的意义"。

探究活动3：解决"跪"的困局

步骤：

（1）分析点拨：跪是不是解决问题的根本方法？城管与小贩之间的矛盾首先是城管暴力执法，再到小贩暴力抗法，最后出现双方下跪。表面看起来是执法不断进步，从刚性执法到柔性执法。实质上，没有根本改变，如果仅仅靠跪，是不能跪出一个灿烂美好的社会的。

（2）学法指导：上述关于造成城管执法问题的原因可以从几个方面分析？指导学生梳理观点。

可以从四个方面：一是法律不明确，城管局作为20世纪80年代才出现的机构，当时主要是为了综合执法，但至今还没有一部法律严格规定；二是建制不统一，设置混乱；三是人员配置不统一，出现委托执法的现象；四是职能界定不清，权责不统一。

(3) 问题导学：结合视频与辩论分析，如何破解跪与不跪的矛盾？怎样提高政府依法行政水平？

(4) 学习指导：阅读教材，找出相应的观点。教材有四个观点：①加强立法工作，提高立法质量，以严格规范行政执法行为；②建立权责明确的执法体制，促使行政权力授予有据、行使有规、监督有效；③加强行政执法队伍建设，促进严格执法、公正执法和文明执法，不断提高执法能力和水平；④深化行政管理体制改革，努力形成行为规范、运转协调、公正透明、廉洁高效的行政管理体制。

目标：培养学生知识生成能力，学习知识点"提高依法行政水平的要求"。

探究活动4："建"还是"迁建"（小组展示）

步骤：

(1) 知识导入：通过前面的学习，我们对依法行政有了基本的了解，也对破解城管与小贩的矛盾做了初步的探究。当然一个城市的发展不仅需要城管的努力，还需要政府其他机构，尤其是决策机构的努力。因为执行在于决策，决策为执行和监督提供有效的依据。请同学们结合课本，分析课本第三目的案例《"建"还是"迁建"》。

(2) 案例导思：为什么要停止，过程中发生了什么？它给我们什么启示？

知识生成：作为城市的决策者，应该坚持科学民主决策，真正做到权为民所用、利为民所谋，造福人民。市民应该积极参与政府的决策，了解政府决策的目的和途径，相信我们的政府是为人民服务的政府，大力支持政府。

案例导思：怎样做到科学民主决策呢？还有没有其他方式呢？面对决策的失误，我们应该怎样做呢？这些问题也抛给学生课后延伸思考。

(3) 问题导思：学习"政治生活"的一个重要目的就是学习参与政府的决策，如果你是该市民，你应该怎样参与到决策中来？现在有这样一个机会，你怎样做呢？

知识点拨：①查阅资料，报告政府有关部门；②将自己的意见看法发到相关政府部门邮箱；③通过官方政府微博发表评论。

目标：培养学生运用知识的能力，并学习知识点"审慎行使权力，科学民主决策"。

4. 知识建构——梳理知识，建构体系

步骤：

(1) 自主学习：由学生根据板书回顾本节课的内容。

(2) 知识归纳：对于学生说得不全面、不准确的地方进行补充分析，指出并强调重点知识，引导学生从感性认识上升到理性认识，理清本框知识脉络。

　　目的：理清本框知识脉络，帮助学生建立思维导图意识。

　　5. 落实目标——学会运用，情感升华

　　(1) 设计作业：以《假如我是城管，当我遇到小贩时……》或《如果我是S市市民，我该……》为题，写一篇200字左右的小论文。

　　目的：帮助学生通过知识拓展和提升实现知识迁移，由知识向能力和素质转变。

　　(2) 总结提升："政府的权力：依法行政"包括三个方面：公共权力，切莫滥用；依法行政；科学民主决策。政府要依法行政，公民要支持政府，这才是美好的社会，这样的社会才能绽放新的光彩。

　　目的：提升学生的现代法治观，促进学生从法治认知向法治行为的转变。

（三）导学评价设计

　　导学评价设计包含两方面的内容：一是对学生学习反馈的设计；二是教师对导学设计的反思与修订。这两方面的评价设计是用来发现导学设计中存在的问题，从而为修订导学方案提供依据的。

　　1. 对学生学习反馈的设计

　　设计学生学习反馈是基于案例的导学模式设计的一个必不可少的环节，也是展示学生学习进步的一个重要依据。通过反馈，让学生能够不断地看到自己学习上的进步，以及今后需要改进的方向。学生学习反馈有两种基本方式：一是由教师对学生进行评价；二是教师帮助学生自我考核。一般来说，最初还是由教师对学生进行考核，以后可逐渐过渡到由学生自我考核。无论采用哪一种方式，都必须预先设计。学生学习反馈可以分三个层次进行设计：第一，思维品质层次，即评价在案例学习活动过程中，学生的思维方法和能力是否达到标准；第二，技能层次，即评价在案例学习过程中，学生表达意见、分析信息、人际关系及问题解决等方面的能力是否得到发展；第三，态度层次，即评价学生的学习态度。具体可以参考表5－1评价量表。

表 5-1　学生学习反馈量表①

班级_____　　姓名_____　　评分_____

评价层面	评价项目	评价内容	标准分	评分
思维品质	思维品质	熟悉案例中的主要概念	5	
		能宽容对待其他同学所提出的意见和想法	5	
		能分清意见、假设与事实之间的区别	5	
		能正确运用教材知识对案例做出分析	5	
		分析问题和解决问题有创新	10	
		考虑问题的思路比较开阔	5	
		能将思维运用到日常生活中去	5	
技能	沟通能力	能用文字将自己的想法表达出来	5	
		能用口语的方式将想法表达出来	5	
	研究能力	能有效地搜集和组织资料	5	
		能正确引用和记录信息	5	
	人际能力	能注意别人的意思	5	
		能协助并促进小组讨论	5	
态度	个人的眼界	能保持正面的看法	5	
		能宽容对待别人模糊不清的言论	5	
		能从世界观、价值观和人生观角度分析问题	5	
	信息与价值	能通过个人的行为表现显示出其信念	5	
	自我评价	能以开放的态度对自己进行评价	5	
		有技巧地进行自我评价	5	
合计			100	

2. 教师对导学设计的反思与修订

导学设计完成后，教师将其运用于课堂教学实践中会发现存在的问题。教师应对原来的导学设计进行反思、总结和修订。导学设计的修订是指当一次教学结束后，根据评价的结果对原设计进行修订。导学设计的修订涉及设

---

① 王山林.案例教学法在政治课教学中的运用［J］.中学政治教学参考，2003：7-8.

计模式的各个环节,包括调整不合适的教学目标、改编或重新选择案例、进一步分析案例内容和学习者特征、修订教学策略、优化教学资源等。

三、基于案例的导学模式设计要求

基于案例的导学模式设计对教师的知识面和教学设计能力提出了更高的要求,即要求教师具有较扎实的理论功底和丰富的教学与实践经验,并具有理论联系实际的能力。在设计中主要有以下要求:

1. 对教师角色的设计要求

对于教师角色设计来讲,基于案例的导学模式设计最大的特点是教师角色的多样化设计,即根据教师扮演的不同角色设计不同的任务。例如,案例导读环节要设计教师作为引导者如何引领学生学习。在生生讨论、师生互动环节,会生出许多创新思维和视角新颖的问题,这些问题是难得的教学资源,教师角色设计要考虑如何利用这些资源;在学生自主学习和合作学习环节,教师角色设计必须从原来的"一言堂"转变成"多言堂",做到师生教与学角色的相互转化。

2. 对学生学法指导的设计要求

基于案例的导学模式遵循的是"启发—探究—总结—反思"这一导学路径。导学设计的关键就是对学法指导的设计,也就是要指导学生结合自身的知识储备在短期内对案例信息进行提取、整理和论证,结合自身对案例的理解,采用小组讨论的合作探究方式完成教学任务。例如,对案例信息进行提取、整理和论证方法的指导,对生生合作讨论方法的指导,对学生如何表达自己思想的指导等。

3. 对案例探究、讨论的设计要求

案例的探究、讨论所用的时间几乎占教学过程的一半,而且整个过程都处于半开放的状态,需要学生的积极参与。这个环节的设计是否有效,关乎整堂课教学是否成功。教师对这个环节的设计要把握几点:

(1)时间的分配。要根据待讨论问题的重要性来合理地分配讨论时间和进度。比如一个具体的案例,其需要讨论的问题可能不止一个,这就要求教师根据教学目标挑选出重要的问题,给予充足的时间进行讨论。

(2)讨论的导学方向。在课堂讨论环节,学生往往会出现偏离主题的现象,需要教师及时把学生的思维和注意力拉回来。因此,在预设时,教师要预见到学生展开讨论的时候有可能出现的情况,提出相应的对策。

（3）探究、讨论的活动方式。一般来说，探究、讨论的活动方式可设计为小组讨论、现场抢答、辩论等形式。如果是小组合作讨论，可以设计由每一小组派出代表陈述其小组共同观点，小组其他的成员补充不同意见，不同小组成员之间可以质疑问难，在问答中不断吸收各种观点的可取之处，形成各种有效解决案例问题的方法。

四、基于案例的导学模式设计注意事项

基于案例的导学模式设计过程还应注意以下事项：

（1）选择适当的案例呈现方式。案例呈现方式是触发学生兴趣的方式。设计案例的最佳呈现方式，使其发挥最佳教学效果，是案例导学设计成功的重要环节。案例的呈现方式多种多样，有分发材料、口头描述、实景模拟、多媒体手段展示等。采用哪种方式呈现，要根据教学内容和学生的实际情况进行选择。一般应选择能够激发学生学习热情、培养学生综合能力的方式，使学生感受到案例分析的乐趣。

（2）共同使用一组方法。因此，运用案例导学模式，不应简单运用某一种教学方法，而应该若干种教学方法组合使用，也即教学策略运用。

（3）关注学生的学习能力。传统教学理念下的中学政治学科教学使学生主体意识淡薄，养成依赖教师的习惯。运用案例导学模式，普通学校的学生可能一下子很难适应。案例分析不敢大胆参与，讨论出现"冷场"，不能较好地表达自己观点的现象时有出现。教师要充分理解学生的学习能力和学习习惯，设计有针对性的导学策略，改变学生只在课堂上"看、听、记"的听课固有模式。

第六章
中学政治学科基于课堂活动的导学模式设计

本章概要

◎课堂活动是指在教学过程中，一切能够调动学生自主学习积极性的活动。中学政治学科课堂活动设计是指教师根据课程标准和教学内容为学生主动学习搭建的学习平台。一般来说，课堂活动设计包括确定活动的主题、确定活动类型、制定活动方案三大步骤。

◎基于课堂活动的导学模式是指教学以活动作为载体，在教师指导下学生自主参与、自主体验、自主感悟，从而实现在参与中体验、在体验中感悟、在感悟中成长的一种导学模式。

◎基于课堂活动的导学模式设计，其流程主要由导学目标设计、活动载体设计、活动准备设计、导学过程设计、活动评价设计五个环节组成。

◎基于课堂活动的导学模式设计要求有明确而具体的导学目标，处理好"活动为载体、学生为中心、教师为主导"三者之间的关系，注意学生情感的养成，具有操作性活动的方式。

基于课堂活动的导学模式是中学政治学科教学改革的产物。基于课堂活动的导学模式设计是一种以活动为载体，教师引导学生自主参与活动，在活动中体验、感悟的导学模式设计。其基本特征是"导学"以"活动"为载体，围绕"活动"而"导学"。

第一节 课堂活动设计

中学政治学科课堂活动设计是指教师根据课程标准和教学内容为学生主动学习搭建的学习平台。具体来说，是指教师在以活动促发展思想的指引下，遵循学生心理发展的特点与规律，根据预期的目标，对教学需要开展的

活动做全方位的设计、规划。如包括确定活动的目标、活动的类型、活动的步骤与方法、活动的评价与反馈等。

一、活动与课堂活动

"活动是指主体与客观世界相互作用的过程,是人有目的地影响客体以满足自身需要的过程。"① 对活动可做多侧面的划分。如亚里士多德将活动分为理论活动、制作活动和实践活动。目前,关于活动划分一般依据心理学的活动理论,即把活动分为外部活动和内部活动。外部活动主要指实物性的操作活动、感性的实践活动等;内部活动主要指内部的心理活动,包括知、情、意三个方面。皮亚杰在揭示内在活动与外在活动的统一和转化关系后指出,主体对客体的认识活动共始于人对客体的活动。② 现代教学论更强调外部操作活动和内部思维活动不断反馈达到对事物的深层认识的作用。

课堂活动是指在教学过程中,一切能够调动学生自主学习积极性的活动。课堂活动以自主性、能动性、创造性为特征,以学生的主动发展、全面发展和个性发展为目标。课堂活动也可以理解为促进教学过程真正成为学生自主活动、主动探索的学习平台。

二、课堂活动设计步骤

一般来说,课堂活动设计包括确定活动的主题、确定活动类型、制定活动方案三个步骤。

(一) 确定活动的主题

确定活动主题是课堂活动设计的起始。任何一个活动都是围绕一个主题进行的,没有主题的活动是盲目的活动。确定活动主题可按以下三个步骤操作:首先,研究教材。教材是活动设计的基本材料,教师一定要把握好教材的精神内核与基本观点。"课堂教学活动是以对教材内容的掌握为前提和基础的,但不仅仅是对教材内容的重述,而是对其内容的深化、拓展和升华。因此选择时应注重挖掘和利用课本以外的、与学生生活密切相关的、具有教

---

① "活动教学与中小学素质发展实验"课题组. 活动教学与中小学素质发展实验 [J]. 教育研究,1999 (6).

② 陈佑清. 教育活动论 [M]. 南京:江苏教育出版社,2000:35 – 36.

育意义的信息资源,才能使课堂教学具有吸引力、感染力,才能使教师教得活,学生学得活。"① 其次,研究学生。课堂活动设计必须考虑到学生的兴趣、需要和直接经验,因为活动设计的根本目标在于促进学生的发展。最后,研究社会。社会生活变化无穷,社会热点层出不穷。活动主题选取社会生活的鲜活热点,活动才有价值。所以确定活动主题要关注社会生活。

(二) 确定活动类型

活动主题确定后要选择活动的类型。中学政治学科活动的类型有情感体验型活动、角色体验型活动、解决问题型活动、社会实践型活动、探究型活动等。活动类型的选择要考虑几个方面的因素:

(1) 根据具体的教学目标、教学内容、教学进度和时间来选择活动类型。即考虑所选择的活动类型是否适宜于完成教学目标,解决教材内容,时间是否充分等。

(2) 要根据学生的实际如学生的年龄、能力、心理发展水平等选择活动类型。

(3) 要依据现有的条件和教师的特长来选择合适的活动类型。

(三) 制定活动方案

教师在确定活动的主题与类型后,就要制定活动方案。活动方案的基本要求是科学、合理、可行,能调动学生的积极性和参与性,并能达到预期的教学目标。活动方案的内容包括活动目标、活动内容、活动步骤与方法、活动评价等。

三、课堂活动设计类型

课堂活动设计大致可分为情感体验活动设计、模拟性活动、解决问题型活动设计、研究性活动设计四种类型。

(一) 情感体验活动设计

现代教学论认为,凡富有成效的教育或教学,均需要有与目标相对应的情境。建构主义认为人的发展是外部环境与主体相互作用的结果。因为,情境体验是达到有效教学的最佳途径。情感体验活动设计能引起学生主体知识、情感、行为的变化,激发学生的内心情感,陶冶性情,达到知、情、行的统一。

----

① 徐清兰. 思想品德课堂的有效活动 [J]. 广东教育,2006 (3).

情感体验活动设计步骤：情境创设（情感启动）—思考、讨论设计（情感融入）—合作交流（情感交流）—总结升华（情感固化）。

1. 情境创设

这是设计启动情感的活动材料。教师结合教学内容，根据特定的情感目标创设情境（场景、氛围），可以利用图像、影视、表演、讲演、参观访问图片、专题活动图片，辅之以语言陈述以激发学生的兴趣和热情。

2. 思考、讨论设计

这是设计引导情感融入的活动内容。教师根据情境设计思考、讨论问题，以问题引起学生对优美或丑恶、崇高或卑劣、愉快或悲伤等种种不同事物的讨论或评价，从中体会自己爱憎、满意与厌恶的情感。

3. 合作交流设计

这是设计引导团体情感交流的活动程序。教师设计学生在各自体验的基础上充分发表自己的观点、介绍自己的体会和感受、相互启发、相互感染、相互激励的系列程序，确保学生情感通过相互交流，在不断地激励和互动中得到陶冶和升华。

4. 总结升华设计

这是情感固化设计。教师设计总结的内容，推进学生的认知和体验深化，实现知、情、意、行在情理交融中实现自我更新、自我完善。

【案例分享】

"学会感恩"活动设计①

一、情境创设

根据感恩的情感目标要求学生做好以下准备：

（1）通过观察、询问、拍照的方式，调查父母一天的工作、家务、休息时间，了解父母的辛劳，并拍成照片。

（2）学会唱《感恩的心》《妈妈的吻》《愿天下父母平安度春秋》等亲情歌曲。

（3）搜集描写父爱与母爱的散文或诗歌。

（4）用自己节省的零用钱为父母买一份具有纪念意义的礼物。

---

① 赵晓静. 学会感恩——思想品德综合实践活动设计［J］. 中学政治教学参考，2012（5）.

(1) 请学生讲一讲自己和父母一起做的事。

(2) 请学生在小组里展示自己抢拍的生活照或视频。

三、合作交流

设计 1 分钟情感故事。要求学生用具体的事例来说说父母对自己的爱，并说说自己怎样回报他们的爱。

提示 1：用一两件事描写自己与父母感人的瞬间，要表达真情实感，也可以给父母写封信的形式，表达感激之情。

提示 2：为父母端上一杯热腾腾的茶，陪父母聊聊天，说说心里话，那是多么幸福的场面！请把这一场景用你的笔酣畅淋漓地描绘出来。

四、总结升华

总结内容："爱是一种无尽的付出，也是一种收获的愉悦。通过此次活动，我们都经历了一些心灵的净化和升华，让我们在今后的学习和生活中一起去感受爱、珍惜爱、奉献爱，让爱在优美的旋律中永远在我们身边铿锵高唱。"

师生共唱《感恩的心》。

（二）模拟性（角色体验）活动设计

模拟性活动源于西方游戏，是西方最主要的学习方式。模拟性活动泛指儿童观察成人世界，通过扮演角色，以儿童的视角认识、体验社会现象，在虚拟的互动关系中进行活动的一种学习方式。模拟性活动能够让学生模拟社会现实角色，在虚拟的社会关系中体验角色的情感、态度、立场，达到对社会现象的真正理解，并内化形成信念。模拟性活动方式是中学政治课学科进行品德教育和人格培养的重要方式。

模拟性活动设计步骤：寻找素材—编排剧本—设计表演—讨论反思。

1. 寻找素材

教师根据课程标准和对教材的分析，寻找角色扮演活动的可演点，师生共同准备相应的材料、设备、知识、范例等。

2. 编排剧本

师生共同编写剧本、台词，确定角色分工并修改、完善。

3. 设计表演

设计学生表演的形式和情感表达的要求。

4. 讨论反思

设计表演结束后组织学生讨论、评论的主题和讨论形式。

【案例分享】

模拟法庭活动设计①

一、寻找素材，活动准备

材料准备：法官服、自制国徽、自制"审判长""审判员"胸卡等。

设备准备：麦克风、法庭桌椅的布置。

知识准备：教师要深入了解诉讼和审判的基本程序，了解《义务教育法》《未成年人保护法》的有关内容。

案例准备：选择语言规范的民事案例，并邀请法官进行审阅和修改。

学生准备：学生写好起诉书、答辩词、证词，强调法庭纪律，观众席上不能出现说话、走动、喝彩等违反法庭纪律的行为。

二、编排剧本

角色准备：在学生自愿报名和学生推荐的基础上，确定审判长、审判员，原告、被告，原代理人、被告代理人及证人等。教师要对学生角色进行单独演练和综合彩排。

三、表演过程

1. 序幕

主持人宣布："初二学生A诉家长B剥夺其受教育一案现在开庭。"

2. 法庭调查、审判过程

（1）书记员宣布开始，审判长、人民陪审员入席。

审判长宣布法庭工作人员和证实被告身份，原告辩护人宣读起诉书。起诉的内容提要：

原告A系被告B的亲生女儿。1998年9月1日应是原告A初二开学的日子，但被告B却以"女孩子赔钱货，读书无用，不如早点挣钱"为名，藏起原告的所有书本，让原告辍学。并在浙江的一家私人工厂为女儿报了名，强迫原告去上班挣钱。被告B的行为违反了《义务教育法》第五条的规定，即"凡年满6周岁的儿童，不分性别、民族、种族，应当入学接受规定年限的义务教育"和"……家庭保障适龄儿童、少年接受义务教育的权利"。同时，也违反了《未成年人保护法》中"必须使适龄未成年人按照规定接受义务教育，不得使在校接受义务教育的未成年人辍学"。被告的行为不仅侵犯了受害人的受教育权，而且对受害人造成了身心伤害。被告应停止侵害，立即送原告上学。

---

① 本案例由广州市第二中学邹琳提供。

(3) 原告辩护人宣读原告证词：

在1998年9月1日—10月30日，被告B藏起原告A的书，强迫原告到私人工厂做工，原告多次据理力争均无效。在工厂里，身材矮小的原告要在刺眼的灯光下完成电子元器件的点焊。两个月来，视力严重下降。

(4) 原告辩护询问被告。包括强迫原告辍学的时间、藏书的地点、怎样与工厂老板签订合同、将原告送到浙江的交通工具、原告的工作环境、工资等。

(5) 传物证。包括被告到学校为原告的退学申请、被藏起的书本、视力检查证明等。

(6) 证人出庭作证。证人宣读证人供词：邻居供词、学校老师供词（主要讲述证人亲眼目睹的案发过程）。

(7) 原告辩护人提问证人。包括证实被告强迫原告与同村的年轻人上车一起送到浙江做工的过程；学校老师劝说被告，但是被告不听等。

(8) 法庭辩论。辩论要点如下：

第一，原告辩护人引据《义务教育法》和《未成年人保护法》的有关规定，要求被告停止侵害，交清学费，恢复原告上学的权利。被告辩护人认为让原告退学是因为原告学习不好，且家庭生活困难，并非故意违法。

第二，原告辩护人引据《义务教育法》和《未成年人保护法》的有关规定，指出被告强迫原告退学外出做工，严重侵犯了原告的受教育权，应立即停止侵害，并补偿对原告造成的身心伤害。被告辩护人认为被告人认错态度好，应从轻处罚，给予其改过自新的机会。

(9) 被告自辩。

(10) 休庭，审判人员商议对被告的裁决。

(11) 重新开庭，宣读审判书。

(12) 由一位扮演记者的学生对观众进行现场采访。提出问题：这个案子对你有哪些启示？

（三）解决问题型活动设计

新课程改革突出教学回归生活的理念，强调教学要面向丰富多彩的社会生活，开发和利用学生已有的生活经验，选取学生关注的话题，围绕学生在生活实际中存在的问题，帮助学生分析问题、解决问题，帮助学生理解和掌握社会生活要求和规范，提高社会适应能力。解决问题型活动设计，是以学生身边存在的问题为出发点，以解决问题为中心的活动设计。它对于培养学生理论联系实际，提高分析问题、解决问题的能力，发展研究意识和创新意识有着十分重要的作用。

解决问题型活动设计步骤：创设情境—设计问题—提出假设—提出解决问题方案—回归原理。

1. 创设情境

教师根据教学目标，设计实物展示、案例呈现等的活动情境，激发学生兴趣，使学生融入情境，为下一步启动思维做好准备。

2. 设计问题

教师根据创设的情境，并结合教学的实际需要，设计能够引发学生的思考与讨论的问题。设计的问题应具有针对性、层次性、思考性，能引发所有学生思考、讨论。

3. 提出假设

要求学生针对问题提出解决的可能性，即进行假设。活动要能引导学生通过问题情境整合、比较、分析、类推等不断产生假设。

4. 提出解决问题方案

设计围绕假设，学生通过不同角度的分析、推理，逐步形成正确的观念和解决问题的方案。

5. 回归原理

通过归纳、总结、提升，最终引导学生回归到原理。

【案例分享】

"民主决策——做出最佳选择"活动设计[①]

一、创设情境

选取当下北京市民热门讨论的话题"打车难"作为情景材料。当时北京市正下大雪，许多出租车司机不出车，造成了"打车难"的现象。就此，有人提出特殊情况下出租车应该提高价格。

二、设计问题

出租车司机该不该涨价？请学生模拟公交车司机、出租车司机、学校教师、家长、市民、警察等角色陈述自己的看法。

三、提出假设

综合治理，可以解决"打车难"的现象。

---

① 本案例由广州市第二中学邹琳提供。

四、分组讨论

各组提出解决"打车难"的方案。

五、总结延伸

引导学生进一步了解民主决策的重要性。

(四) 研究性活动设计

研究性学习作为培养学生创新精神和实践能力的一种有效形式和素质教育的着眼点,被国家《普通高中课程计划》作为"综合实践活动"列入高中必修课。我国新一轮基础教育课程改革不仅要解决"学什么"的问题,更关键的是解决"怎样学"的问题。从发展趋势看,研究性学习不仅是学校专门设置的课程,而且渗透到各学科教学。用研究性学习的方式来开展学科教学已成为中学一种常见的活动教学方式。中学政治学科研究性活动是指学生在教师的引导下,依据教材内容,从现有条件出发,联系社会经济生活实际,选择和确定专题,以小组合作为主要方式,自主地探究知识、应用知识和解决问题的活动。

研究性活动设计步骤:选题—开题—研究课题—成果展示—总结评定。

1. 选题

选题的优劣直接关系到研究的进程和成果。选题既要保证学生有充分的自主选择权,也要进行必要的指导。教师要介绍有关研究性学习的目的、意义及方法,指导学生选题,并帮助学生自由组成研究小组。

【视野拓展】

选题要考虑的因素:一是个人兴趣。因为有兴趣才能产生热情,才能孜孜不倦地投身于研究。二是有价值。即通过研究性课题的开展,要能让学生获得有益的知识和体验,学会合作、沟通与分享。三是要新颖、有独创性。这是保证选题能吸引学生、诱发其兴趣的重要载体。四是可行性。既要考虑课题研究所必须具备的条件,如所需的设备、时间、资料,又要考虑学生或者同一课题组成员的能力和水平,即要注重学生已有的知识、能力基础,符合学生年龄、认知、心理特点,要和他们的思维及知识水准相适应,防止成人化倾向。五是教师特长。这有利于教师的指导和组织。起始的研究性学习课题最好是比较具体和容易操作的,即学生付出一定的努力就能顺利完成并获得成功体验。

选题的基本方向:一是学科知识的延伸。即学生对自己在学习中感兴趣的问题做进一步的探究,即深化、拓展,探讨现有的、感兴趣的知识点,或教材中滞后于现实、理论发展的内容,通过对这些内容进行思考,发现问题、研究问题。二是社会生活中的热点问题。选取与社会生活密切联系的经济、政治、文化等热点问题作为课题研究的内容,可以帮助学生掌握剖析各种社会现象的方法,使学生敢于直面纷繁复杂的社会,主动适应社会,培养社会责任感。三是与学生身心发展有关的问题。选择与学生身心发展有关的问题进行研究,有助于学生对自身发展产生兴趣。

2. 开题

开题是对所选课题进行科学性、价值性和可行性的评价。学生在教师指导下搜集相关资料,掌握相关学科基础知识以及此研究领域的最新动态,对课题进行确认、补充、修改、完善,形成完整的研究方案和举行开题报告会。

【视野拓展】

研究计划包括的内容:

(1) 你研究的课题是什么?

(2) 导师是谁?

(3) 研究成员及其组长是谁?属于哪个年级、哪个班级?

(4) 关键词是什么?

(5) 课题的提要。

(6) 简单的理由和根据。

(7) 执行的若干步骤(包括查阅资料、社会调查、科学实验、完成研究论文等)。

(8) 成果应用设想。

(9) 研究课题涉及的主要领域和相关领域。

(10) 研究开始的时间和预期结束的时间。

3. 研究课题

研究小组依据研究方案,采用文献研究法、调查分析法、实验观察法、畅想论证法、思辨探究法等多种方法,通过互助合作的方式对课题进行研究,并对研究成果进行汇总、整理、分析。

【视野拓展】

搜集资料与信息处理的方法

搜集资料的方法包括:观察法、实验法、访谈法、查阅资料、调查法、学习与咨询。

信息的处理大致经过筛选、鉴别、核实、统计等过程。主要方法有:定性分析法,主要解决认识对象的属性、类型及性质;比较分析法,就是通过对事物之间相同点或不同点的比较去认识事物的方法;因果分析法,就是寻求事物或现象之间因果联系的方法。

4. 成果展示

研究小组在按计划进行研究后撰写本小组的研究报告和研究工作报告,并以文字、声像、板报、多媒体等多种形式展示交流研究成果及进行答辩。

5. 总结评定

采取定量和定性、自评和互评、形成性和终结性评价相结合的方式,对研究成果及研究过程中的态度、情感、能力等进行评定,对表现突出的研究小组或个人进行表彰。

【案例分享】

青少年公民意识培养主题探究模式的实践
——关于肇庆市田家炳中学学生安全用电的调查报告①

一、选题

共设置了五大类(环保类、人文历史类、公众道德类、城市建设类、法律法规类)研究课题,由学生通过小组集体讨论进行选择。例如,A 课题组选择研究调查安全用电的情况,B 课题组选择研究调查电磁辐射的情况等。

二、设计实施方案

在研究课题确立后,每组通过网络、报纸、杂志、图书等途径搜集相关信息,并且对相关信息进行分析、筛选,设计本小组的课题实施方案,包括本组选题的研究内容、意义和可行性方案,并在本课题组内再进行分组并安排每组的具体任务。

三、实施阶段

在本阶段,学生依照课题实施方案,通过小组或自主的活动进行探究,或通过资料收集、问卷调查、知识竞赛等形式搜集资料。教师在这一过程中进行及时指导,制定相应的规范,对于可能出现的问题做出预测,对发现的问题及时处理。

这一阶段的主要工作有:

(1) 资料收集。根据课题实施方案,确定信息的渠道,然后根据信息

---

① 方拥香,郑宜萍. 青少年公民意识培养主题探究模式的实践[J]. 当代青年研究,2012 (4).

的渠道进行分组调研,以分工、合作的方式通过各种渠道搜集资料,通过网络、图书馆、报纸、杂志查阅资料,获取对研究课题更多有用的信息,整理成读书笔记;参观访问肇庆市电力局,收集照片或手抄报。组织学生就课题相关的内容设计提纲访谈相关的人员并做好访谈记录,完成采访报告。

(2) 设计问卷。经过前期的资料收集,课题组积累了比较全面、科学的有关研究的知识。课题组根据资料设计调查问卷,如安全用电调查问卷、电磁辐射调查问卷等。

(3) 知识竞赛。肇庆田家炳中学有两个课题组的同学在教师的指导与肇庆市供电局相关部门的协助下,进行了激烈的电力知识抢答竞赛。在竞赛的准备工作中,两个课题研究小组还借助学校的图书馆、电子图书阅览室查阅相关信息,搜集了相当丰富的资料,做了充分的准备。

(4) 问卷调查。课题组分别就自己设计的调查问卷,对周边学生、家长和社区进行问卷调查,并整理资料、实验及数据统计,对资料呈现的情况做了详细的分析。

四、总结阶段

这一阶段主要是教师根据学生实践活动过程中所取得的事实素材和体验,指导学生根据活动成果的类型和特点选择合适的成果展示方式,帮助学生整理公民实践研究报告,并通过一定的形式展示出来。

(1) 成果总结。课题组根据统计、分析得出调查情况,分别开展了由大组长主持、各小组长记录、全体组员讨论的课题研究组总结会议,对本组课题的研究编制了相应的可行性建议方案与课题的调查报告,完成的成果如《关于上网自由调查报告》《关于我校中学生安全用电的调查报告》《关于我校中学生认识电磁辐射的调查报告》,包括对所研究课题的基本认知、调查的情况、调查的结果与分析、所提出的建议与倡议等。

(2) 举行听证会,做好评价。请班主任和指导教师参加,课题组的同学举行听证会,小组制作课件辅助说明。由小组长进行汇报,展示在课题研究过程中的一些成果如照片、手抄报,对课题的总结与建议等。通过互问互答的环节深化对公民意识的认识。最后,学生根据评价表中所列的标准对自己的探究活动表现及探究任务完成情况进行自我评价和小组互评,填写评价表。

四、课堂活动设计要求

课堂活动设计有以下要求:

第一,目标明确。课堂教学活动的设计必须指向具体的教学目标,并且活动的程序围绕目标展开,如果没有明确的目标为指引,活动展开就容易陷入为了活动而活动的误区,没有任何价值和意义。

第二,活动的设计要具有针对性与操作性。活动设计要符合学生心理发展的需求和特点。学生的身心发展具有阶段性,在不同阶段有不同的表现。活动设计要根据学生的心理发展特点来协调教学活动的安排。教师应该对学生的知识水平、能力的高低、个性特征有全面的了解,依据学生的特点设计富有针对性、可操作性的活动。

第三,设计的活动具有广泛参与性。例如,情景模拟、角色扮演、团队拓展、音像欣赏等都是可参与性强的活动。

第二节 基于课堂活动的导学模式设计

课堂活动能否有效地促进师生互动、产生情感交流、思维碰撞和智慧启迪,在很大程度上取决于教师对活动的巧妙设计,以及教师对活动的引领。

一、基于课堂活动的导学模式

基于课堂活动的导学模式是指教学以活动作为载体,在教师指导下,学生在活动参与中体验、在体验中感悟、在感悟中成长的一种导学模式。基于活动的导学模式有两个核心概念:一是"活动",即教学是在活动中展开的,学生在活动中主动作用于教学内容及教学过程。二是"导学",即教师通过创设呈现活动目标、教学内容活动步骤等教学元素的活动平台,通过组织活动过程、促进教学内容的活动化,引导学生参与、体验、感悟。基于活动的导学模式设计的基本特征是:"导学"以"活动"为载体,围绕"活动"而"导学"。该模式目标是追求通过教师对学生活动的指导、引领,促进学生的全面发展。

二、基于课堂活动的导学模式设计流程

从设计流程来看，基于课堂活动的导学模式设计与基于学案的导学模式设计、基于案例的导学模式设计流程没有太大的差别，但其活动载体设计与指导过程设计环节则区别于这两种导学模式设计。基于课堂活动的导学模式设计流程主要由导学目标设计、活动载体设计、活动准备指导设计、导学过程设计、活动导学反思与评价五个环节组成，如图6-1所示。

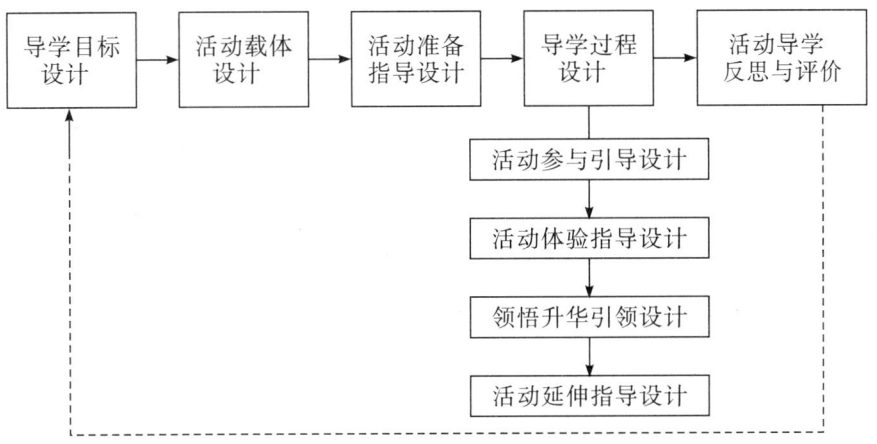

图6-1 基于活动的导学设计的一般模式

（一）导学目标设计

导学目标包括知识目标、能力目标与情感目标。由于基于活动的导学模式重在学生的体验、感受。因此，情感的养成目标在导学目标设计中具有特殊的重要位置。

【案例分享】

"竞争与合作"导学目标[①]

（1）知识目标：理解社会生活中合作的重要性；正确认识竞争与合作的关系。

（2）能力目标：指导学生学会与人合作的技巧。

---

① 本节案例由佛山市顺德伦教汇贤初级中学凌秀雯提供。

(3) 情感、态度与价值观目标：培养学生宽容他人，欣赏他人的胸怀及乐于与他人合作的品质；引导学生养成关心集体、重视集体荣誉、为集体做贡献的行为。

（二）活动载体设计

活动载体设计在本章第一节已有论述，此处不再详述。

（三）活动准备指导设计

这一环节主要是指导学生收集活动所需要的材料，指导学生预习学习内容等。该环节的设计主要体现在教师对于学生预习方法的指导，如为学生提供学习的支架，明确本节课的重、难点，主要学习内容等。

【案例分享】

"竞争与合作"活动准备指导

1. 材料收集

(1) 搜集"竞争与合作"相关的成语、故事、名人名言等。

(2) 每个学习小组准备中国地图（拼图）一份。

2. 自主预习

阅读教材，思考：

①什么是合作？②为什么要重视合作？③如何建立良好的合作关系？④竞争与合作存在什么关系？⑤如何做到勇于竞争，善于合作？

（四）导学过程设计

1. 活动参与引导设计

活动参与引导策略设计的步骤如下：

第一步：进行启思激趣。即通过语言的描绘、漫画、音乐渲染、场景表演等手段来创设生动形象的教学情景，引起学生主动、积极参与活动的欲望和动机。

第二步：引导学生自主学习。即通过设计与教学内容相关的问题，带领学生自主学习。活动教学中的问题一般有两层含义：一是活动的题目；二是活动所要解决的矛盾和问题。问题主要来自学生生活和学生所接触的最新信息，一般分为理解性问题、探索性问题、批判性问题和发现性问题四类。问题是学生自主参与活动的关键，只有情境而无问题的活动是没有明确目的的活动。

【案例分享】

"竞争与合作"活动参与引导

表6-1

环节	活动支架	教师引领	学法指导	设计意图
1. 启思激趣	(1) 视频:《三个和尚》动画。 (2) 知识点:合作的含义:合作是人们通过相互配合完成某件事或某项目标	(1) 设问导思:为什么三个和尚反而没水喝? (2) 归纳点拨:三个和尚没水喝最重要的原因是他们不懂得合作	观看视频,思考并回答问题。阅读课本,了解"合作"的含义,在教材上标记	(1) 视频导入,激发兴趣,启发思考。 (2) 初步感知合作的意义,导入合作的含义(用时3分钟)
2. 自主学习	填空题: (1) 合作就是____。 (2) 合作的意义_____。合作是_____的重要内容,也是人类生存发展的____。 (3) 建立良好合作关系需要____;需要____。 (4) 竞争与合作的关系:团体之间的竞争必然依靠_____;个人之间的竞争也不能缺少_____。 (5) 处理竞争与合作关系在竞争中不断_____,在合作中_____,共同创造团结合作、共赢共享的美好社会	(1) 布置填空题。 (2) 提示:阅读教材,把题目答案在书中做好标记。 (3) 核对填空,梳理5个基本问题。 (4) 采集共性问题,于活动中逐步纠正。 (5) 小结各小组自主学习情况	(1) 个人做填空题。 (2) 组内交流答案。 (3) 小组代表反馈预习结果及发现的疑惑	(1) 学生知识自主建构,自主发现问题,合作解决问题。 (2) 在组内交流环节中体会合作学习。 (3) 呈现知识脉络,为后续活动生成体验提供支架(用时7分钟)

点拨:交流答案其实也是合作的过程,相信同学们对合作有了初步认识,也存在疑惑。光纸上谈兵可不行,让我们带着这些知识与疑惑一起进入活动体验吧

第三步：指导学生开展活动。即指导每个学生按照活动的要求自主地投入活动。这一环节的导学设计主要包括设计活动主题的呈现方式、制定活动的规则、设计组织学生参与活动的方式、设计活动调控策略等。

2. 活动体验指导设计

活动体验具有亲历性、感受性、知觉性和反思性的特点。活动体验指导就是指导学生借助活动的经历，运用直觉理解事物，获得直接经验和信息。活动体验指导设计包括：设计活动体验的方式，如直观感受、角色模拟、师生角色互换、动手操作等体验方式；设计指导学生亲身操作步骤，使学生用感官和心灵直接去感受和把握情景；设计合作学习平台，使学生平等地交流各自的理解。

【案例分享】

"竞争与合作"活动体验指导

表 6-2

环节	活动支架	教师引领	学法指导	设计意图
3. 感受体验	活动：拼图比赛。 （1）单人拼图热身赛。 游戏要求： ①每组选派小组代表1名在限定时间内（5分钟）拼图； ②组内成员计算5分钟内完成拼图（拼法正确）的数量，小组之间互相监督计算结果； ③数量多者获胜； ④其他小组成员帮忙计算作弊等违反规则情况下成绩无效。 （2）合作拼图挑战赛。 游戏要求： ①小组成员4人在限定时间内（5分钟）共同完成拼图；	（1）说明游戏要求。 （2）组织比赛： ①发布比赛开始和结束口令； ②协助监督和记录各组代表（各组）成绩； ③组织赛后反思。 （3）反思提示。 ①对比两种比赛的区别（耗时、感受等）； ②相比于单人，合作拼图有什么优势？ ③结合所搜集名人名言材料说明合作对于个人、国家的意义； ④合作赛中同学们的表现有哪些地方值得改进？ （4）归纳点拨。合作重要性：	（1）参与比赛。 ①单人赛：小组代表个人参赛。 ②合作赛：小组合作参赛。 （2）赛后反思与分享。 思考并讨论赛后反思提示的4个问题： 思考①②题，比较、总结比赛参与的不同体验，形成对合作重要性的认识。 思考③题，归纳合作的重要性。 思考④题，总结经验，反思不足。 小组交流，整合意见并派代表进行发言。 （3）教材标记知识点	（1）对比设置游戏情境，使学生体验合作的重要性； （2）培养自我分析、归纳能力； （3）引导学生形成积极合作的意识 （用时13分钟）

续上表

环节	活动支架	教师引领	学法指导	设计意图
3. 感受体验	②组间交叉计算5分钟内完成拼图（拼法正确）的数量； ③数量多的小组获胜； ④超时、计算作弊等违反规则情况下成绩无效	合作是人际交往的重要内容，也是人类生存发展的基本条件和手段。 个人事业成功离不开团体合作。国家发展离不开合作		
点拨：合作无时不在，无处不在。合作让我们拼图更快，体会到友谊和团结的力量				

3. 领悟升华引领设计

领悟升华引领是指教师引领学生在活动体验的基础上进一步把在参与活动中所获得的直接经验和即时信息上升为具有理性的、一般指导意义的、带规律性的认识，指导学生通过对知识、经验、信息的整理和重组，探索和发现新知识、新问题、新办法，指导学生提高认识和升华感情。这一环节的导学设计主要体现为交流分享设计和活动小结设计。

【案例分享】

"竞争与合作"领悟升华引领

表6-3

环节	活动支架	教师引领	学法指导	设计意图
4. 领悟升华	（1）活动：合作拼图终极赛。游戏要求： ①赛前准备2分钟，小组成员商讨取胜的方案； ②小组成员4人在限定时间内（5分钟）共同完成拼图； ③组内成员计算5分钟内完成拼图（拼法正确）的数量，小组之间互相监督计算结果；	（1）说明游戏要求。 组织赛前讨论并问题导思： ①上轮比赛中小组合作存在哪些问题？ ②如何获得更好的成绩？需要考虑哪些要素？ （2）组织比赛。 （3）组织赛后反思。 反思提示：	（1）赛前准备，思考赛前讨论的2个问题。 思考①题：反思不足，如缺乏沟通、分工不明等。 思考②题：商讨取胜策略。考虑成功合作需要的要素。 （2）参与比赛。 （3）赛后反思并讨论反思提示的4个问题。	（1）活动前结合挑战赛反思预作思考，促使学生在玩中悟。 （2）重点突破：学生掌握合作技巧，如沟通、宽容、平等、尊重等，提高合作能力。 （3）难点初次突破：创设竞争（组建竞赛）与合作（组内合作参赛）矛盾环境，学

续上表

环节	活动支架	教师引领	学法指导	设计意图
4. 领悟升华	④数量多者获胜，成绩进步显著者获胜； ⑤计算作弊、赛前不参与讨论的小组，成绩无效	①小组内部是如何进行合作的，与预设是否有出入？为什么？ ②拼图比赛中，合作与竞争的关系如何体现？ ③小组暂居落后时，你是怎么做的？互相评价小组成员的看法。 ④小组没有(有)胜出的原因有哪些？如何改进？ (4)归纳点拨。良好合作关系的建立，需要： ①确立共同目标； ②理解、沟通与宽容； ③奉献精神和团队协作精神。 竞争与合作的关系是竞争中有合作，合作中有竞争	思考①题：发现合作还需要考虑的要素。 思考②题：体会竞争与合作的不可分割。 思考③题：商讨如何处理合作与竞争的关系。 思考④题：尝试全面地概括良好合作建立的要素、如何处理竞争和合作的关系。如在组间竞争中如何借合作发挥成员优势等。 (4)小组交流，整合意见并派代表进行交流。 (5)教材标记知识点	生体验在比赛中的竞争与合作关系的处理 (用时10分钟)
	点拨：拼图比赛中，我们不仅感受到合作的力量及合作与竞争之间存在的关系，更体会到要善于合作，处理好竞争与合作两者的关系。			
	(2)活动："合作树" 载种合作树。 情景测试："合作树"在我心。 ①小明有一本数学复习用书。同桌向他借这本书，小明怕同学看了书后成绩会赶超自己，所以找借口说把书忘在家里。	(1)组织学生分享及"贴果子"。  (2)结合感受，协助归纳知识要点	(1)小组内自由发言，整合意见，简要记录活动感想关键词，写在便签纸上作为"果子"粘贴到"合作树"上 (2)自主思考后，小组讨论"活动思考"提示的3个问题。	(1)引导及时总结、归纳活动所感，提取知识要点。 (2)生活情景回归，难点落实，形成行动自觉；理解生活中处理竞争与合作的关系。 (3)难点再次突破，归纳如何处理竞争与合作的关系

续上表

环节	活动支架	教师引领	学法指导	设计意图
4. 领悟升华	②每天早上小明都很早回校抄同学的作业，组长多次规劝，但是小胡认为"同学之间应该相互合作，这么做没有错"	（3）组织情景，小组代表分享。讨论以下问题①你如何评价情景中的行为？②如果你分别是小明、组长，面对这两种情景会怎么做？③就讨论内容，分享对于合作的新感悟。（4）归纳点拨。竞争与合作的关系的处理：学会竞争，善于合作，在竞争中不断提高自身素质，在合作中无私奉献自己的力量。共同创造一个生机勃勃、充满活力、团结合作、共赢共享的美好社会	思考①题，自行评价对情景行为的看法；思考②题，角色换位，思考在具体情景下如何做到勇于竞争，善于合作。思考③题，分享在生活中如何运用所学知识处理竞争和合作关系。（3）班级内交流、分享。（4）课本知识点标记	（用时10分钟）

点拨：竞争与合作不是互相排斥的，两者常常是不可分割的，竞争中有合作，合作中有竞争。在生活中，我们应该勇于竞争，善于合作

4. 活动延伸指导设计

一个好的课堂活动不能因活动的结束而结束，而应该让学生在课后有更多的思考与探究的余地。这需要教师引导学生将活动向课外进行延伸与扩展。活动延伸指导是教师在组织、引导学生获得体验、领悟的基础上将所学的理论应用于实践，解决实际问题。活动延伸指导设计的做法是教师将课堂教学的内容与课外实践结合起来，设置延伸问题或活动，为学生提供活动的方法，分配任务，引导后续活动。

【案例分享】

"竞争与合作"活动延伸指导

表 6-4

环节	活动支架	教师引领	学法指导	设计意图
5. 活动延伸	（1）合作口号设计。 要求： ①以小组为单位，设计一句能激励、动员小组勇于竞争、乐于合作的口号； ②按照组别顺序，各小组依次齐喊本小组的口号； ③以精练、有力、洪亮为标准，从内容和表现两个方面评出最佳口号。 （2）师生共同构建知识导图	活动延伸一： （1）说明活动要求。 （2）组织并指导小组讨论口号内容。 （3）组织小组按照组别顺序依次齐喊本小组的口号。 （4）组织、参与讨论优秀小组评选。 活动延伸二： （1）组织学生自主回顾知识，构建导图。 （2）黑板辅助范例。 （3）提示学生调整导图，记录在课本上	活动延伸一： （1）小组内自由发言，整合意见，选择最佳口号并讨论表演方式。 （2）小组按顺序一齐喊出口号。 （3）全体同学参与，评出最佳小组口号 活动延伸二： （1）学生结合课本标记内容，重新归纳本节课学习目标拟解决的5个问题的答案。 （2）完善课本知识点标记，优化知识导图并填入课本	（1）总结升华，鼓励学生将活动收获转为行动动力。 （2）齐喊口号，激发小组成员团结精神和奋发向上的斗志。 （3）师生共同完成，体现师生合作，活学现用。 （4）自主建构，能力形成。教师先行示范，而逐步锻炼学生自主归纳能力

课堂结语：同学们响亮的口号喊出了"勇于竞争，善于合作"的志气和勇气。刚才的活动是同学们"勇于竞争，善于合作"最好的阐释。让我们在竞争中不断提高自身素质，在合作中无私奉献自己的力量，共建一个团结合作、充满活力的班级、社会！

（五）活动导学反思与评价

教师作为活动参与者、组织者和设计者，只有通过对自己所从事活动的目的、结果、方法、过程有清楚的认识和评价，才能使活动导学成为自觉的过程；只有通过对已有活动经验进行全面考察和全面反思，才能实现活动导学水平的提高，使活动具有批判性和发展性，并为后续活动提供参照性建

议。活动导学反思与评价应该包括教师本人的自我反思和他人的评价。

【案例分享】

"竞争与合作"导学设计点评①

"竞争与合作"导学设计作为基于活动的思想品德课导学模式，本课设计及实施有以下亮点：

1. 认真分析，准确定标

要衡量一堂课活动导学是否有效，首先要分析教学目标的定位是否准确。本课设计目标定位精准、表述明确。依据《思想品德课程标准》和粤教版教材对本课目标"理解竞争与合作的关系，能正确对待社会生活中的竞争，敢于竞争，善于合作"的要求。教师将活动目标具体分解为"懂得建立良好的合作关系；正确处理竞争与合作的关系；学会在竞争中合作，合作中竞争"。此外以合作是什么—为什么要合作—怎样展开合作，将知识目标细化为5个问题，在活动中逐步展开，层次分明，构建合理。

2. 情境导标，活动导学，拓展导结

教学有法，教无定法。教师设计了情境教学法、活动探究法、设疑讨论法等。设计通过视频《三个和尚》导入新课，有效达成导出合作的含义，引起注意，调动学生兴趣。讲授新课环节按启思激趣—感受体验—体悟升华顺序进行活动平台构建。

知识填空为学生提供自主学习机会及学习支架，活动之前进行知识热身，为后续拼图游戏中的反思提供索引。拼图游戏活动分单人赛、合作赛、终极合作赛，难度呈现梯度，激发学生参与兴致，学生在活动参与和分享中不断解决对合作的疑惑，自主生成知识点，深化对合作的理解。

选择"贴果子"的方法，师生共同栽种合作树，意在巩固及强化学生在活动中的所感所思，对活动进行整体反思和把握。此外，教师不忘学生能够在平常生活学习中运用并践行。寓教于乐，是活动课的真正期许。设计生活情景的呈现让学生置身于生活，判断、分析当事人的看法，亲身体验角色，使本课活动回归生活，实现"落地"，同时也为本课活动效果评价提供视角。

总体而言，本节课活动导学设计过程流畅，基本能达到活动目标。设计的讨论问题切合学生的实际，善于启发引导，子活动结束乃至关键处能根据

---

① 点评作者：华南师范大学政治与行政学院教授邝丽湛、研究生黄泓。

重难点处理及时设计了活动要点思考，促进知识点自动生成，弥补了既往关于对于"活动课只是看热闹"的缺陷。设计学生的思考、小组讨论与分享贯穿整节课，有利于培养学生独立思维能力、口头表达能力，促进学生灵活地运用知识。

3. 构建和谐课堂，建设民主文化

导学的核心在于导，而非教。从课堂实施效果看，本节课的教学设计做到了尊重学生。设计学生回答问题离题或有偏差时，采取疏导、提示的方式。课堂"导"的主线，充分发挥教师的主导作用，让学生感受到老师在认真聆听他们的讲话和参与他们的活动。很好地贯彻了和谐课堂的导学设计理念。

本课设计通过"故事导入、激活思维—感受体验—体悟升华—活动延伸"，以"合作"贯穿活动课堂的整个过程。如在自主学习中潜移默化为学生搭建体验合作的平台，小组齐喊口号、师生共同评出表现优秀的小组等，无不彰显合作的精神，起润物无声的效果。

本课导学设计需要优化之处：在时间安排上，因活动内容设计较多，游戏及分享时间稍显仓促，给予学生展示自己经验或教训的时间也可以稍微多一点，让学生真正懂得良好合作的意义；在小组合作时，应注意兵教兵，兵带兵，给予边缘生更多回答问题的机会，让他们体验更多成功的喜悦。

三、基于课堂活动的导学模式设计要求

基于课堂活动的导学模式设计要求体现在如下四个方面：

1. 有明确而具体的导学目标

导学的目标，即通过设计、开展活动期望学生达到的结果。明确的活动目标可以防止为了活动而活动、活动走过场，仅仅变成热热闹闹的形式。没有目的的活动是没有意义的，也无法提高学生的心理素质。基于活动的导学模式目标是针对学生实际制定的，要考虑学生实际发展水平，防止目标过大、过空、过泛而达不到实际指导的效果。另外，目标的设计既要有长远的目标，即提高学生的心理水平、促进学生的健康发展，也要根据学生的实际情况设计每项活动的具体目标。

2. 处理好"活动为载体、学生为中心、教师为主导"三者之间的关系

基于活动的导学模式设计以"活动"为载体，学生因活动而"动"，教师因"活动"而"导"，师生以"活动"为媒介。学生是基于活动的导学

模式设计的中心，是活动的主要参与者、学习者、体验者、探究者，一切活动的设计与导学策略的设计都应从学生的实际情况出发，符合学生的需要和兴趣，以促进学生的全面发展为宗旨。而教师是基于活动的导学模式设计的主导，教师"导"是为学生服务的，要始终以学生的发展为中心，如通过创设情境、点拨启迪、评价提升、组织等策略的设计促进学生通过参与活动获得自我认识、自我思考、自我评价、自我选择，以实现师生之间、生生之间的积极互动，促进学生的全面发展为目标。

3. 要注意学生情感的养成

情感与价值观是凌驾于知识和技能之上的精神产物，它源于知识和技能的积累，可影响却更加深远。[1] 情感的养成是人的全面发展的基石。而情感的养成是在活动的过程中师生共同学习、共同思考、逐步领悟中培养起来的。其具有生成性的特点。我们在进行导学设计时，要处理好预设与生成的关系，充分预见活动过程中出现的积极状态与消极状态；要对活动素材进行充分挖掘，设计引导学生"由此及彼"、由表层知识到深层体会的情感升华方式。

4. 活动的方式应具有操作性

活动是活动导学模式的重要载体，必须要具有可操作性。首先，活动的形式要由活动的内容决定。内容偏重于认知性的，应采用启发思考、小组讨论、认知矫正、辩论、评价等方法；内容偏重于情感性的，应采用反思体验、移情体验、换位体验、情境感受等方法；内容偏重于行为性的，则应采用行为训练、行为改变、角色扮演、行为示范、行为强化等方法；内容属于综合性的，形式可以交叉多样，不拘一格。总之，要根据内容的需要来确定活动的形式。其次，活动的内容和方式要从学生的实际出发，符合学生的年龄特征，要考虑预设学习目标能否实现、活动方案能否顺利进行、能否激起学生参与活动的兴趣、活动是否便于具体操作等，避免大、空、虚的活动设计。

---

[1] 潘浩琳，孟庆男. 新课程理念下的教学设计［J］. 现代教育科学：普教研究，2013（3）.

第七章
中学政治学科基于概念图、思维导图的导学模式设计

本章概要

◎ 概念图、思维导图是两种有效的知识可视化工具，它们通过"非线性图示"来表征知识、激发与整理学生的思考。概念图是用来组织和表征知识的工具，有四个基本的组成部分：概念、命题、交叉连线和分级结构。思维导图是用图文结合的形式将放射性思维可视化，是能够表现人思维过程的工具。两者既有联系又有区别。

◎ 概念图的设计有五个步骤：选取一个原理或理论作为制作概念图的素材——确定关键概念和概念等级、初步拟定概念图的纵向分层和横向分支，建立概念之间的连接，不断修改和完善。思维导图的设计也分为五个步骤：确定中心词，确定放射点，确定节点，寻找提示词，连接。

◎ 基于概念图与思维导图的导学模式设计是教师在研究课程标准、教材的基础上，设计基于概念图、思维导图为载体的引领学生学习的导学模式，其由导学准备设计与导学流程设计两大步骤组成。

概念图、思维导图是两种有效的知识可视化工具，通过"非线性图示"来表征知识、激发与整理学生的思考。基于概念图、思维导图的导学模式设计是指以概念图、思维导图为工具，利用图像、关键词和颜色等各种信号刺激学生的多种感觉器官，让学生的左右脑在学习过程中同时运作，引领学生正确思维过程的导学设计。基于概念图、思维导图的导学模式设计最基本的特征是知识的可视化、外显化。概念图的设计，突出概念与概念之间的关系、概念之间的层次；思维导图的设计，突出中心内容与放射点以图示化形式的呈现，促进思维激发和思维整理的可视化。

第七章 中学政治学科基于概念图、思维导图的导学模式设计

第一节 概念图与思维导图设计

一、概念图与思维导图

中学政治学科课程内容中有大量的概念和原理，这些概念、原理必须经过梳理才能在学生头脑中形成完整的知识体系和信息网络架构。概念图和思维导图作为知识表征的工具，能帮助学生形成知识网络，大大提高学习效率和教学质量。

（一）概念图

概念图是用来组织和表征知识的工具。它通常将某一主题的有关概念置于圆圈或方框之中，然后用连线将相关的概念和命题连接，并在连线上标明两个概念之间的意义关系。

概念图有四个基本的组成部分，它们分别是概念、命题、交叉连线和分级结构。其中，概念（也就是图中的节点）是事物或事件的规则属性，用专有名词或符号进行标记。命题是两个概念之间通过某个联系词而形成的意义关系。交叉连线表示存在两个概念之间的某种关系。分级结构是概念的呈现方式。分级结构有两种情况：

（1）同一层面中的分级结构。即同一知识领域中的概念依据其概括水平的不同而分层排列，其中概括水平较强的概念位于图的较上层，从属的概念位于其下，而具体的概念位于概念图的最下层。

（2）不同层面中的分级结构。即不同知识领域的概念图可就某一概念实现超链接。因此，概念图是一个表示概念之间相互关系的空间网络结构图。J. D. Novak 的概念图模型如图 7-1 所示。

【视野拓展】

概念图的定义[①]

概念图是知识表征的一种类型。它以视觉的形式表征知识，有助于学习者把握某个知识领域的全貌，理解已有观念之间的联系，以利于温习功课，

---

① 张倩苇. 概念图及其在教学中的应用 [J]. 教育导刊, 2002 (11).

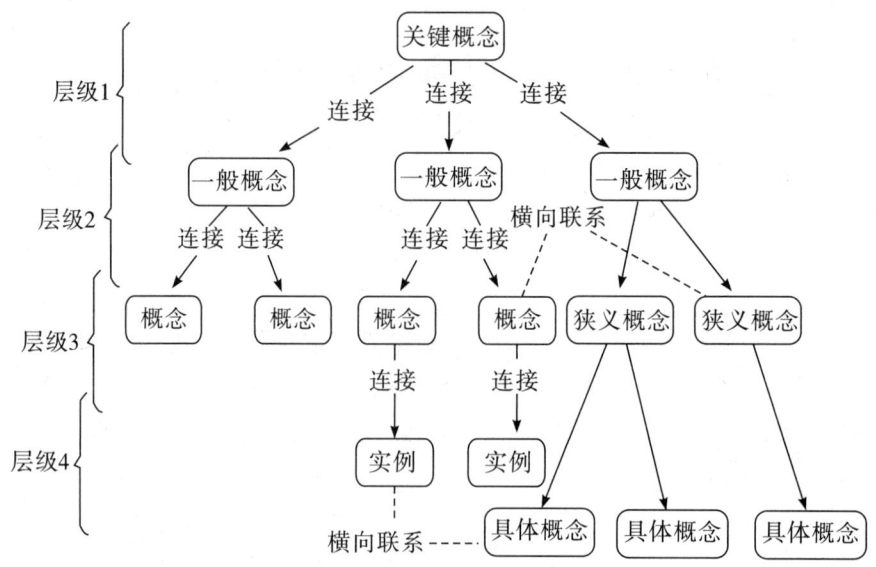

图 7-1　J. D. Novak 的概念图模型

准备考试；有助于学习者将新观念与其已有的知识联系起来，将知识融会贯通，发展对知识体系的理解；有助于学习者收集新知识和新信息并与他人共享。此外，概念图以逻辑的方式去组织信息，可帮助学习者消化吸收新信息、新观念，并适应它们。它还可以帮助学习者对学习过程进行反思和评价，促进学生高级思维的发展。概念图作为一种教学策略，也能帮助教师有效地教学。教师可用来帮助学习者建立整合的、结构化的知识。

（二）思维导图

思维导图（mind map），又叫思维地图，同时又被译为脑图、心智图和心灵图。它是用图文结合的形式将放射性思维可视化，表现人的思维过程的工具，或者说是一种将放射性思考具体化的方法。见图 7-2。

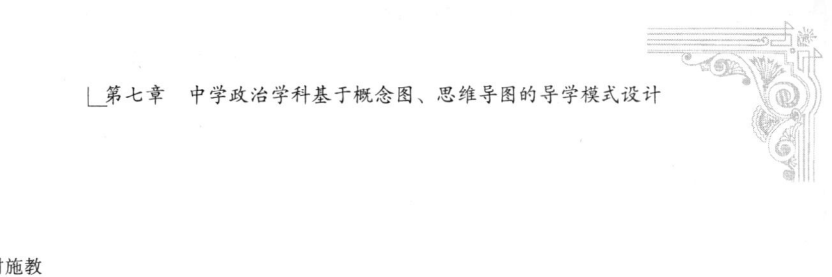

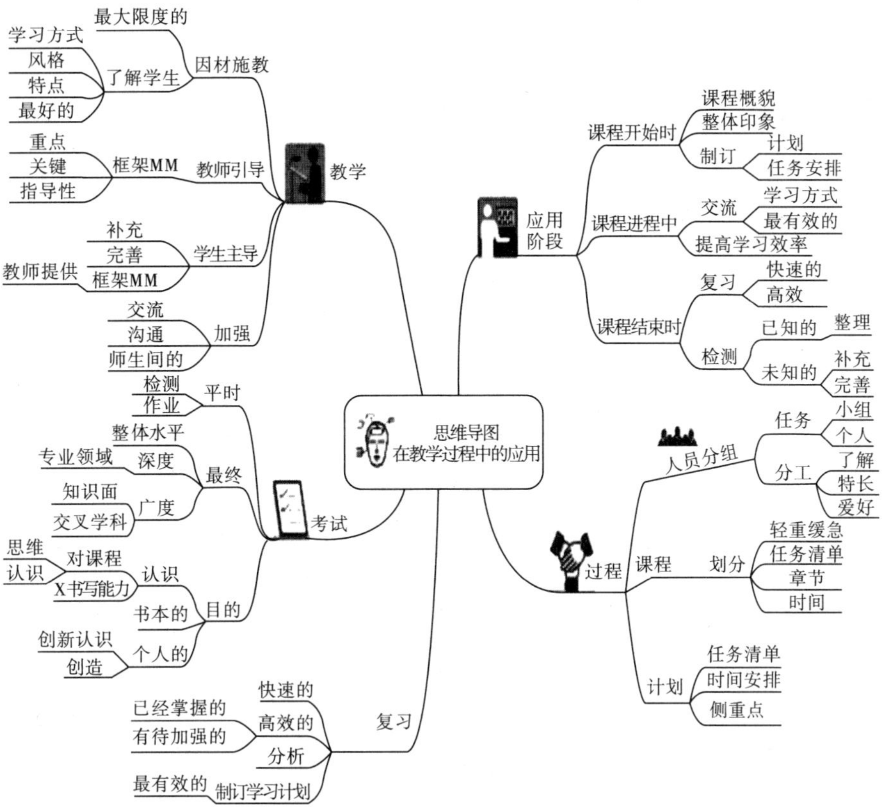

图 7-2 思维导图模型

【视野拓展】

托尼巴赞认为思维导图有四个基本的特征：

(1) 注意的焦点清晰地集中在中央图形上。

(2) 主题的主干作为分支从中央向四周放射。

(3) 分支由一个关键的图形或者写在产生联想的线条上面的关键词构成。比较不重要的话题也以分支形式表现出来，附在较高层次的分支上。

(4) 各分支形成一个连接的节点结构。

因此思维导图在表现形式上是树状结构的。一般地说，思维导图也可以视为是概念图的别称。因为"人类使用的一切用来表达自己思想的图示方法都是概念图"①。概念图和思维导图虽然分属不同的概念，有区别所在，但是对于一线教师来说，在使用它们的时候采用何种名称并不重要，只要知道它们是知识建构的载体，是帮助学生形成新知与已知经验的联结，是帮助学生形成知识网络的工具即可。

思维导图作为一种有效的教学模式，其优越性在于可以让复杂的问题变得简单，简单到可以在一张纸上画出来，让你一下子看到问题的全部。它的另一个优势是随着问题的延伸，让我们在原有的基础上对问题的解决在时空上更多元化。更重要的是，利用思维导图能有效地建立知识间的联系，形成知识系统，有利于培养学生特有的学科思维模式。

（三）概念图与思维导图比较

概念图与思维导图的联系与区别可以用一个表格来呈现，如表7-1所示。

表7-1 概念图与思维导图比较

比较项目	概念图	思维导图
历史渊源	奥苏贝尔的有意义学习需求下产生的工具	托尼·巴赞创造的笔记方法，后来运用范围扩大
定义	组织和表征知识的工具	表达放射性思维的图形技术
创作方法	必须列出概念，从含义最广、最有包含性的概念写起，建立概念之间的关系，一般可以有多个主要概念。用连接线或词语说明概念间的联系。概念的层级要有明确的区分	从主要概念开始，逐步建立有序框架。一般只有一个中心节点。一般仅受限于描述层级架构
表现形式	网状	树状
外观	以展示概念关系为主，连接线和词语较为重要，图形颜色次之	以刺激思维为主，所以颜色丰富，图形多样
功能	客观性为主。知识体系和认知结构的静态、客观表示	自发性为主。导向、记录思维过程，促进思维的发现与扩散，并记录思维发散的过程
联系	思维导图的创作结果可以是概念图。思维导图借鉴了概念图"多个主要概念"的多节点创作方式	

---

① 齐伟. 与黎加厚教授谈概念图 [J]. 信息技术教育，2003（9）.

观察表 7-1，我们可以得到三个结论：

（1）概念图是对知识体系的静态客观表示。这个知识体系可以是客观的知识体系，也可以是人的认知结构。因此，概念图呈网状，能够构造一个清晰的知识网络，便于学习者通过概念图直观快速地把握一个概念体系，有利于形成直觉思维，促进知识的迁移。思维导图是对思维过程的导向和记录，促进思维的发现，并能记录这个发散过程。所以，思维导图呈树状，呈现的是一个思维过程。学习者可以通过思维导图理清思维的脉络，并可供自己或他人回顾整个思维过程，同时能够借助思维导图提高发散思维能力。

（2）思维导图设计往往是从一个主要概念开始，随着思维的不断深入逐步建立的一个有序的图式。一个思维导图只有一个中心节点。概念图设计则是先罗列所有概念，然后建立概念和概念之间的关系。一幅概念图中可以有多个主要概念。

（3）概念图与思维导图可以整合。在实际的应用过程中，概念图与思维导图作为两种从不同角度来展示自己的思路以及对问题的理解、认识和看法的方法，是可以统一的。因为思维导图借鉴了概念图"多个主要概念"的多节点创作方式，其创作结果不是单纯的概念图，也不是单纯的思维导图，而是二者的融合体。

二、概念图与思维导图设计步骤

概念图与思维导图的设计是一个创作过程，需要教师研究课程标准、教学内容与学情，抓住教材的重点与难点，理清知识之间的逻辑联系，明确概念图与思维导图制作的目的与意义，然后根据学生的知识基础和认知水平进行绘制。

（一）概念图设计步骤

概念图的设计一般可以通过以下五个步骤（如图 7-3 所示）来实现：

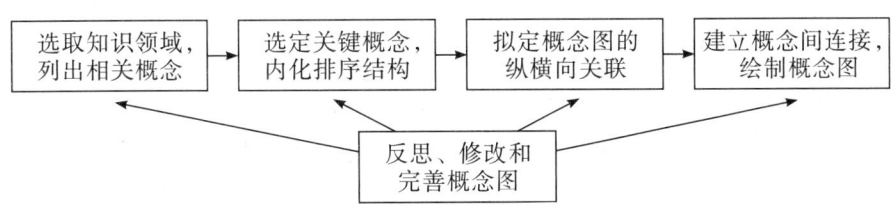

图 7-3　概念图设计步骤示意图

1. 选取知识领域，列出相关概念

可以从已学习过的知识领域开始。因为概念图的建构必须依靠对上下文知识的运用，所以最好选取已学过的知识。已知的背景知识有助于确定概念图的层级结构。

2. 选定关键概念，内化排序结构

原理一般包含若干概念，制作概念图首先要确定关键概念，并把它们一一列出来；然后对这些关键概念进行排序，从最一般、最概括的概念到最特殊、最具体概念依次排列。虽然这样的排列是很粗糙的，但能帮助我们确立概念图的结构。

3. 拟定概念图的纵横向关联

在这一步骤中，可以把所有的概念写在活动的纸片上，然后把这些纸片按照概念的分层和分支在工作平台（如黑板、卡纸）上进行排列，初步拟定概念图的分布。利用活动纸片的好处就是允许学习者移动概念以修改概念图的层级分布。当然，用计算机软件制作概念图更好一些，因为它不仅能让我们修改概念图，还允许我们直接打印、制作一个精美的概念图。

4. 建立概念间连接，绘制概念图

在连线上用连接词标明两者之间的关系，概念之间的联系有时很复杂，但一般可以分为同一知识领域的连接和不同知识领域的连接。特别是交叉连接，它是判断一个概念图好坏的重要标准之一。交叉连接是不同知识领域概念之间的相互关系。交叉连接需要学习者的横向思维，也是发现和形成概念间新关系、产生新知识的重要一环。当然，任何概念之间都可以形成某种联系，我们应该选择最有意义并适合于当前知识背景的交叉连接。

5. 反思、修改和完善概念图

有了初步的概念图后，在教学中，随着教师和学生对原有知识的理解的加深和改变，概念图应不断地修改和完善。好的概念图一般要修改三次以上，甚至更多。

中学政治学科概念图的呈现方式一般分为两类：一是基本形式；二是简化形式。中学政治学科概念图的基本形式由概念、命题、交叉连接和层次四个表征表示（如图7-4所示）。

中学政治学科概念图的简化形式是用简要的形式呈现要表达的内容，如图7-5所示。即不拘泥于概念图基本形式的呈现形式，只呈现一定的层次、节点，不绘制方框；具有并列属性的概念之间不用符号连接，只是留空。

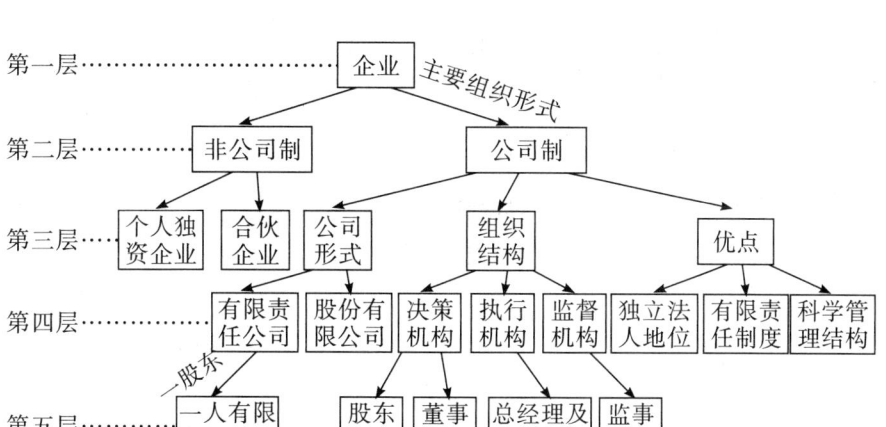

图 7-4 中学政治学科概念图的基本形式

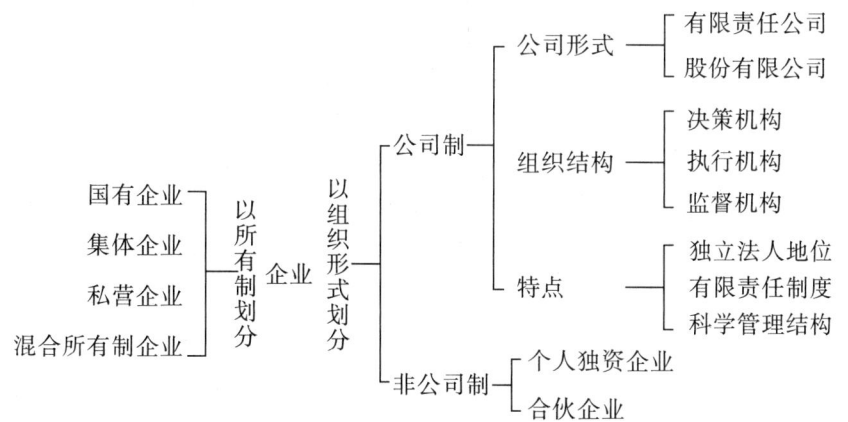

图 7-5 中学政治学科概念图的简化形式

【案例分享】

《经济生活》人教版第五课 "公司的经营" 概念图制作

概念图制作步骤：

1. 罗列概念

概念是指反映对象本质属性和范围的思维形式。概念是一种概括性认识。一般可以将"某事物的概念"翻译为"某事物是什么"。"公司"一课有许多概念，这些概念有不同的层次关系，需要我们一一罗列出来。我们在罗列概念前，应先仔细阅读课本内容，找出需要掌握的概念，罗列到纸上。具体如下：

"公司的类型"概念：企业、公司制、公司、法人、有限责任公司、股份有限公司、公司的组织机构、个人独资企业、合伙企业。

2. 找出关键概念

关键概念是指需要学生重点掌握的概念，对实现教学目标具有重大的作用。关键概念的寻找通常是从教学目标入手，把握课本知识的主线，从主线中提炼。例如：

"公司的类型"的知识目标：了解企业、公司的含义、地位、作用；区分公司的两种形式；公司的组织的基本架构及职能。

由教学目标引出"公司的类型"的主线是：由企业引出公司，由公司的含义、设立公司的要求、公司经营必须遵守的规范、法定的公司类型及各自的特点，引出公司的组织机构及公司制的优点。重点内容在于企业的概念，公司的概念、分类形式、组织结构及优点。筛选出"企业、公司制、有限责任公司、股份有限公司、公司的组织机构、个人独资企业、合伙企业"等关键概念，排除"公司、法人"等次要概念。

3. 归类概念

以核心概念为关键词，作为上层概念。将并列的概念分别作为一个节点，通过连接线与上层概念连接起来。上层概念与下层并列概念结合起来呈现放射状，呈现出概念图中命题的层的形式。

基本式概念图呈现设计：教材原有语句是"在我国，除公司外，还存在大量的个人独资企业和合伙企业"。由此可知，企业为关键概念，包括公司制和非公司制两种具有并列属性的形式。因此"公司制"和"非公司制"作为一个概念通过连接线与"企业"这一节点（概念）相连接，箭头指向下层概念。同理，"个人独资企业"和"合伙企业"是并列概念，是属于"非公司制"的两种不同企业组织形式。用直观的概念图表示如下：

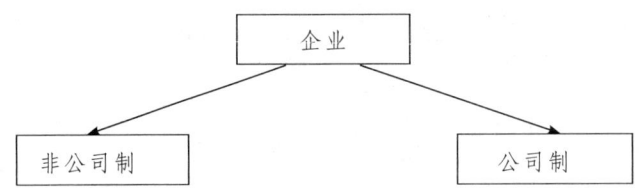

图7-6 基本式概念图归类概念呈现方式

简易式概念图呈现设计：以核心概念为关键词，作为上层概念。将并列的概念分别作为一个节点，将上层概念与下层概念用大括号的形式联系起来，或者以"上层关键概念：并列概念1、并列概念2……"的形式呈现出来，表示分号前半部分包括后半部分。例如，"公司的形式分为有限责任公司和股份有限责任公司"，将上层关键概念"公司形式"以大括号的形式与"有限责任公司"和"股份有限公司"联系起来。

$$公司形式\begin{cases}有限责任公司\\股份有限公司\end{cases}$$

图7-7　简易式概念图归类概念呈现方式

4. 构建层次

将所有的关键词（节点）通过连接线联系起来，按照步骤归类概念，从上至下遵循先抽象概念后具体概念的规律进行排布，连接线由上层概念指向下层概念，表示包括的关系。总体以层次的形式展现出来，呈现放射状，如图7-4基本形式所示。或将所有的关键词以大括号的形式联系起来，将具有并列属性的词语以空格的形式呈现，按照步骤归类概念，根据美观度和便捷度排布概念图的层次，如图7-5简化形式所示。

5. 完善

检查所绘制的概念图，并加入适当连接词，使概念图呈现出命题的逻辑体系和层次的呈现。将概念图呈现的信息翻译成命题并对照课本内容进行矫正分析，与教师、学生一起探讨完善。

【视野拓展】

概念图评价的标准[①]

命题：在概念之间建立有意义的联系。是否用连线和连接词标明两个概念之间的意义关系？这种关系是否有效？每个有意义的、有效的命题得1分。

层次：概念图是否显示了层级？在所反映的材料中，下一层概念是否比上一层概念更具体？每个有效的层级得5分。

交叉连接：概念图是否显示了概念层级中一部分与另一部分之间的有意义联系？这种联系是否有效？每个连接既有重要意义又有效的可得10分；每个连接有意义但未能表明概念或命题之间的综合关系的则得2分；独特的、有创造性的交叉连接应给予特别奖励。

例子：概念标签标明特定的事件或对象的有效的实例，每举一例可得1分。

---

① 张倩苇. 概念图及其在教学中的应用［J］. 教育导刊, 2002（11）.

（二）思维导图设计步骤

思维导图的设计一般可以通过以下五个步骤来实现：

1. 找出中心主题

先写出一个中心主题，主题可以用关键字和图像来表示。所谓关键字，是表达核心意思的字或词。关键字应该是具体的、有意义的，这样有助于我们进行回忆。围绕中心主题进行思考，画出各个分支，使主题的主干作为分支从中央图形向四周放射，留有适当的空间，以便随时增加内容。

放射性思考是人类大脑的自然思考方式，每一种进入大脑的资料，不论是感觉、记忆还是想法，包括文字、数字、符码、线条、颜色、意象等都可以成为一个思考中心，并由此中心向外发散出成千上万的关节点。每一个关节点代表与中心主题的一个连接，而每一个连接又可以成为另一个中心主题，再向外发散出成千上万的关节点，这些关节的连接可以视为我们的记忆，也就是我们的个人数据库。所以，在正中央开始画能反映出大脑思考程序的多钩状特性，从核心向四周发散思维可以因此获得更多的空间和自由。

2. 找出放射点

整理各个分支内容，确定放射点，寻找主题和放射点之间的关系，用线条或箭头把它们连接起来。主题、放射点以及它们之间的关系连线可以用颜色、图形等表示。

放射点是向四周扩展的第一级设计点。主题和放射点连接反映了大脑中的联想本性。主题连接放射点能够促进大脑通过联想来工作，线条附着于主题就会在大脑内部产生类似于"附着"的思想。人脑采用了放射性的思维方式，不断地由一个点扩展到另外 n 个点。线条要粗一些，用式样来反映出主题与放射点的重要性。

3. 寻找第三级节点

以放射点为中心，再往外寻找第三级节点。然后把放射点和二级分支节点连接起来，再把三级分支节点和二级分支节点连接起来，以此类推。

大多数思维导图只需要写到第三层。因为这样不会使思维导图变得太乱，比较容易分析和记忆，第四层以外的偶尔会用到。

4. 使用提示词

在每条线上使用一个提示词。因为提示词使思维导图更具有力量和灵活性，有助于新想法的产生。

5. 形成节点结构

各分支形成一个连接的节点结构。

经过以上步骤可以形成思维导图。以"民主选举"为例，其思维导图如图7-8所示。①

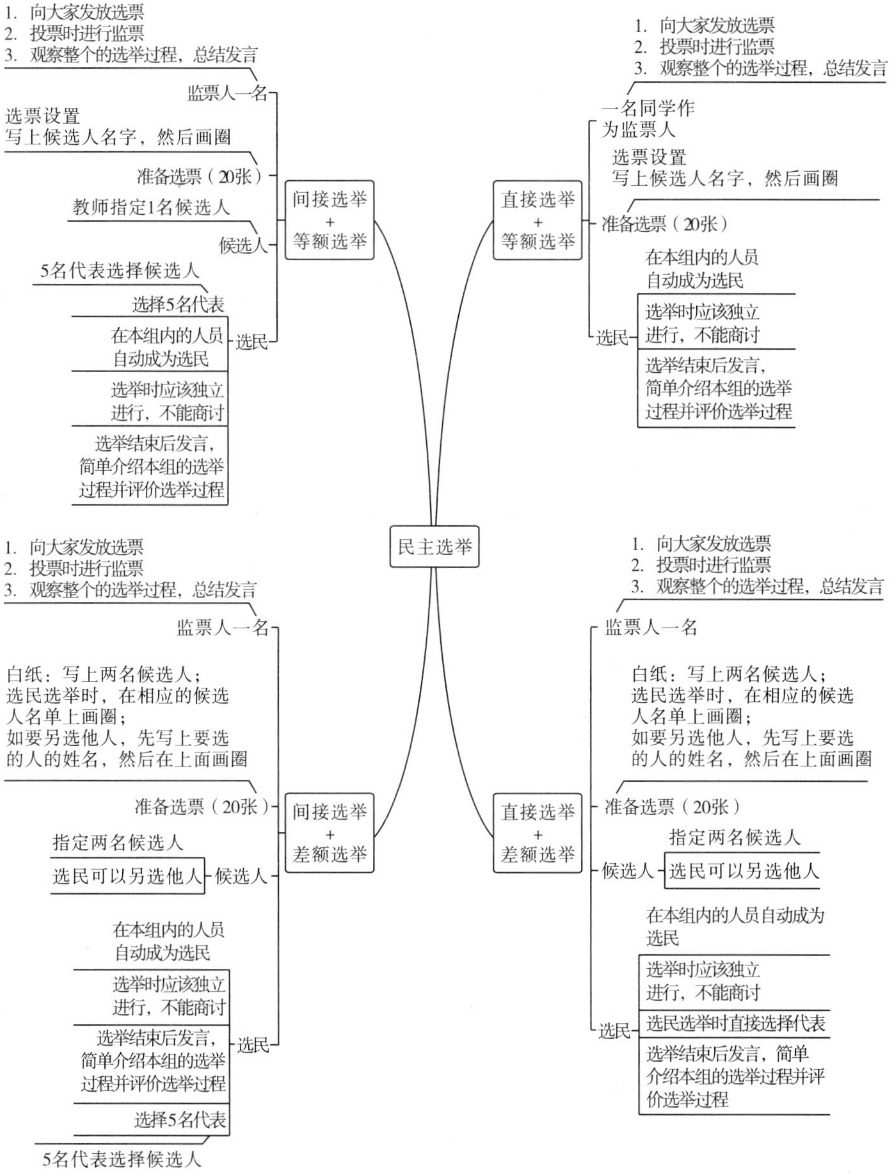

图7-8 "民主选举"思维导图

---

① 本节思维导图由华南师范大学政治与行政学院研究生王琪设计。

【案例分享】

"我国的基本经济制度"思维导图设计流程

要求：以标题为线索（我国的基本经济制度→公有制为主体→多种所有制经济共同发展），阅读并梳理课本第 31~35 页的内容。

（1）找出中心主题：这节课是围绕什么中心主题展开的？→基本经济制度。

写在空白纸的正中，最好画上你认为能表示"基本经济制度"的简笔画。例如我认为，基本经济制度是上层建筑，在各种制度中有基础性作用。因此用盖房的砖头来表示。

（2）找出中心主题的放射点：这节课是讲基本经济制度的哪些方面？→公有制经济和多种所有制经济。

用最粗的连接线表示放射点，以表示与其他下层关键词的地位不同。公有制经济是主体，起主导作用，所以用拳头来表示。在最为关键的地方配图，可以加深理解。

然后寻找主题和放射点之间的关系，用线条或箭头把它们连接起来。到这里，主体框架就完成了。如图 7-9 所示。

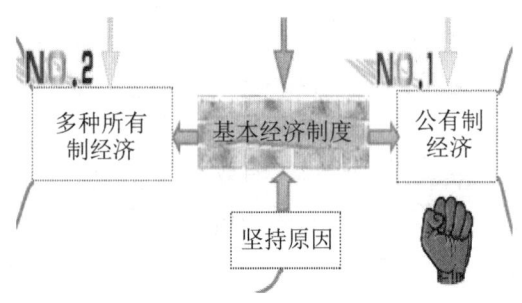

图 7-9 中心主题的放射点

（3）以放射点为中心，再往外寻找第三级节点：公有制经济包括哪些成分？含义和作用如何？公有制的地位如何体现和增强？多种所有制呢？

注意不要写一整句话，在不影响原意的情况下提取同个层次的关键词，一层层展开知识框架。

（4）在每条线上使用一个提示词。如在公有制经济与"公有制"之间的连线上写"基础"，表明两层次知识之间的关系。

（5）各分支形成一个连接的节点结构。如通过连接，将基本经济制度坚持的三个原因（生产力规律、生产力现状、三个有利于）用线联系起来。

最后形成的思维导图如图7-10所示。

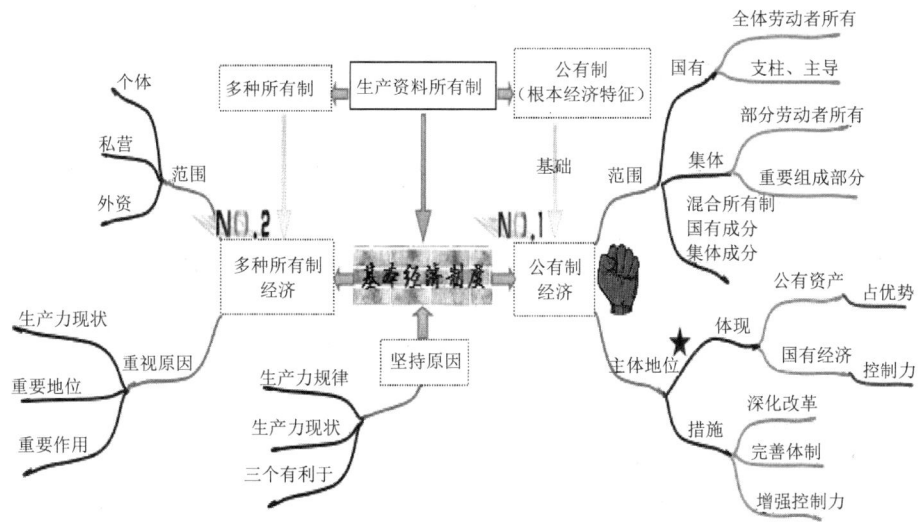

图7-10 我国基本经济制度思维导图

三、概念图与思维导图设计要求

概念图、思维导图能否促进学生的有效学习，其中一个最核心的因素是概念图、思维导图设计能否正确地表征知识、能否被有效地利用，这最终归结于概念图、思维导图是否得到有效设计。因此，概念图、思维导图制作的好坏直接影响到知识"可视化"呈现的效果，影响到学生学习的质量。设计时应注意以下几个方面：

（一）做好充分的准备工作

教师首先要认真钻研课程标准和教材，从宏观上将课程标准与每一本教材作为一个整体来分析，微观上将每一章、每一节作为一个整体来分析，弄清楚不同知识间的内在或外在逻辑联系，然后研究学生的认知水平和认识规律，确定适宜的教学目标，选定概念与中心内容。其次，教师引导学生学习概念图与思维导图的制作方式，使学生从了解到应用、从应用到形成概念与思维导图的核心思维模式，在形成核心思维模式的基础上，促进导图的无意识的高效运用。再次，教师要研究学生已有的认识水平和每个学生的实际学习状况。因为学生的学习是用认知结构中已有的图式来同化新的概念，研究学生的认知水平和学习能力能使概念图和思维导图设计有效促进学生原有图式不断重新建构。

(二) 概念图、思维导图设计应该科学、规范、美观

概念图、思维导图设计的科学规范包括：知识呈现、引用事实有根据；提出定义合情理；语言规范、排除歧义；概念内涵准确、外延确定；推论逻辑性强、正确无误。在这里要注意的是，概念图、思维导图的文字一定要用关键词，千万不要用句子，短句也不行。用句子会造成图形的凌乱，束缚思维的发散。

概念图、思维导图的设计，不仅要满足其内容上的要求，而且要注意形式上的美观、和谐统一。图示的每根线条都要经过缜密的思考，每个符号都要做出明确的示意，每个字、词都应言简意赅、通俗易懂，使学生一目了然，并能由此及彼、引起联想。

(三) 概念图与思维导图的设计必须抓住重点，突出重点

需要设计的概念图与思维导图的内容必须是教学的重点。教学重点是指教材中最基本的概念、原理和对后续知识起前提或关键作用的部分，是整个教学内容中最关键、最核心、最具有现实意义的内容。概念图与思维导图设计突出重点的方式很多，例如，思维导图设计应尽量多地使用图像，不仅中心主题中用图像，整个思维导图都要尽量多地采用图像。因为图像能够吸引注意力，可以触发无数的联想，并且是帮助记忆的一种极有效的方法。图像还能够使人感到愉悦。除了图像之外，还可以更多地使用颜色或者通过层次的变化以及间隔的设置、线条的粗细等方式，突出概念图与思维导图中的重点。箭头也能用于强调重点。箭头能够引导眼睛，可以将思维导图的一部分与另一部分用箭头连接起来，给学生指出明确的思维方向。

第二节　基于概念图、思维导图的导学模式设计

基于概念图、思维导图的导学模式设计是教师在研究课程标准、教材的基础上，设计基于以概念图、思维导图为载体的引领学生学习的导学模式。

一、基于概念图、思维导图的两种导学模式

基于概念图、思维导图的导学模式有两种设计模式：一种是教师展示型导学模式设计；一种是师生合作共建型导学模式设计。这两种模式可以用两个模式图来表示，如图7-11、图7-12所示。

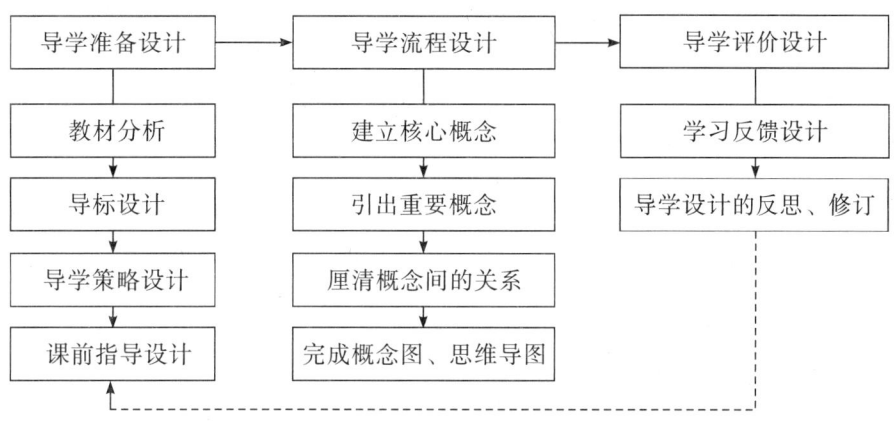

图7-11 教师展示型导学模式设计图

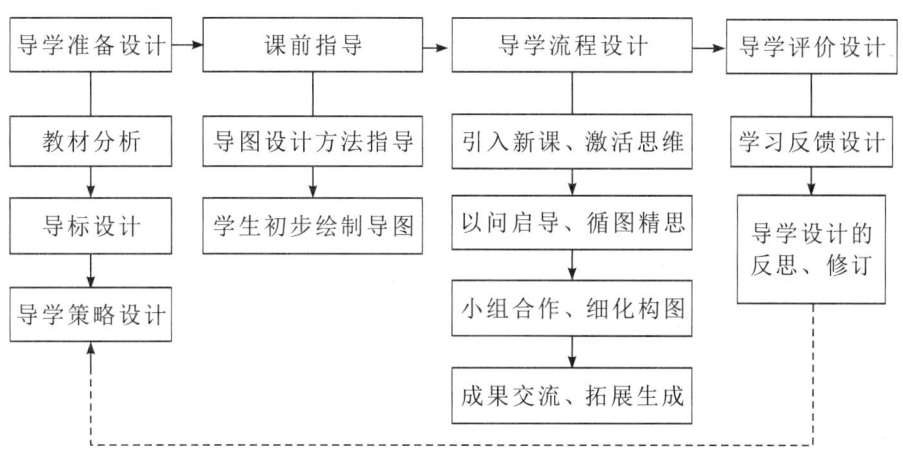

图7-12 师生合作共建型导学模式设计图

二、基于概念图、思维导图的导学模式设计流程

基于概念图、思维导图的导学模式设计流程，我们分别以教师展示型导学模式、师生合作共建型导学模式为例逐一介绍。

（一）基于思维导图的教师展示型导学模式设计流程

设计思路：教师以思维导图的形成原理——发散性思维过程为设计基础，借助思维导图展示。教师在黑板上逐步建立学习内容外显化的思维框架，利用案例或活动等载体进行导学，通过图像、关键词和颜色等不同信号刺激学生的思维，提高学生的学习兴趣和学习效果。

教师展示型导学模式设计一般包含以下基本环节：

1. 导学准备设计

导学准备设计包括教材分析、导学目标设计、导学策略设计和课前指导设计。

【案例分享】

"储蓄存款和商业银行"导学准备设计[①]

1. 教材分析

第六课"投资理财的选择"主要向学生介绍有关个人投资理财的不同方式。本框题重点是储蓄，包括储蓄存款和商业银行两个目题。第一目"便捷的投资——储蓄存款"比较贴近学生的生活实际，内容包括储蓄的含义、目的、分类、特点和利率等；第二目"我国的商业银行"自然承接上一目，介绍主要的储蓄机构——商业银行，并重点介绍商业银行的主要业务及其在国民经济中的作用。

就目前来说，学生参与储蓄的机会还比较少，对储蓄存款的认识不多，特别是一些专业术语。但是在生活的环境中可以见到银行，因此可以调动起他们的兴趣，有助于学习。

2. 学习重难点

重点：储蓄存款的分类，商业银行的主要业务。

难点：利率变动对我国经济的影响。

3. 导学目标设计

[①] 本节案例由华南师范大学政治与行政学院邝丽湛、研究生王琪提供。

根据课程标准2.4解析银行存贷行为,比较商业保险、债券、股票的异同,解释利润、利息、股息等回报形式,说明不同的投资行为,制定以下导学目标。

知识目标:运用思维导图帮助学生识记储蓄存款的含义、分类及特点,利息的计算方法,利率的含义,商业银行的含义及主要业务;理解商业银行的基本业务、在国民经济中的作用。

能力目标:指导学生用所学知识构建思维导图,运用所学知识为家庭投资提出建设性意见。

情感、态度与价值观目标:引导学生关注投资理财的重要性、储蓄存款的特点,提高参与经济生活的素养。

四、导学策略

导法采用思维导图导学法、问题法;学法采用自主探究、合作探究法。

五、课前指导

发放本课学习提纲,阅读教材,预习提纲;介绍思维导图学习法。

2. 导学过程设计

导学过程分四个环节:定核心→布重点→拉关系→成导图。

(1)定核心——建立核心概念。

教师提供学习支架,如文字案例素材、数字图表、漫画、视频等,激发学生学习的兴趣;根据学习支架围绕核心概念设计相应问题引导学生思考;点拨归纳导出核心概念并板书。

【案例分享】

"储蓄存款和商业银行"定核心设计

1. 展示图片支架(如图7-13、图7-14所示)

图7-13 钱罐子　　　　　　　图7-14 身边的银行

问题导思:同学们有过"储蓄"的经历吗?有没有去银行存过钱?

导学意图：通过展示生活中与储蓄有关的照片，调动起学生关于储蓄的记忆，激发学习兴趣。

2. 展示图片

展示图片《改革开放以来我国城乡居民人民币储蓄存款余额迅速增长》（如7－15所示）。

图 7－15

问题导思：为什么城乡居民的储蓄能不断地持续增长？人们为什么要把钱存入银行？

知识点拨：用关键词点拨，问题：①根本——经济发展。②储蓄的特点——稳定、相对安全。

导学意图：在学生课前预习基础上，加深理解，引导学生概括出本框题学习内容的核心概念。

图 7－16 导图支架第一步

3. 导出核心概念并板书（如图7－16）

（2）布重点——布局重要概念。

首先，解读核心概念。教师围绕核心概念进行学法指导，如用问题法引导学生思考这个核心概念的内涵、外延、意义、本质等。在此基础上，指导学生找出能够说明核心概念的重要概念。

【案例分享】

"储蓄存款和商业银行"布重点设计

1. 活动探究

展示图片《改革开放以来我国城乡居民人民币储蓄存款余额迅速增长》。

问题导思：①储蓄存款：谁去存？存什么？存哪儿？②人们为什么要储蓄？目的是什么？③为什么城乡居民的储蓄能持续增长？上述问题用思维导图来展示（如图7-17）。

知识点拨：①储蓄存款的含义。②储蓄的目的——多种，直接目的是获得利息。③根本原因——经济发展。

导学意图：在建立了生活层面的认知和建立核心概念后，学生在导图支架的引导下深入解析核心概念，拓展对概念的认识。

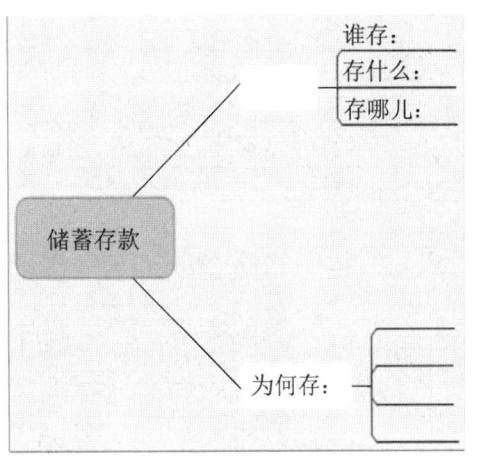

图7-17　导图支架第二步

整理学生答案，板书，如图7-18。

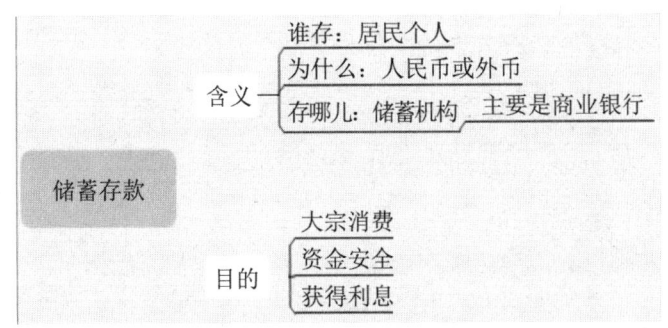

图7-18　导图支架第三步

2. 案例探究1

情景一：小王过年拿了2 000元压岁钱，想存起来。他家附近有中国农业发展银行、中国建设银行和农村信用社。这些银行有什么区别呢？在爸爸的建议下，小王选择去中国建设银行。

问题导思：①你常见的银行有哪些？②中国的银行体系包括哪些部分？③商业银行的含义是什么？

根据以上问题，设计导图支架，如图7-19。

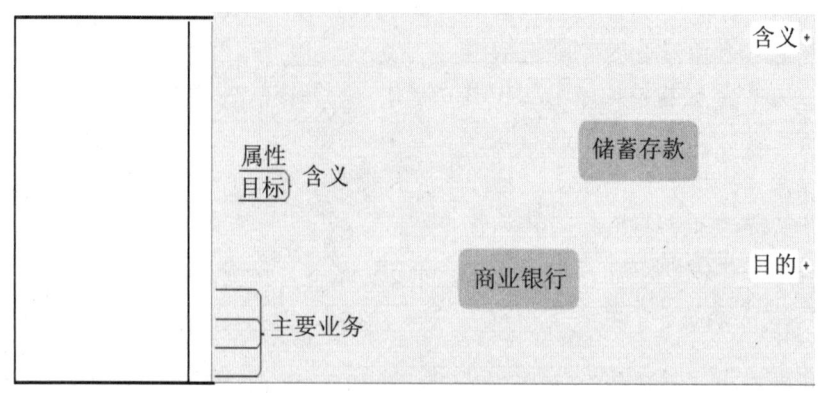

图7-19 导图支架第四步

知识点拨：

将学生对问题①的回答记录在副板书上，进行分类，可分出商业银行和非商业银行，例如中国人民银行、政策性银行，借此机会简要介绍中国银行体系，再写入主板书，如图7-20。

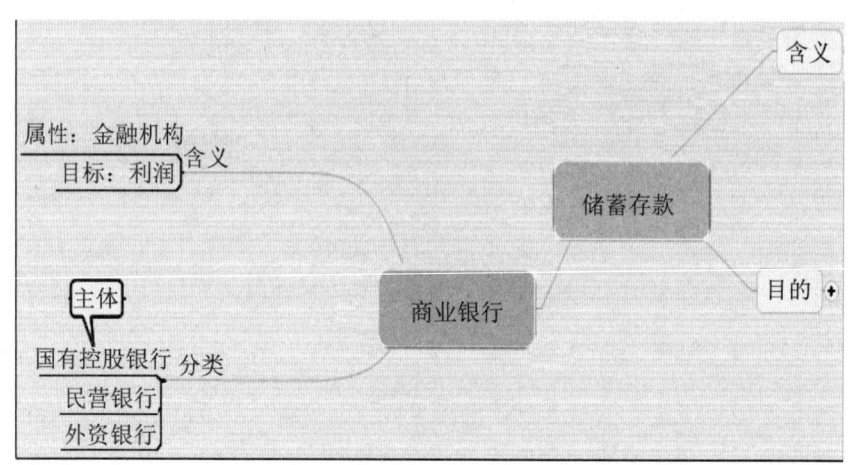

图7-20 导图支架第五步

问题②：中国人民银行（简称央行），监管机构（银监会），自律组织（中国银行业协会）及银行业金融机构（包括政策性银行、国有控股银行、中小商业银行和农村金融机构等。中国的商业银行中,国有控股银行是主体)。

问题③:商业银行是指经营吸收公众存款、发放贷款、办理结算等业务,并以利润为主要经营目标的金融机构。

情景二:小王带着身份证和户口本来到中国建设银行,他看见银行的存款利率屏幕上显示如下数据:

表 7-2

项目	年利率/%
一、城乡居民及单位存款	
(一)活期	0.35
(二)定期	
1. 整存整取	
三个月	2.85
半年	3.05
一年	3.25
二年	3.75
三年	4.25
五年	4.75
2. 零存整取、整存零取、存本取息	
一年	2.85
三年	2.90
五年	3.00
3. 定活两便	按一年以内定期整存整取同档次利率打6折执行

问题导思:①如何安排储蓄方案?请提出你的建议,说明原因。②如何计算利息?要考虑哪些因素?

将答案整理为导图支架,如图 7-21。

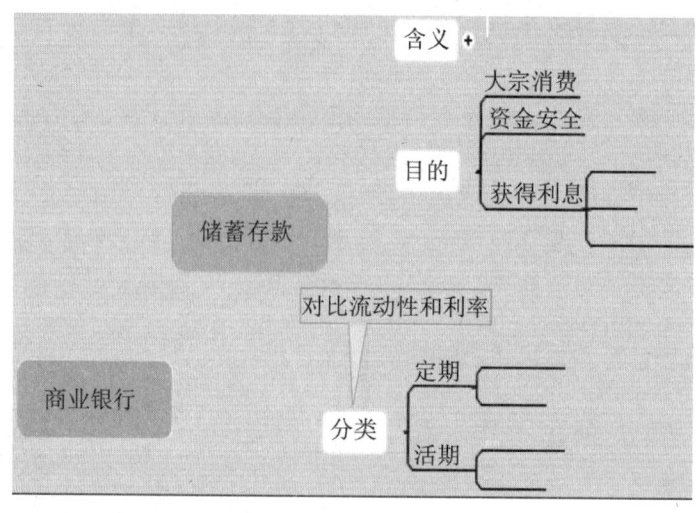

图 7-21　导图支架第六步

知识点拨：

问题①：目前中国储蓄分活期储蓄和定期储蓄两大类。活期储蓄流动性强，收益低。定期储蓄流动性弱，收益高，但是提前支取会损失利息。

问题②：存款利息 = 本金×利息率×存款期限。

将答案整理并板书到相应的位置，如图 7-22。

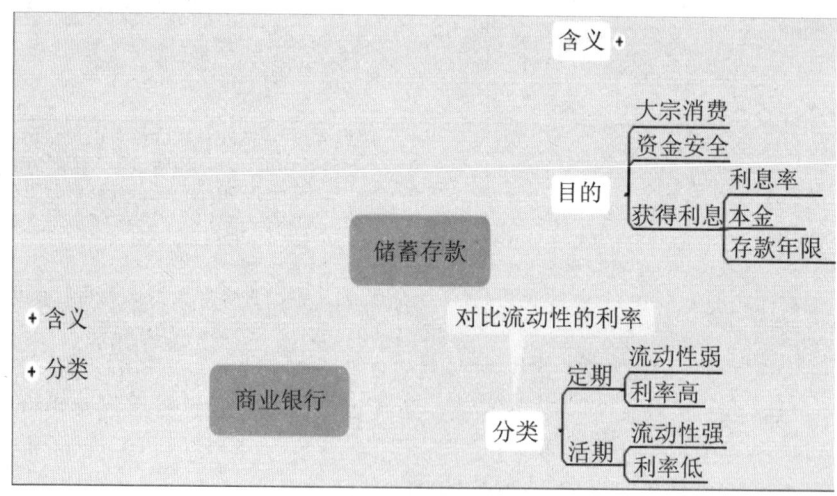

图 7-22　导图支架第七步

导学意图：在生活化的场景中，学生从自身经验出发回答问题。教师结合教学内容进行指导，让学生充分发挥自主性，经历"发散—整合"的思维过程，突出重点知识"储蓄存款的分类"。

3. 案例探究

活动：观看视频《五大行加入存款大战 存款利率一浮到顶》

视频梗概：自 2013 年 6 月余额宝上线之后，银行存款规模以日均千亿之级别迅速萎缩，继而导致信贷新增规模日益紧张。而余额宝却以每分钟 300 万元的速度净增长，这些资金绝大多数是从银行撤离的。据知情人士透露，为防止活期存款都搬家到余额宝，招商银行最先对资金转出到支付宝设置限额，随后工商银行、农业银行亦跟进。日前，五大国有银行已悉数加入存款利率上浮到顶的队伍，即在官方存款利率基础上浮 10%。互联网公司、支付平台、银行、基金公司均紧锣密鼓地推出各种名字带"宝"的货币基金产品。互联网货币基金的兴起加剧银行存款竞争，大型银行受存款搬家和贷款规模萎缩双重夹击，被迫绝地反击。

问题导思：①在视频材料中可以看出，商业银行有哪些业务？②为什么说"存款搬家和贷款规模萎缩"是双重夹击？③结合你的生活经验谈谈，商业银行在经济活动中的作用。

根据问题设计导图支架，如图 7-23。

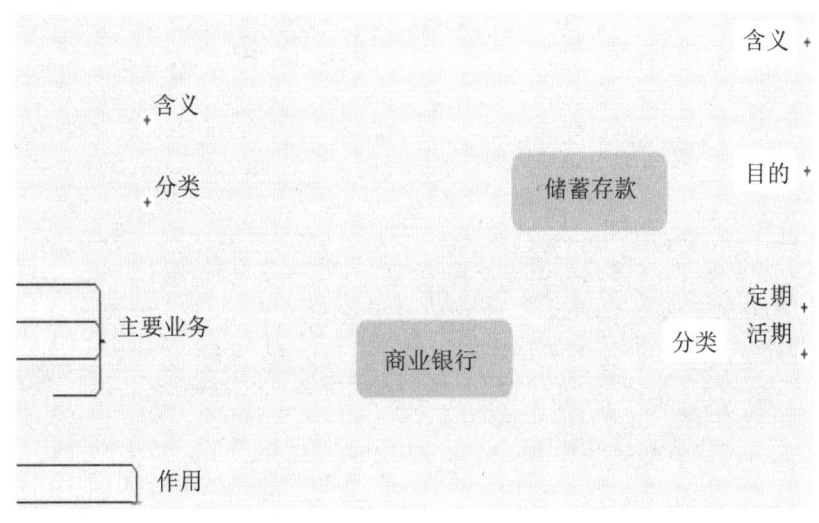

图 7-23 导图支架第八步

知识点拨：

问题①：从材料中可以看出商业银行有存款、贷款、代理基金产品等业务。（教师补充结算、提供债券、代理保险等业务）

问题②：存款业务是基础业务，没有存款就没有足够的资金开展其他业务。贷款业务是利润的主要来源。

问题③：商业银行有筹集和分配资金、反映经济市场动态等作用。

将答案整理后分别填入思维导图相应的位置，如图7-24。

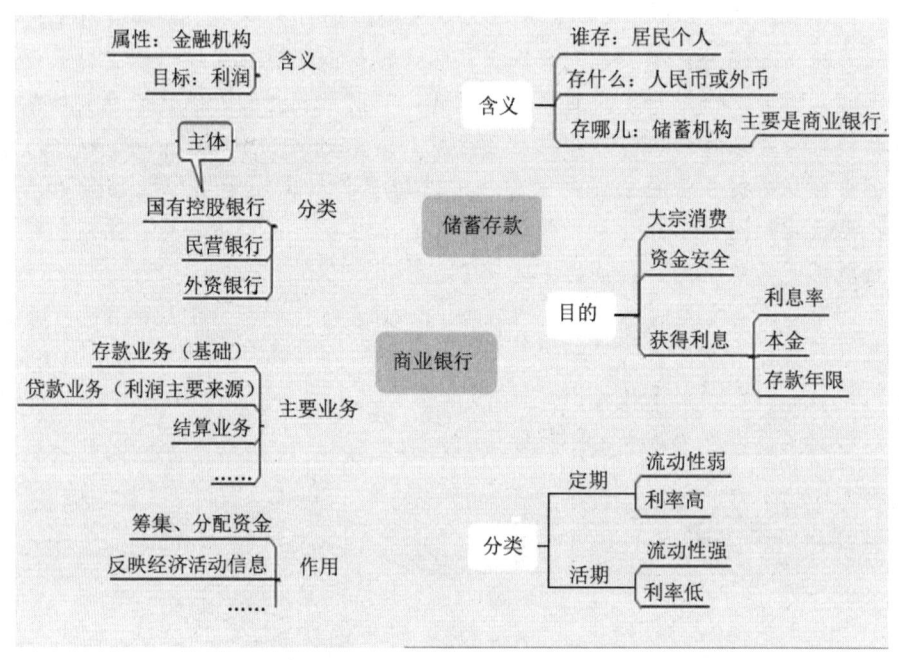

图7-24 导图支架第九步

导学意图：本案例是当下的经济热点，涉及的信息量较大。学生从材料中寻找学习的要点，在自主学习的过程中突出重点"商业银行的主要业务"，补充思维导图，有利于培养学生提取信息、分析经济活动的能力。

(3) 拉关系——厘清概念之间的联系。

首先，确定核心概念和重要概念之间的关系，用线条或箭头把它们连接起来；其次，确定重要概念与其下位概念的关系，同样用线条或箭头把它们连接起来形成一个连接的节点结构；最后，在每条线上使用一个提示词，表明两个层次知识之间的关系。

【案例分享】

"储蓄存款和商业银行"拉关系设计

名词点击：存款准备金率

内容：存款准备金是指金融机构为保证客户提取存款和资金清算需要而准备的在中央银行的存款。中央银行要求的存款准备金占其存款总额的比例就是存款准备金率。打比方说，如果存款准备金率为7%，就意味着金融机构每吸收100万元存款，要向央行缴存7万元的存款准备金，用于发放贷款的资金为93万元。

问题导思：①提高存款准备金率有什么影响？②在什么情况下需要提高存款准备金率？③结合上一个案例的材料，如果提高存款和贷款利率呢？

根据问题设计导图支架，如图7-25。

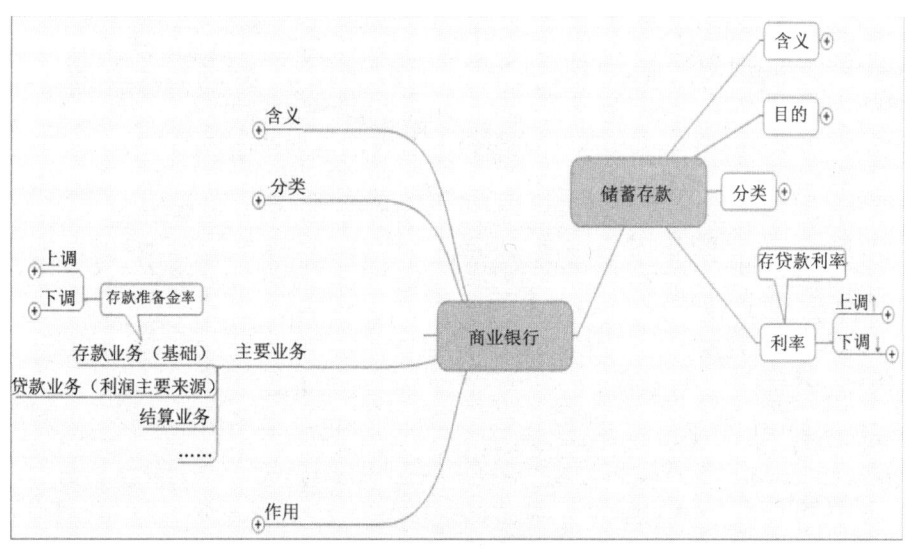

图7-25　导图支架第十步

知识点拨：存贷款利率和存款准备金率是调控国民经济的重要货币工具，也是本框题内容的暗线所在。储户将存款存入储蓄机构，直接目的是为了获得利息，利息的高低取决于利率。利率的高低影响了商业银行存款业务和贷款业务的开展，进而影响经济活动。

导学意图：利用"利率"这条线索整合核心概念"储蓄存款"和重要概念"商业银行"的分支内容的关系，促进学生连贯的思维。

(4) 成导图——完成思维导图展示。

在前三环节形成的思维导图基础上，鼓励学生自主思考知识点之间的联系，教师用虚线连接学生找出的知识内在联系，记录这个动态的思维过程，最终形成本课的思维导图。

【案例分享】

本课完成的思维导图，如图7-26。

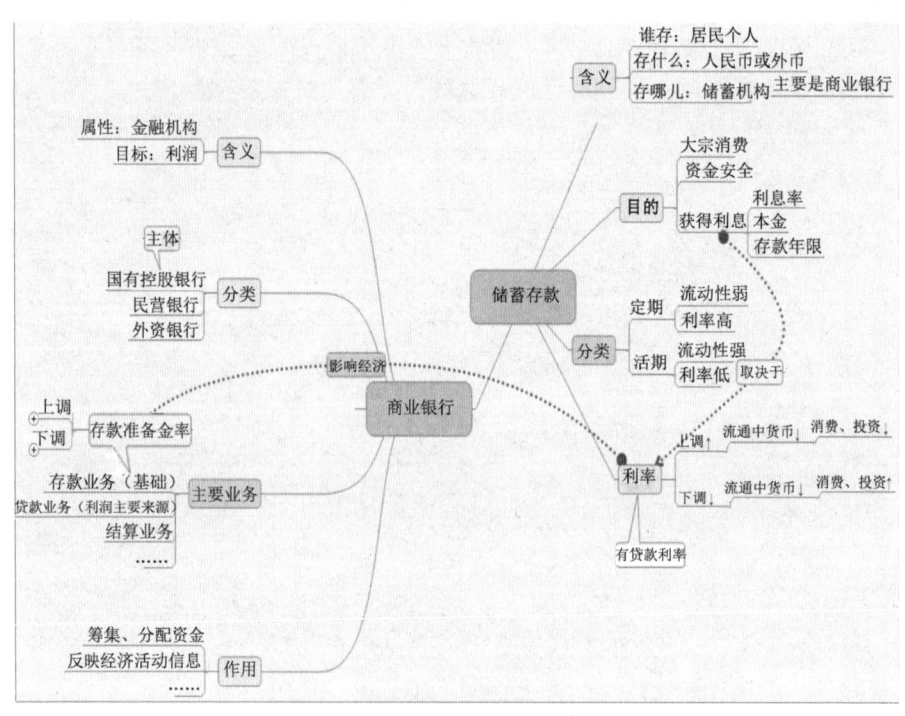

图7-26 导图支架第十一步

(二) 基于思维导图的师生合作共建型导学模式设计流程

设计思路：学生以思维导图为学习工具，教师指导学生构建思维导图，学生通过"课前初构→课中小组整合→课后完善"的过程用思维导图展示学习成果，教师通过"设置问题→组织小组合作学习→点评思维导图"的

过程引导学生将思维成果外显化，启发学生思维，提高学生的学习兴趣与合作学习的能力。

师生合作共建型导学模式设计一般包含以下基本环节：

1. 导学准备设计

导学准备设计包括教材分析、导标设计、导学策略设计和预习指导。

课前指导：课前指导学生了解思维导图的原理和绘制方法，向学生发放思维导图制作简介，提供与学习内容结合的例子，方便学生直观感受与学习。

【案例分享】

"征税和纳税"导学准备设计

1. 教材分析

本框题是"经济生活"第三单元第八课"财政与税收"中的第二框题"征税和纳税"。在教材体系上，它承接上一框题"国家财政"的内容，进一步研究了国家财富的分配问题，对税收这一国家财政收入主要来源进行深入解读。

本节课的核心概念是税收，围绕此核心概念展开的第一目是税收及其种类，主要介绍了税收的含义、基本特征及种类；第二目依法纳税是公民的基本义务，主要讲依法纳税的必要性及违反税法的几种行为。

学习重难点：重点是税收的含义和基本特征及关系；难点是增值税和个人所得税。

2. 导学目标分析

根据课程标准3.9分析个人所得税、增值税等重要税种；知道税收是财政收入的主要来源；理解依法纳税是公民的基本义务，制定以下导学目标。

知识目标：利用思维导图整理本课的知识体系，识记税收的含义和基本特征，理解增值税、个人所得税的含义，认识到依法纳税是公民的基本义务。

能力目标：在小组合作学习共同构建思维导图的过程中，解决与税收相关的困惑，培养发散与归纳的思维能力，提高分析和解决现实问题的能力。

情感、态度与价值观目标：关注税收的征管和使用，培养主人翁意识；树立依法纳税的观念。

3. 导学策略设计

导法：思维导图导学法、案例法、问题诱思法。

学法：自主学习、合作探究。

4. 预习指导

（1）发放本课学习提纲，介绍思维导图制作方法。

（2）课前准备：

①简介思维导图的原理及制作方法。（见第二节）

②布置学生尝试绘制本节课思维导图，要求在思维导图上标出有疑问或想深入学习的地方。

2. 导学过程设计

导学过程分四个环节：引入新课，激活思维→以问启导，循图精思→小组合作，细化构图→成果交流，拓展生成。

（1）引入新课，激活思维。

这一环节重在激趣。首先，教师展示与本节课学习内容相关的材料或者与学生生活相近的时政热点，激发学生学习的兴趣，引入新课，启动学生思维；其次，学生各自准备好课前所绘制的思维导图，作为课堂小组交流和笔记的蓝本。

（2）以问启导，循图精思。

这一环节重在设疑、梳理和突破。首先，教师将本节课的学习内容概括为几个主要的问题，包括与核心概念相关的主干内容；其次，启发学生思考知识的内在联系，梳理知识层次，以线条和关键词标注层次关系，学生根据教师问题的引导，在自己的思维导图上进行修改；最后，教师针对导学重难点内容，通过设置情境、展示案例或材料等方法，帮助学生更好地突破重难点。

（3）小组合作，细化构图。

这一环节重在答疑和合成。首先，学生在学习小组内进行讨论，分享各自的思维导图；其次，提出经过学习后尚未解决的困惑，小组成员相互解答；最后，由一个成员整合思维导图，汇集小组成员的想法，把尚未解决的困惑写在小组思维导图上。

（4）成果交流，拓展生成。

这一环节重在交流和总结。首先，小组代表上台展示本组的思维导图，介绍知识框架及提出未能解决的疑问；其次，由其他学生及教师进行点评和解答；再次，小组成员在听点评的过程中反思修正思维导图；最后，教师总结本节课的学习成果，布置学生课后重绘思维导图。

【案例分享】

"征税和纳税"导学过程设计

1. 引入新课，激活思维

（1）展示与税相关的图片素材《我们身边的税》（如图 7-27 所示）。

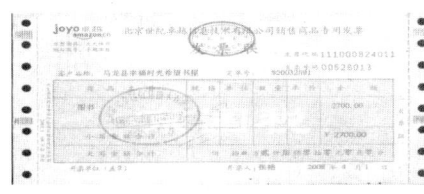

图 7-27　我们身边的税

问题导思：说说我们身边还有哪些与税相关的例子。

导学意图：展示生活中与税收相关的例子，引起学生的兴趣，通过提问调动学习和思考的积极性。

引出核心概念：税收。

（2）展示图片《赋税》（如图 7-28 所示）。

图 7-28　赋税

解释《赋税》的图片含义后归纳税收的三个特征，用关系图展示出来，如图 7-29。

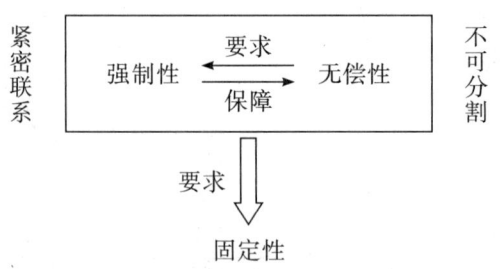

图 7-29　税收三个特征关系图

问题导思：国家为什么要收税？国家如何保证税收？税收有什么作用？你会用什么样的简笔画来表示税收？请补充在你的思维导图上。

导学意图：补充核心概念"税收"的外延，为下个环节的学习做好准备。

2. 以问启导，循图精思

（1）问题导思。

①本课围绕税收主要讲了哪几个问题？（找出主干：含义、基本特征、种类、依法纳税的重要性、违反税法的行为）

②这几个问题可以用什么关键词概括？（找出关键词，学生根据别人的回答对照自己的思维导图，思考知识间的联系，梳理知识层次，补充线条和关键词标注）

2. 案例探究。

探究一。（重点：税收的基本特征及关系）

燃油税的改革方案实施后，小王在给汽车加油时，发现汽油价格由原来的 5 元涨到了 6 元。加油站的工作人员解释说，每升 6 元的汽油价格中已经包含了 1 元的燃油税。小王则认为，汽油的钱我已经给了，凭什么还要多交 1 元，这不是剥削吗？

问题导思：①小王为什么有这种想法？他能不能拒绝交纳每升 1 元的燃油税？②1 元的燃油税能不能根据个人收入情况更改为 0.5 元或 2 元？③三个特征之间有什么关系？

知识点拨：①税收的强制性和无偿性。②税收的固定性。③无偿性要求必须有强制性，强制性是无偿性的保障；强制性、无偿性决定了必须具有固定性。（如图 7-27 所示）

导学意图：在建立了核心概念和基本主干框架的基础上，通过基于生活场景的案例进行探究,用课本的知识辅助思考解决问题,以更好地掌握重点知识。

探究二。(难点:个人所得税和增值税)

观看视频《五分钟看懂中国税收》。

视频梗概:介绍中国税收的种类及征收办法。

问题导思:①在视频中提到中国哪些具体税收项目?②阅读课本,了解一下五大类税收的特点与征收对象。③比较个人所得税和增值税,完成下列表格:

表 7 - 3

	增值税	个人所得税
所属税种		
征收对象		
纳税人		
税率		
意义或作用		

知识点拨:①五大类税包括流转税、所得税、资源税、财产税和行为税。②五大类税收的特点与征收对象详见课本第70页。

3. 小组合作,细化构图

内容:整合思维导图和小组成员的思维成果。

要求:以4人为一个学习小组,时间为13分钟,形成整合版思维导图。

组织:选出一个学生组织讨论,一个学生执笔绘图。

流程:

(1) 各人简要介绍自己的思维导图。

(2) 整合共同认可的知识框架,由一个学生画出来。

(3) 各人提出自己主要的困惑,尝试在组内讨论解决,未能解决的标注到思维导图上。

指导:教师深入各组了解绘图情况,进行交流和指导,为点评做好准备。

导学意图:激发学生在自主探究的基础上继续提出自己的想法,在小组内交流。激发学生在绘制思维导图的过程中加入创意。

学生在合作建图的基础上,完成本组的思维导图设计,如图7-30、图7-31。

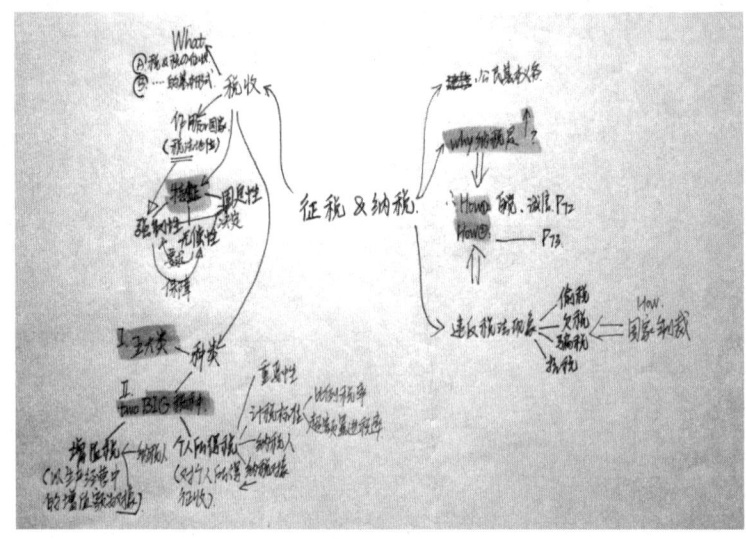

图 7-30 "征税与纳税"思维导图一

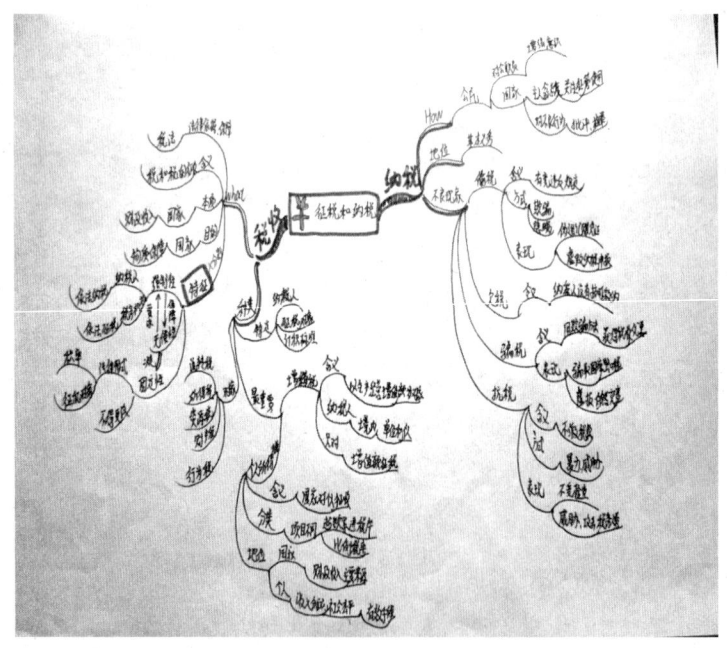

图 7-31 "征税与纳税"思维导图二

4. 成果交流，拓展生成

内容：学生展示本组思维导图，教师及其他同学点评。

要求：每人1分钟介绍展示，相同的内容不必重复，提出小组困惑的问题。

流程：

（1）简要介绍本组思维导图对本课知识的组织方式，突出特色。

（2）提出小组困惑的问题。

（3）老师和其他同学做点评。

指导：教师组织学生发言，共同探讨不同小组提出的困惑问题，最后做点评。

导学意图：加深学生对知识的理解，使知识得到迁移和发展，培养学生运用所学知识解决实际问题的能力。

三、基于概念图、思维导图的导学模式设计要求

基于概念图、思维导图的导学模式设计对教师能力具有较高的要求，因为运用概念图、思维导图导学要具备以下几个条件：

一是教师对概念图、思维导图有非常深刻的理解，对图式中的相关概念与概念之间的关系具有清晰的脉络。教师要具有较强的引导和展示能力，能够引导学生借助思维导图工具改变学习方式，建立核心思维模式，并能无意识地高效运用。

二是能够选择到合适的主题。一般地说，不是任何主题都适合运用概念图、思维导图进行教学，只有结构性、开放性的主题才适合运用概念图、思维导图进行教学。例如环境问题就是一个开放性的主题，设计概念图、思维导图可以把任何关于环境的概念都呈现出来，还可以将它与当前的热点问题联系起来，充分运用已有的知识与日常经验引导出各种具有建设性的解决方案。

三是教师要具有指导学生建构和使用概念图、思维导图的能力。概念图、思维导图是一种新型的学习工具，大多数学生对它的结构和功能都不是十分熟悉。概念图、思维导图的建构需要学生充分运用想象力和创造力，能够从不同的角度理解概念。学生在利用概念图、思维导图工具学习的过程中容易偏离主题，或者出现思维卡壳，需要教师适时引导、激发其想象力和创造力。

四是教师要具有对课堂纪律和时间进行有效控制和管理的能力。基于概念图、思维导图的教学是一种开放性教学，通常会出现一些生成性的问题，

如学生漫无目的地发挥想象、偏离主题等,很容易造成课堂松散。教师对整个教学过程的导学设计需要紧扣教学重点,对课堂纪律和教学时间进行有效调控,保证教学的有效进行。

根据以上条件,基于概念图、思维导图的导学模式设计有以下要求:

第一,要钻研课程标准和教材,认真分析学生的认知水平和学习策略,选择恰当的辅助导学方法。教师钻研课程标准和教材,应从宏观上把课程标准与教材作为一个整体来分析,从微观上将每一课、每一节作为一个整体来分析,弄清楚知识与知识、知识间的内在或外在逻辑联系;分析学生的认知水平,研究学生已有的思维模式以及如何利用学生认知结构中已有的图式同化新的知识,不断更新原有图式;研究与概念图、思维导图相匹配的导学方法,围绕重难点知识所在的节点,选择恰当的辅助导学方法,例如案例法、问题法、合作探究法,最大限度发挥概念图、思维导图的功能。

第二,导学过程设计要突出重点。教学重点是指教材中最基本的概念、原理和对后续知识起前提或关键作用的部分,是整个教学内容中最关键的、最核心的、最具有现实意义的部分。在思维导图设计中必须强调重点,对教学内容也是采用抓大放小的方法进行处理。大容量的教学内容往往采用跨框、跨课,有时甚至需要跨单元来构建一个完整的思维导图。突出重点的方式很多,首先就是要尽量多地使用图像,不仅中心主题中用图像,在整个思维导图中都要尽量多地采用图像。因为图像能够吸引注意力,可以触发无数的联想,是帮助记忆的一种极有效的方法。除了图像之外,还可以更多地使用颜色或者通过层次的变化以及间隔的设置、线条的粗细等方式,突出概念图与思维导图中的重点。

第三,不同课型的概念图、思维导图导学指引设计要清晰。新授课导学要指引学生利用思维导图进行预习,以小组合作的形式,画出充满个性的思维导图,对教材内容进行整体感知。在预习的基础上,指导学生从不同的角度运用思维导图总结教材内容,更深地理解教材深层结构,创设如结构式、主题式、解题式、线索式、关键词式等思维导图。设计利用思维导图工具引导学生写研究性课题的教学模式,让学生在协作交流中完成学习的全部环节;设计教师扮演指导者、评价者和学生的求助者的角色,使教师和学生处于平等的地位。

第四,要注重过程、形式与内容的结合。基于概念图、思维导图的导学模式在应用过程中,会有一些学生不愿意运用。这不是"思维导图"本身有问题,而是教师引导有问题,教师急于让学生成图,结果加大学生负担，适得其反。教师必须根据教学内容对思维导图的导学做深入的思考，考虑如何将思维导图与学科特色和学生个人情况相结合。运用概念图、思维导图导学模式的教学是以学生为中心的开放性课堂教学，课堂会怎样生成有时教师也难以预料。因此，教师要由以前的"备知识为主"改为"备学生为主"，随时准备解决学生出现的各种"突发事件"，这对教师也是一个极大的挑战。

第五，加强对课前预习环节导学设计的力度。学生课前预习对课堂效果影响较大。基于概念图、思维导图导学模式的顺利实施有赖于学生课前的充分预习，特别是师生合作共建型导学模式的运用，预绘环节显得尤其重要。学生需要在课前先预习，初步绘制思维导图，才能在上课时参与讨论，进行小组交流。这有点"翻转课堂"的意味，学生课下自学，教师课上点拨指导。如果学生课前预习不充分，甚至是没预习，那课堂上就无法与教师和其他同学进行互动，甚至连课堂教学都无法顺利进行，时间和安排空置。

四、基于概念图、思维导图的导学模式设计的若干思考

（一）导学支架：构建高效的知识网络

学生、教材、教师是学习过程三大基本构成要素。其中，教材处于中间作为桥梁。教材是根据新课程标准和学科教育实际，系统反映教学内容的专门材料，是考试命题、能力考查的基本依据，由此构成教学内容的导学支架。基于概念图、思维导图的导学模式设计应该注重教材分析，包括知识结构创建、新旧知识关联构建、重难点突破，明确知识之间的联系是"一节课是一个整体，一门学科是一个整体"，建立系统完整的知识框架。基于概念图、思维导图进行导学模式设计，会促进教师形成整体的观念和在头脑中创造全景图，通过对教学内容的整体把握，帮助学生构建知识网络。基于概念图，思维导学的导学模式设计基本处理方式是：重难点在课堂充分讨论，次要知识穿针引线，易懂知识指导自学；通过在黑板上写下关键词，画成概念图、思维导图，加上不同的颜色，使学生加深理解、留下深刻印象。

（二）学习者主体：探索共同设计参与的路径

基于概念图、思维导图导学模式设计方案能否成功实施取决于学习活动的过程变量：教师和学生。教师和学生在学习活动中彼此支持，共同促进，形成实质的共同学习互动关系。基于概念图、思维导图导学模式设计是把教

师放在和学生平等的位置参与学生的学习，成为学生学习的促进者、组织者、指导者；把学生放在知识主动建构者和探索者的位置，把学习看作是教师和学生之间的共同探索与交流。因此，基于概念图、思维导图导学模式设计的关键是能否让学生参与设计过程。因为，学生参与概念图、思维导图设计既是学习者"集体"意识的体现，也是师生互动的一个环节。学生通过师生合作设计与教师形成共同的教学过程预期，有利于发挥学生在课堂调控过程中的潜在控制者角色作用。在现有条件下，在不增加学生过多课业负担的情况下采用师生合作共建型导学模式可以使学生学会"如何学习"和"如何思维"，有利于提高学生的学习能力与思维能力。如使用思维导图来"画"笔记，更可以使学生思绪任意驰骋，联想方法扩展到极致，不容易漏掉任何一个与关键点有关联的要素，尤其是采用关键词和色彩及图形，能够充分刺激大脑，提高记忆力。

（三）学习共同体："导"与"学"共同成长

所谓学习共同体，是由共享着知识、价值和目标的学习者组成的社会性学习组织形式，学生共同体能营造出相互学习的文化。[①] 教学是教与学双主体互动的过程。"学"与"教"的关系，首先是互相独立的关系，其次才是彼此依存的关系。"学"是发生在学习者身上的相对持久的变化；"教"是精心安排的外部条件或环境，用以支持、激发、促进和引导学习者学习过程的顺利展开和学习结果的有效达成。"学"是内部过程，"教"是外部条件。外部条件要通过内部因素才能发挥作用，内部条件的变化也离不开外部条件的促进支持。我们不能简单地说两个方面哪一个更重要，哪一个居首位。实际上，正是内外部条件一致协调、动态平衡，才真正促进学习者的发展。基于概念图、思维导图导学模式设计应该考虑师生"学习共同体"的培育。这个学习共同体培育包括师生关系、学法指导、小组素质拓展等。要创设基于问题解决的情境思维导图教学，把学习设置到复杂的、有意义的问题情境中，通过让学习者合作解决问题来学习隐含于问题背后的科学知识，形成解决问题的技能以及形成自主学习的能力。基于概念图、思维导图的导学模式设计应更多地表现为一种对话关系设计，即知识是在教学双方对问题的探讨中不断生成的。教师作为学习背景材料的提供者、情境的创设者和对话教学的引导者，使学生在共同学习中分享经验、体验成功、开阔视野。

---

① 裴新宁. 面对学习者的教学设计 [M]. 北京：教育科学出版社，2005：189.

（四）过程意识：整合"学习"与"发现"

过程是表征某一学科的探究过程和探究方法；结论是表征该学科的探究结果。过程和结论是相互依存、相互作用、相互转化的。学科的概念、原理和体系只有与学科的探究过程、探究方法结合起来，才能使学习者的思维过程和精神世界获得真正的发展和提升。基于概念图、思维导图的导学模式设计应使教师从对概念、规律、结论的解释和阐发中解放出来，注重引导学生在探究学习的过程中主动建构意义、加深体验，把学习过程与发现问题结合起来；以学生的现实生活和社会实践为基础挖掘课程资源，增强学生解决实际问题的成就体验。

（五）知识建构：学习不断走向生成

知识是不断生成的、从已知向未知探究的结果。学习有着开放性、探索性和实践性的特点。学习的内容不是特定的知识体系，而是来源于自然、社会和生活。学习是由问题为此端，问题涉及的范围很广泛，可能是某学科的，也可能突破学科的界限；可以侧重理论，也可以偏重于实践。问题的提出不拘一格，问题的解决也是"八仙过海"。基于概念图、思维导图导学模式设计应设计引导学生提出问题、分析问题与解决问题的路径，帮助学生掌握正确有效的学习方法和学习策略，能够更快更有效地阅读和整理信息，并在整理和绘制思维导图的过程中，通过关键词和核心内容的查找加强对所学知识的理解，并将所学内容进一步地加以深化。

第八章
中学政治学科基于微课的导学模式设计

本章概要

◎微课是依托网络信息技术,精选教学核心要点和环节而设计开发,融合学习资源、交互情境于一体的简短教学活动。微课有以下特征:①以促"学"为目的;②以某一知识点或环节为内容;③以教学微视频为形式。

◎基于微课的导学模式是在现代教学理论和信息技术支持下,基于课程标准教材要求,以微课作为学生自主学习载体,教师引导促进学生实现个性化自主学习的导学模式。

◎基于微课的导学模式设计是在现代教学理论引领下,借助信息技术的支持,设计基于课程标准、教材要求,基于微课载体的促进学生实现自主学习的活动策划。设计环节主要包括微课设计、课外自主学习设计与课堂导学活动策划设计三个部分。

第一节 微课设计

一、微课

美国新墨西哥州圣胡安学院教学设计师戴维·彭罗斯于 2008 年首创"微课堂",正式提出微课概念。作为一种现代化的教学形式,微课将教学内容浓缩为精简的小视频,帮助学生从辅导班、教辅书中解脱出来,成为对传统教学方式变革的新尝试。随着"可汗学院""凤凰微课""慕课"等热词的兴起,这种深度融合了现代教学理念和信息技术的自助式学习视频成为国际教育界关注的焦点。

(一)微课的定义

学界关于微课的定义众说纷纭。一种看法是认为微课是网络视频。即以阐述某一知识点为目标，以短小精悍的在线视频为表现形式，以学习或教学应用为目的的在线教学视频。① 另一种看法是把微课看成教学活动。即以视频为主要载体，记录教师围绕某个知识点或教学环节开展的简短、完整的教学活动。② 也有人认为微课是指为学生自主学习达到最佳效果，经过精心的信息化设计，以流媒体形式展示的围绕某个知识点或教学环节展开的简短完整的教学活动。③ 上述定义虽然各自从不同角度对微课做出界定，表述亦有差异。但通过这些定义，我们也可以寻到关于微课的一些本质特征：

（1）从内容上看，微课围绕教学的核心内容（知识重难点、核心概念、基本原理、教学环节等）而开展。

（2）从形式上看，微课具有教学时间短（5~10分钟）、教学内容少、资源类型丰富、网络空间占用的特点。

（3）从制作过程来看，网络与信息技术是微课形成的硬件支持。

根据微课的本质特征，我们可以给中学政治学科微课下定义：中学政治学科微课是指以引导学生自主学习为目的、围绕某个核心概念或原理以流媒体形式展示的简短完整的教学活动。

【视野拓展】

微课的"十大特征"④

微课只讲授一两个知识点，没有复杂的课程体系，也没有众多的教学目标与教学对象，看似没有系统性和全面性，许多人称之为"碎片化"。但是微课是针对特定的目标人群、传递特定的知识内容的，一个微课自身仍需要系统性，一组微课所表达的知识仍然需要全面性。微课的特征有：

（1）主持人讲授性。主持人可以出镜，也可以话外音。

（2）流媒体播放性。可以以视频、动画等形式基于网络流媒体播放。

（3）教学时间较短。5~10分钟为宜，最少的仅1~2分钟，最长不宜超过20分钟。

（4）教学内容较少。突出某个学科知识点或技能点。

---

① 焦建利．微课及其应用和影响［J］．中小学信息技术，2013（4）：13．
② 中国高校微课研究报告［EB/OL］．http：//weike．enetedu．com/report/news/pdf_0009．html．
③ 张一春．微课建设研究与思考［J］．中国教育网络，2013（10）：28．
④ 微博：小"微课"，大"世界"——揭秘"微课"建设内核的10个问题［N］．中国远程教育，2014-04-17．

(5) 资源容量较小。适于基于移动设备的移动学习。
(6) 精致教学设计。完全的、精心的信息化教学设计。
(7) 经典示范案例。真实的、具体的、典型案例化的教与学情景。
(8) 自主学习为主。供学习者自主学习的课程,是一对一的学习。
(9) 制作简便实用。多种途径和设备制作,以实用为宗旨。
(10) 配套相关材料。需要配套相关的练习、资源及评价方法。

(二) 微课、微课程、微型课程比较

微课、微课程、微型课程三个概念非常接近。三者均是基于微型教育理念而提出的。但从三者各自的内涵和本质上看,它们是有所区别的。

微课程一般是"时间在十分钟以内,有明确教学目标,内容短小,集中说明一个问题的小课程"①。即是微课设计、课件、练习测试等微型资源以一定的结构关系和呈现方式的综合体。或者说,是以微视频为核心并以相关微型资源作为辅助而构成的相对独立和完整的系统。微课程也可以由若干微课组合而成。

微型课程本质上是由学校自主研发的小型课程;是由班级任课教师根据学生具体需要带领学生开发的持续时间从半小时到半天不等的小型校本课程;② 是基于学校资源、教师能力和学生兴趣,以主体模块组织起来的相对独立与完整的小规模课程。③ 简言之,微型课程是适用于学校教育的课程形态。

三者在时间、学习方式、材料呈现上的差异,如表8-1所示。

表 8-1 微课、微课程、微型课程三者比较④

比较	微课	微课程	微型课程
时间限制	5~10 分钟	10 分钟左右	1~2 小时,持续一段时间
学习方式	非正式学习和正式学习	正式学习或非正式学习	正式学习
材料呈现	视频为主,文本为辅助	音频、视频及相关微型资源同时在线发布、分享和展示	以文本为主,以视频和音频为辅助

---

① 黎加厚. 微课的定义和发展 [J]. 中小学信息技术, 2013 (4): 10-12.
② 曾文婕. 微型课程:校本课程开发的新方向 [J]. 教育科学研究, 2009 (2): 49.
③ 田秋华. 微型课程及其开发策略 [J]. 课程·教材·教法, 2009 (5): 3-4.
④ 唐军,李金钊. 中小学微课程研究综述 [J]. 上海教育科研, 2013 (9): 56.

（三）微课、教学案例、教学课件比较

微课是以视频为主要载体，记录教师围绕某个知识点或教学环节开展的简短、完整的教学活动。

教学案例是指含有问题或疑难情境在内的真实发生的典型性事件。通常是对已经发生过的典型事件的记述。

教学课件是指根据教学目标和教学的需要，经过严格的教学设计，并以多种媒体的表现方式和超文本结构制作而成的课程软件。

从三者的定义看，微课既有别于传统单一资源类型的教学课例、教学课件，但又是在其基础上继承和发展起来的一种新型教学资源。

（四）微课的功能

微课是移动互联网时代背景下一种碎片化的学习新资源，是学生自主获取知识、提升自我的一个有效途径。随着移动互联网的快速发展，微课已经成为学校学习的有效补充，受到越来越多教师和学生的欢迎。微课作为适宜学习的新媒体，其强大功能将随着移动互联网的普及而使移动学习进一步发展。微课的功能表现在：

1. 数字化

微课作为一段视频，是用数字化手段将教师的教学内容记录下来。数字化的最大好处是可以替代教师上课，学生可以在任何时间、任何地点反复观看。

2. 短小精悍

微课的作用是"解惑"而非"授业"。微课以短视频（5分钟左右）讲解一个碎片化的知识点、考点或作业题、模拟题，主要是用于课前深度预习和课后辅导，也可以用于课堂教学。当代学习是快节奏学习，学生课程多、疑问多，如果微课时间过长，学生就没有那么多时间看完他想看的微课。

3. 适合个性化学习

微课讲究"精"与"微"，突出重点、难点、疑点，以最短的时间用最有效的方式讲明关键问题。所以，微课适合学生进行个性化的深度学习。学生在做作业前、考试前可以到网上精确搜索自己不懂的知识点、考点或题目，通过观看微课，在短时间内让自己的疑惑得到解答。没有掌握某一知识点的学生，可以通过课后微课学习进而掌握知识点，已经掌握某一知识点的学生，同样可以通过课后微课学习使知识点得以巩固。

4. 有利于教师专业成长

对于教师来说，制作微课就是一个微研究的过程。教师在教学中把发现

问题、分析问题、解决问题的过程制成微课，大大提高了教学效率。微课非常简单实用，能够解决教师教学最关心、最棘手的问题。微课制作过程是教师教学反思的过程，教师在微课制作中通过不断地反思自己教学而得到成长。微课因互联网和移动设备而便于传播，使相同地域、相同学段、相同教学环境的教师间可以相互交流教学经验和教学方法。例如：通过QQ群，微课的交流使教师形成个性化的网络学习共同体。

【视野拓展】

为何需要微课？——知识获取的"四个特性"①

我们从来没有离开过微课，从科普频道的知识讲解到生活频道的点点滴滴，从科学知识到生活常识，我们身边有太多关于微课的优秀案例。我们在知识获取时有四个特性：

（1）知识获取的直接性。我们生活在一个知识暴涨的快节奏的时代，尽管我们努力学习，但赶不上知识增长的速度。我们希望像比利时罗汉大学校园雕塑一样，把知识方便地直接灌进脑子。因此我们在学习时，希望摒弃冗长的铺垫，挤去虚无啰唆的水分，直接获得知识。

（2）知识获取的需要性。学校的课程，对学习者现在或将来都有着或多或少的帮助，但在功利性比较重的今天，学习者希望利用有限的时间首先学习最需要的知识。

（3）知识获取的便捷性。学生最大的困难就是遇到问题没有人能解答。因此，随时能得到帮助与解惑是学习者最大的快乐，这成为微课产生的一个重要原因。

（4）知识获取的有效性。我们希望学习所花的时间和付出的努力能够获得收益和回报，微课正是能在短时间内使学习者获得某方面的知识或技能，形成有效学习。

二、微课设计步骤

微课设计是指使学习者自主学习获得最佳效果，对某个知识点或教学环节做精心的信息化教学设计。微课设计的类型按教学内容来分主要包含知识点或概念讲解、技能训练、过程演示、微探究或微练习、微游戏等五种类型

---

① 微博：小"微课"，大"世界"——揭秘"微课"建设内核的10个问题［N］. 中国远程教育，2014－04－17.

的设计。

微课设计没有一个统一的模式与格式，但从微课包含的内容来说，微课设计基本涉及以下步骤：

（一）选题设计

一节微课能否设计得好、教学效果是否佳，选题设计非常重要。选题设计包括知识点或教学环节的选择以及对所选择的内容进行科学的分析和处理。考虑到微课时间和容量上的限制，选点必须要小而准。中学政治学科微课设计选点主要有两类：一为教学点，如知识点（重难点）、基本观点（原理）、某一考点；二为个性化学习点，如时事热点、学生感兴趣的问题和学生疑惑的内容等也可以作为微课的选题。一般地说，知识点尽量选择热门考点，教学的重点、难点，且选题要小，能够10分钟内讲解透彻。选好点后，要对所选择的内容进行科学的分析和处理。

（二）课型设计

微课的课型主要有以下几种：

（1）讲授类。适用于教师运用口头语言向学生传授知识。这是最常见、最主要的一种微课课型。

（2）问答类。适用于教师按一定的教学要求向学生提出问题，要求学生回答，并通过问答的形式来引导学生获取或巩固检查知识的一种微课课型。

（3）导思类。适用于教师在教学过程中根据教学任务和学习的客观规律，启发引导学生思维的一种微课课型。

（4）讨论类。适用于在教师指导下，由全班或小组围绕某一种中心问题，通过发表各自意见和看法，共同研讨，相互启发，集思广益的一种微课课型。

（5）演示类。适用于教师在课堂教学时，通过现代教学手段做示范性展示，使学生通过实际观察获得感性知识的一种微课课型。

（6）解题类。适用于教师对某种题型解题方法指导，使学生借以形成解题技能、技巧的一种微课课型。

（7）表演类。适用于在教师引导下，学生对教学内容进行戏剧化的模仿表演和再现的一种微课课型。

（8）建构类。适用于知识体系建构的一种微课课型。

每个微课设计之前，要根据所要讲解的知识点选择适当的微课类型。合适的课型有助于提高微课堂的效果。

（三）过程设计

完整的微课过程主要包括课题切入、知识精讲、小结延伸三个环节。

（1）课题切入力求方法、途径新颖，迅速，关联紧凑。以下几种切题方式都是有效的切题方式：①设置一个题目引入课题；②从以前的基本内容引入课题；③从生活现象、实际问题引入课题；④开门见山进入课题；⑤设置一个疑问、悬念等进入课题。

（2）知识精讲注重条理，把握核心主干知识，素材处理生活化，举例力求精简，论证力求充分。讲授思路尽可能是一条线索，在这条线索上突出重点内容。在讲授重点内容时如需罗列论据。罗列论据必须做到精而简，力求论据的充分、准确，不会引发新的疑问。在设计微课时要注意巧妙启发、积极引导，力争在有限的时间内圆满完成微课所规定的教学任务。

（3）小结延伸是整个微课的"点睛"部分，应做到提纲挈领，把握核心，简明扼要，力求使学生对微课学习有总体的印象和把握，同时通过小作业、课后学习提示等为学生预留一定的思考空间。

（四）资源设计

微课以视频化的方式呈现微型学习资源。微资源包括微型课件、学生学习活动任务单、素材、多媒体素材、习题等，形成主题式电子资源集合。这些资源通过整合、优化构建支持学生学习的微环境。资源设计力求结构严谨、主题突出、类型丰富，将资源渗透在教学视频主线当中。

（五）媒体设计

微课媒体设计主要包括微视频、微课课件、脚本、动画与图片合成等系列呈现形式的序列式组合和构想。选用何种媒体，如何结合具体内容需要将各种媒体进行搭配和组合。各种媒体出现的时间设置、文字与视频画面如何配合、是否需要通过网络平台进行发布等，需要设计者进行预先设想。

【视野拓展】

表 8-2　微课设计模板①

录制时间为 5~10 分钟

微课名称					
知识点描述					
知识点来源	年级：	教材：	章节：	页码：	
预备知识					
设计思路					
微课过程					
课题导入	内容	资源呈现	声音（脚本）		时间
知识精讲					
习题演练					
小结延伸					
自我反思与优化					

微视频是微课最主要的呈现方式。随着微课软件的不断开发与信息化技术的发展，目前微课制作打破专业团队打造的局限，基本实现人人皆能制作。如可以采用课堂拍摄（实录）、录屏式微课（教师结合 PPT 播放进行讲解，录屏软件录下电脑屏幕，教师形象可以选择出现或不出现）、软件合成（音频、视频、PPT 等资源交互剪辑和重组）等。② 后期处理包括视频编辑加工、字幕脚本撰写与合成等。目前有专门的快捷微课制作硬件和软件供制作者选择，如数码相机拍摄、DV 摄像、录屏软件（Camtasia Studio、Cyberlink YouCam、可汗学院视频制作、手写板、麦克风、画图工具、Windows 自带绘图工具模式）。

【视野拓展】

录屏软件使用步骤③

（1）针对所选定的教学主题，搜集教学材料和媒体素材，制作 PPT 课件。

---

① 黄建军，郭绍青. 微课程设计与开发［J］. 现代教育技术，2013（5）：34.

② 胡铁生，黄明燕，李民. 我国微课发展的三个阶段及其启示［J］. 远程教育杂志，2013（4）：40.

③ 中国微课大赛官方网站［EB/OL］. http://dasai.cnweike.cn/? c = main&a = make&from = dasai.

（2）在电脑屏幕上同时打开视频录像软件和教学 PPT，执教者戴好耳麦，调整好话筒的位置和音量，并调整好 PPT 界面和录屏界面的位置后，单击"录制桌面"按钮，开始录制。执教者一边演示一边讲解，可以配合标记工具或其他多媒体软件或素材，尽量使教学过程生动有趣。

（3）对录制完成后的教学视频进行必要的处理和美化。

发布应用是制作微课的最终目的，设计者可以通过 QQ 群、微信等通信技术或网络资源共享平台进行共享，供教师与学生研讨和学习。

三、微课设计原则

微课适用于学生课外或课内的自主学习。由于微课缺乏真实情景互动，相对于传统课堂，学生在网络上的注意力集中程度较低。从而，微课设计在精简程度、吸引力、技术处理等方面提出特殊的要求。微课设计应坚持以下原则：

（一）精简性原则

微课视频短小精悍，方便学生课内或课外自主学习，因此在课题选择、内容选取、素材开发上应遵循精练、简短原则，以期提高微课实效性，争取在最短的时间内让学生学会最关键、核心的内容，切忌为追求简短将传统课堂内容进行简单压缩处理。

（二）趣味性原则

微课学习建立在学生自主学习的基础上，学习的控制权在于学生。微课是否具有吸引力和趣味性是学生能否积极投入学习的关键。因此，在微课设计中不仅要关注讲解内容的条理性和精准度，更要关注如何激发学生自主学习动机，坚持完成微课学习过程。贯彻趣味性原则，应灵活运用教学方式，设置道德两难等认知冲突情境，增加言语风格的幽默感。

（三）可观性原则

一个美观、优质的微课可重复利用，反复播放并通过网络平台进行分享，产生更为广泛的教育传播效应，从而实现微课价值最大化。可观性原则要求设计者具备一定的微课设计实施艺术和制作技术，从内容与形式设计上，把握好语言艺术、教学策略运用、素材处理与呈现方式等方面的技巧，使微课富有内涵，展示教师个人言语智慧和教学魅力；从制作角度而言，微课应侧重界面友好，交互性强，音质清晰，资源丰富，字幕呈现合理，符合视觉驻留规律和受众认知心理特点，实现形式与内容的融合，使微课富有观赏性和审美情趣。

（四）创新性原则

在微课的设计中，一定要有自己独特的亮点。这个亮点，可以是深入浅出的讲授，可以是细致入微的剖析，可以是激情四溢的朗诵，可以是精妙完美的课堂结构，也可以是准确生动的教学语言等。设计的独特亮点就是创新。微课教学有了自己独特的创新，才能提升微课设计的水准，提高学生的学习效果和学习的积极性。

【案例分享】

"如何实现收入分配公平"微课设计[①]

表8-3

授课教师姓名	邹加林	学科	思想政治		
微课名称	收入分配与社会公平	视频长度	10分钟	录制时间	2014-06-20
知识点来源	学科：思想政治　高一年级第三单元第七课　教材版本：人教版				
知识点描述	教学难点：如何实现收入分配公平。 （1）了解我国收入分配的具体表现和存在问题； （2）如何实现合理的收入分配； （3）理解我国收入分配政策				
预备知识	听本微课之前需了解的知识： （1）关于国家收入分配政策的基本认知； （2）对收入差距现象的日常经验体会				
教学类型	讲练结合型				
适用对象	高一年级				
设计思路	通过漫画感知收入分配差距表现；通过情境探究如何解决收入差距问题；结合图表数据深化我国收入分配现况认识，提出解决方案				
导学过程					

---

① 本案例由广州市第六中学邹加林提供。

续上表

	内容	时间
片头	漫画呈现:《今日话题》 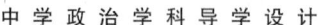 导语:针对漫画中存在的现象,本节微课重点探讨"如何实现公平收入分配"。　　(第1张PPT)	10秒以内
正文讲解	环节一:展示目标(第2张PPT) 目标1:了解我国收入分配的具体表现和存在问题; 目标2:如何实现合理的收入分配; 目标3:理解我国收入分配政策。	20秒
正文讲解	环节二:教师导学 (1)自主探究活动:收入分配问题的具体体现(第3张PPT) 2013年某民营企业劳动生产率不断提高,企业营业收入增长了,老板税后利润增长很多,但是普通工人的工资增长非常慢,工人积极性低,企业效率逐渐下降。既有分配方案如下:[元/(月/人)] |	普通员工	科技人员	经理
---	---	---	---
既有分配方案	2 000	5 000	13 000 | 呈现探究问题:①既有分配方案存在什么问题?②以月薪计算,老板拿出2万元作为员工工资,请分别以普通员工、科技人员和经理的角色为该民营企业重新制订分配方案并说明理由。	350秒

续上表

	内 容	时间
正文讲解	（2）整体概述收入分配问题的具体体现，初步得出实现收入分配的方法。该企业未能兼顾公司发展与员工待遇的关系，员工感觉不公平。简言之，即收入分配没有处理好效率和公平的关系。（第4张PPT） （3）由企业推及国家，说明我国收入分配公平的措施。 呈现数据：我国2009—2013年基尼系数逐年上涨、GDP指数、税收收入、居民收入曲线图。 呈现思考问题：请归纳图表反映的信息，尝试找出并分点叙述图表所反映我国收入分配存在的问题。 （4）根据图表，概述我国收入分配问题（居民收入占国民收入比重较低，收入差距较大）。（第5~7张PPT） （5）结合图表，小结我国收入分配调节政策及措施。（第8~9张PPT）	350秒
	环节三：自主检测（第10~13张PPT） （1）出示有关练习题，学生自主完成。 （2）互动式练习，通过过关方式，让学生挑战练习，挑战成功才能进入下一个学习环节	150秒
结尾	环节四：微课总结延伸 （1）回顾本节课知识。（第14~15张PPT） ①收入分配初感悟：企业分配方案→为什么要实现收入分配？ ②收入分配再升华：国家收入分配万象→国家如何实现合理的收入分配？ （2）呈现课外资源链接。（第16张PPT） 聚焦中国收入分配改革之路：http://money.163.com/special/srfpggfa/.	70秒
自我反思	（1）采用了探究活动与图表相结合的技术，激发学生主动探索兴趣，增加视频可读性； （2）让学生体验闯关练习，激发其学习动力和热情	

第二节 基于微课的导学模式设计

【视野拓展】

翻转课堂

荷兰某中学的课堂上,学生们正在上物理课。教师一上来就宣布了本节要讲的新内容:放射性原理。可他并没有开始按课本内容讲,而是直接问大家:"同学们有没有什么问题?"课堂上有学生举手,教师听取并解答了问题,之后他布置了一个小练习,大家开始分组动手做实验,之后是分析实验结果及讨论。放学了,彼得回到家,在院子里打开笔记本电脑。过几天有一个小测验要准备一下,他怎么却逛起视频网站来了?不一会儿,物理老师的面孔出现在屏幕上,背景是他家的花园,强烈的阳光让他的眼睛眯了起来,他把镜头稍稍挪了一个位置,不紧不慢地张了口:"这是物理阶段测验准备练习的第二部分……"

这不是电影中的场景,而是全球流行的"翻转式教学"。顾名思义,"翻转式教学"是一场课堂教学的革命。今天,微课的出现,使"翻转式教学"成为可能。

一、基于微课的导学模式

基于微课的导学模式是在现代教学理论和信息技术支持下,教师以微课为载体,引导学生实现个性化自主学习的导学模式。具有中学政治学科特色的微课导学模式是教师选择中学政治学科重要概念、原理设计成微课,用微课作为学习载体帮助学生学习前置知识(掌握概念、基本原理和政治学科学习方法等)、课堂共同讨论。分享学习成果、课后深化学习与理解的一种导学模式。基于微课的导学模式本质是用信息技术手段促进以"教"为中心的课堂向以"学"为中心的学堂转化,实现课堂"翻转"。基于微课的导学模式有以下特点:

(1)视频自学,突破传统课堂时空界限。微课视频具有便携式特征,学生课前可通过移动客户端、互联网等进行预先学习,学习不再仅限于教室。学生在上学乘车途中、家里可以实时实地开展自主学习。视频播放具有暂停、倒退、重播等功能,便于学生自主安排学习进度,把知识传递内容移至课外,从而节省教师课堂讲授时间,增加课堂讨论时间,使知识深化、自主学习成果展示、疑难解惑等环节都能在课内完成,从而优化了课堂时间的安排。基于微课的导学模式是探索如何实现有效课堂、高效课堂的新尝试。

(2)学导结合,颠覆传统课堂教学结构。基于微课的导学模式实现"先教后学"向"学导结合"的转变。学生可以根据自己的认知特点课前在线观看微课视频,并自主安排观看视频的速度和进程;课堂上学生在教师的指导下展示学习成果、互动讨论交流,教师根据学习情况精讲和点拨解惑,提升学习的质量;课后学生根据学习任务进行强化训练。这种"学导结合"的教学结构的转变,体现学生个体的学习自主性和学习过程的自觉参与,提高了课堂生生互动、师生交流的频度和效度。传统教学模式与基于微课导学模式的比较如图8-1所示。

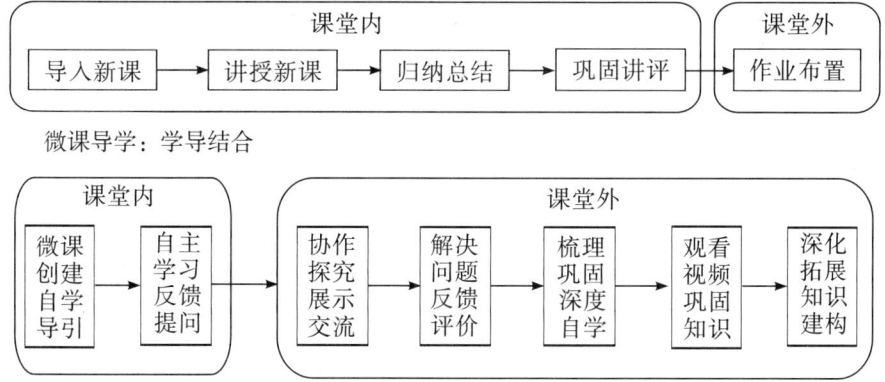

图8-1 传统教学模式与基于微课导学模式比较

(3)支持引导,转变传统课堂教师角色。在微课导学模式下,教师由传统知识传授者角色转变为微课设计开发者、学习资源提供者、课堂教学引领者,以及学生自主学习、个性发展的协助者。

(4)改变教学要素的功能。传统教学模式与基于微课导学模式要素对比如表8-4所示。

表8-4　传统教学模式与微课导学模式要素对比①

	传统教学模式	微课导学模式
教师	知识传授者、课堂管理者	学习引领者、资源提供者
学生	被动信息接收方	主动研究者
教学方式	课堂讲解+课后作业	课前微课学习+课堂导学
知识内容	知识讲解传播	问题探究
技术用途	内容展示辅助	自主学习、交流讨论的工具

【视野拓展】

翻转课堂的定义

关于翻转课堂的定义，学界有不同的看法。有学者认为翻转课堂首先由教师创建教学视频，学生在课外观看，然后回到课堂中进行师生、生生间面对面分享交流学习成果，以实现教学目的的教学形态。② 也有学者有不同的看法，认为翻转课堂是在信息化环境中，课程教师以提供教学视频为主要形式的学习资源，学生在上课前完成对教学视频等学习资源的观看和学习，师生在课堂上一起完成作业答疑、写作探究和互动交流等活动的新型教学模式。③ 不管翻转课堂如何定义，其均主张先学后教，课堂时间用于深度学习，学生自主学习，认为课堂面对面的充分互动是翻转课堂最好的价值体现。

二、基于微课的导学模式设计流程

基于微课的导学模式设计是在现代教学理论引领和信息技术支持下，教师以微课为载体，引导学生实现个性化自主学习的活动策划。基于微课的导学模式设计流程包括课前自主学习活动设计、课堂导学活动设计与课后自主学习活动设计三个环节，如图8-2所示。

---

① 刘震，曹泽熙. 翻转课堂教学模式在思想政治理论课上的实践与思考［J］. 现代教育技术，2013（8）：17.

② 刘荣. 翻转课堂：学与教的革命［J］. 基础教育课程，2012（12）：28.

③ 钟晓流，宋述强，焦丽珍. 信息化环境中基于翻转课堂理念的教学设计研究［J］. 开放教育研究，2013（10）：60.

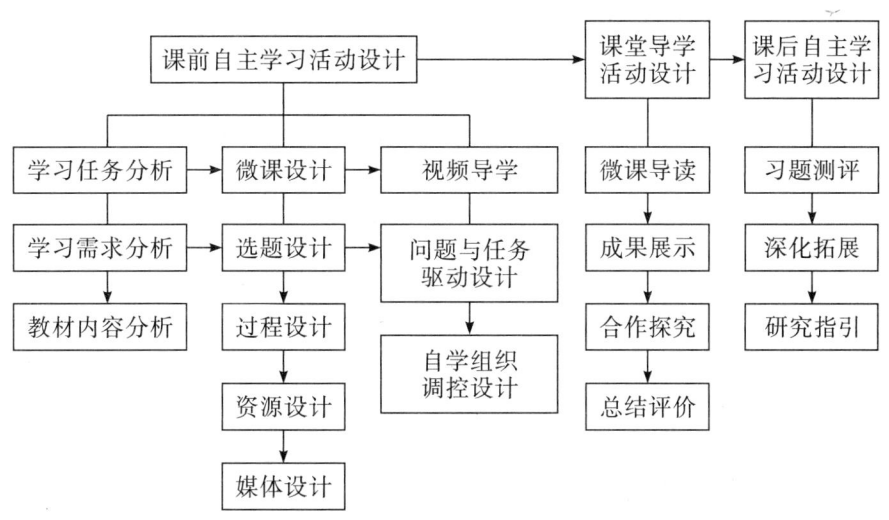

图 8-2 基于微课的导学模式设计流程

总体而言,基于微课的导学模式设计的基本特征是:"导"以"微课"为载体,围绕"任务和问题"而"导",给予学生自主学习、成果展示、讨论思考的空间,突出了教师对活动的调控、指导和引领。

(一) 课前自主学习活动设计

课前自主学习活动设计包括学习任务分析、微课设计、视频导学三个组成部分。学习任务分析是导学活动的起点。教师根据学生学习需求,结合教材内容设计导学目标,考虑应该选择哪些知识点作为微课内容,制定导学过程的总体规划。微课是导学开展的辅助工具。微课设计应精选讲点(案例、例题、现象等);设计习题、辅助理解材料等以形成学习资源包,为学生课前自主学习构建学习资源环境。

课前自主学习活动在课外进行,受学生个体自主调控能力、学习意志力的影响。其效果因人而异。所以,微课设计要设计学习任务、设置问题驱动学生自主学习,设计引导学生通过观看微课、自学检测、疑难问题反馈三个环节引导学生自主学习。

【案例分享】
"收入分配与社会公平"课前自主学习活动设计①

一、任务分析

1. 课程内容的表现标准

表 8-5

情感态度与价值观	知识
积极参加实践,体验和坚信社会主义分配制度优越性的信念,培养公平精神	理解公平、效率及收入分配公平的含义
	了解我国实现收入分配公平的举措
	辩证看待公平与效率的关系
	结合我国经济和社会生活的现实,探究如何实现合理收入分配

2. 导学重难点

重点:收入分配公平的体现。

难点:如何实现收入分配公平。

二、微课设计(见本章第一节"案例分享")

三、视频导学

1. 自学流程

教材预习—观看视频—完成效果自测—记录疑惑

2. 学习任务

探究主题:如何实现合理的收入分配。

目标1:完成PPT 3~4,了解收入分配的具体表现。

目标2:完成PPT 5~7,感知我国收入分配存在问题。

目标3:完成PPT 7~9,理解我国收入分配政策。

3. 学习方法建议

根据微课资源所演示的内容,跟随问题引导主动思考并完成自测,通过拓展资源阅读提出疑惑,课堂展示学习成果。

课堂讨论预告:

(1)展示个人站在经理、普通员工、科技人员立场上关于企业收入分配方案,向小组成员说明原因。

---

① 本节案例由广州市第六中学邹加林提供。

(2) 探究我国居民收入、财政收入、GDP、基尼系数图表。
(3) 呈现个人对课前学习存在的疑惑。

(二) 课堂导学活动设计

基于微课导学模式的亮点在于缩短课堂讲授时间，为课堂展示、讨论、合作探究预留空间。课堂导学活动设计是该模式实施的关键。课堂导学活动设计是继课前观看微课视频、完成自主学习任务后在课堂上开展的成果展示、研讨与知识运用的设计，承载学生知识理解与深化的重要任务。基于微课的课堂导学活动设计一般包括微课导读、成果展示、合作探究、总结评价四个主要部分的设计。微课导读是师生对微课内容进行简要回顾，明确相关概念，建立话语共识，导入新课。成果展示是教师组织学生以小组为单位展示学习成果，反馈疑难问题。合作探究是教师结合反馈情况和课前设置相关探究问题（主题）组织学生合作探究和交流，解决自学存在的疑难，促进知识运用。总结评价是教师结合讨论情况和导学目标对学生的知识点拨与思维提升，促进学生不断生成新知。

【案例分享】

"收入分配与社会公平"课堂导学活动设计

表 8-6

导学环节	内容	教师导学	学生活动	备注（预设、意图）
微课导读	含义：公平、效率、初次分配、再分配	点拨：重点理解初次分配与再次分配的区别	部分学生复述。课堂笔记	理解基本概念，建立话语共识。反馈自学概念效果
展示交流	导学目标：如何实现收入分配公平？效率与公平的辩证关系？如何实现合理的收入分配？	(1) 展示导学目标。(2) 组织讨论。规则说明：以小组为单位，笔记速度快的组员负责记录讨论过程，而后进行观点展示。提示①：经理、员工、科技人员制定分配方案的出发点。	(1) 微课探究：展示个人站在经理、员工、科技人员立场上关于企业收入分配方案，向小组成员说明原因。(2) 微课探究：我国居民收入、财政收入、GDP、基尼系数图表，反馈信息。(3) 展示个人对课前学习存在的疑惑。	学生角色体验，体悟效率与公平的存在的冲突。预设：员工、经理、科技人员各有说法，都有道理，何以调和？

续上表

导学环节	内容	教师导学	学生活动	备注（预设、意图）
展示交流		提示②：图表不同的曲线（居民收入、财政收入、GDP、基尼系数）之间存在什么关系	（4）阅读学习材料和收入分配时政报道	
合作探究	主题讨论： （1）如何实现收入分配公平？ 情境回归：十八大报告关于实现收入分配的措施的表述	设问1：为什么出现僵局？ 设问2：如何打破员工、经理、科技人员分配僵局？ 追问①：企业内部收入差距过大，员工不满，如何处理？ 追问②：结合图表反映的我国基尼系数偏高，收入差距偏大的问题，如何解决？ 提示：十八大报告关于收入分配公平实现的说法和举措	（1）合作交流，小组代表发言。 （2）师生归纳讨论结果： 实现收入分配公平的措施： ①（制度保证）分配制度；②（增收入）提高两个比重，实现两个同步；③（再分配）再分配更加注重公平	（1）案例讨论，学生由关注企业内部收入不公现象的讨论逐步深化对国家实现收入分配公平，乃至国家如何实现合理收入分配（兼顾效率和公平）的认识。 （2）锻炼信息读图能力，学生由企业推及国家，理解国家收入分配公平举措的来龙去脉。 （3）利用课前学习资源，由感性图表信息认识上升为理性认识
	（2）如何做到合理的收入分配？	设问3：在收入分配公平举措下，员工、经理、科技人员分配的关系暂时缓和，如何做到既能鼓励科技人员及员工争先创优，又能实现企业蒸蒸日上？ 提示：兼顾效率和公平的关系。 记录学生发言，归纳措施	合作交流，小组代表发言	引导学生既能通过分配方案制订感受效率和公平的对立面，同时尝试寻求二者的调和。培养辩证看待分析问题的能力

续上表

导学环节	内容	教师导学	学生活动	备注（预设、意图）
总结评价	（1）自主学习、堂上合作活动评价。 （2）知识导图构建	（1）教师评价。 （2）引导学生进行知识导图构建	（1）组内互评。 （2）归纳整合要点，做好相关知识笔记记录	
板书设计	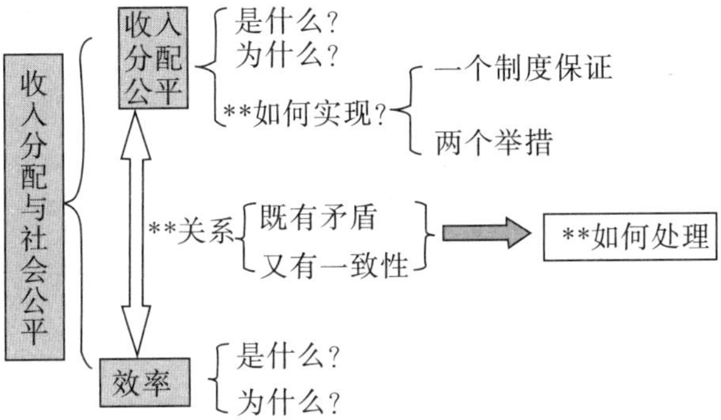 收入分配与社会公平 收入分配公平｛是什么？为什么？**如何实现？｛一个制度保证　两个举措 **关系｛既有矛盾　又有一致性 → **如何处理 效率｛是什么？为什么？			

图 8-3

（三）课后自主学习活动设计

课后自主学习活动是学生对所学内容进行巩固、反思与深化的过程。课后自主学习活动设计一般包括习题测评、深化拓展、研究指引三个环节。习题测评是指教师设计有针对性的练习，提示学生对学习内容进行复习和巩固，整理学习笔记，梳理学习要点脉络，归纳和总结，设计习题检验学习效果。深化拓展是教师通过布置开放性作业，如小论文、时评小文章、微型课题研究等形式鼓励学生针对学习内容兴趣点和疑惑点，搜集相关资料进行研究式的深化学习。研究指引是教师结合学生研究内容适时提供指引（如课题选题方向、研究方法指导、研究过程跟进等），为学生个性化学习及时提供辅助和支持，实现班级教学向个别化辅导的转变。

【案例分享】

"收入分配与社会公平"课后自主活动设计

表8-7

导学环节	导学内容
习题测评	1. 关于社会公平问题的正确理解是（　　） A. 社会成员的收入要平均 B. 要充分保护生产要素所有者的收益权 C. 使社会成员的收入差距控制在合理的范围内 D. 消除社会成员之间的利益冲突 2. 亚当·斯密在《道德情操论》中指出："如果一个社会的经济发展成果不能真正分流到大众手中，那么它在道义上将是不得人心的，而且是有风险的，因为它注定要威胁社会稳定。"这一论述表明（　　） ①经济发展要兼顾效率与公平 ②公平是提高效率的保证 ③要做到社会成员的平均分配 ④效率是公平的物质前提 A. ①②　　B. ①④　　C. ②④　　D. ②③
深化拓展	西方经济学收入分配经典理论导读 http://www.360doc.com/content/06/0509/10/2311_112578.shtml
研究指引	选择感兴趣的话题，拟写小论文： （1）从党的文献（2004年以来）看收入分配制度的历史沿革。 （2）中国收入分配问题之我见（对于即将出台的广东收入分配方案，你怎么看？） （3）西方经济学家如何看待收入分配？

三、基于微课的导学模式设计要求

信息化时代来临，人们获取信息的方式和学习途径趋于多元。微课和翻转课堂在全球范围内的兴起标志着现代教育的自主学习、移动学习浪潮已然掀起。基于微课的导学模式设计是通过延伸课外预习时间，将部分学习内容转移至课下从而提升课堂时间的有效利用，增强师生的交互性，为传统课堂讨论时间不足、教学内容讲不完等难题提供缓解途径。教师在进行基于微课的导学模式设计时，应注意以下方面：

（一）注重学法设计，提高学生自主学习能力

基于微课的导学模式设计需要教师对自身教学理念进行深刻变革，也要

求学生学习观念转变并形成自主学习的思维和能力技巧。"有效的自主学习活动往往带有任务性质，无形中会增加学习者的压力，考验学生的自我调适自控能力和学习意志力。"① 面临新的学习环境，学生需要学会如何利用微课进行自主学习，学会如何调控自己的学习进程、如何发现问题并进行有效提问以及学会如何自行或合作解决问题等。学生的需要要求导学设计要注重学法设计。如微课界面设置应该有必要的操作步骤和学法提示，自主学习活动设计要有意识地渗透学法指导，课堂导学过程要注重过程调控、问题解决思路引领，课后个人或小组深化学习要有方法指导等。总之，要将学法渗透在微课导学设计的整个过程当中，融入导学活动的每一处细节。授之以渔，使学生掌握必备的学习方法，具备一定的自主学习能力。

（二）着眼学习需求，促进个性化成长

学生是基于微课导学模式的主体。学情分析是基于微课的导学模式设计的出发点，学生认知能力达到何种程度？对哪些知识有能力自行学习？何为重点难点？何种微课形式及素材更富成效，更能保持学生长久的注意力？了解这些问题是基于微课导学模式设计的必要准备。做好这些准备就要求教师课前进行充足的学情调查和分析，了解学生的认知风格、学习特点、学力层次，增强设计的针对性和有效性。重视学生的学习需求重在"导"的设计，教师可充分发挥组织者、支持者、引导者角色，创设任务式、主题式、问题式、富有启发意义的研讨情境，为学生思考提供条件；还要尊重学生主体学习成长需要，设计涵盖教材知识、材料背景新颖别致、具备一定思维量和开放性的高质量习题、作业，调动学生后续学习研究的动力。

（三）提升专业素养，强化导学活动实效性

基于微课导学模式设计对教师信息技术素养和专业能力提出更高要求。传统课堂是基于师生活动的真实情境，教师可以对学生的注意力和学习进行实时调控。在微课导学模式里，学生停驻于微课的时间和注意力教师是难以调控的，而且学生的学习效果也参差不齐。教师必须努力提升自己的信息技术素养和专业能力，尽可能创设出良好学习环境和微课的视觉效果，比如，如何通过几分钟的视频将重点、难点突破？如何引领学生深入有效地开展讨论，不断生成有价值的认识？这些问题需要集体备课，合作设计，实时分享，共同研讨。设计系列化、主题化的微课教学资源库，是强化导学活动实效性，也是未来基于微课的导学模式设计的新趋向。

---

① 李海龙，邓敏杰，梁存良. 基于任务的翻转课堂教学模式设计与应用 [J]. 现代教育技术，2013（9）：47.

结　语

　　"教"向"导"的转变,是教学设计发展前进的开端而非终点。因此,"导"是真正实现"把课堂归还学生"愿景的手段而非终极目标。叶圣陶先生认为教是为了不教。在当下中学政治学科课程改革终身下,让学生在学习过程中养成自愿、自主、自觉的学习习惯,形成一种终身学习能力,是"导学设计"自身发展前进的动力,也是未来教学对我们的要求。

参 考 文 献

著作类

[1] 凯洛夫. 教育学 [M]. 陈侠，等译. 北京：人民教育出版社，1957.

[2] 李秉德. 教学论 [M]. 北京：人民教育出版社，1990.

[3] 中国大百科全书：教育卷 [Z]. 北京：中国大百科全书出版社，1985.

[4] 联合国教科文组织国际教育发展委员会. 学会生存 [M]. 北京：教育科学出版社，1996.

[5] 教育部. 基础教育课程改革纲要 [Z]. 2001-06-08.

[6] 钟启泉，等. 基础教育课程改革纲要（试行）解读 [M]. 上海：华东师范大学出版社，2001.

[7] 中央教育科学研究所. 叶圣陶语文教育论集：下册 [M]. 北京：教育科学出版社，1980.

[8] 邝丽湛. 思想政治学科教学设计 [M]. 广州：广东高等教育出版社，1999.

[9] 任顺元. 导学论：实践新课程的指导理论 [M]. 杭州：浙江大学出版社，2003.

[10] 刘家勋. 现代教育技术 [M]. 沈阳：辽宁师范大学出版社，1995.

[11] 麦曦. 教学设计的理论和方法 [M]. 广州：新世纪出版社，1996.

[12] 胡淑珍. 教学技能 [M]. 长沙：湖南师范大学出版社，1996.

[13] 董奇. 心理与教育研究方法 [M]. 广州：广东教育出版社，1992.

[14] 胡田庚. 新理念思想政治（品德）教学论 [M]. 北京：北京大学出版社，2009.

[15] 胡兴松. 思想政治课教学艺术论 [M]：广州：广东教育出版

社，2000.

[16] 邹绍清. 思想政治课教学技术［M］. 北京：中央文献出版社，2010.

[17] 齐配芳，等. 高中思想政治课程实施与案例分析［M］. 桂林：广西师范大学出版社，2007.

[18] 刘强. 思想政治学科教学新论［M］. 北京：高等教育出版社，2003.

[19] 教育部. 普通高中思想政治课程标准（试行）［S］. 北京：人民教育出版社，2011.

[20] 教育部. 全日制义务教育思想品德课程标准（试行）［S］. 北京：人民教育出版社，2011.

[21] 乌美娜. 教学设计［M］. 北京：高等教育出版社，1994.

[22] 加涅 R M，等. 教学设计原理［M］. 上海：华东师范大学出版社，2007.

[23] 朱光明，蓝维. 中学政治教育学［M］. 北京：首都师范大学出版社，2000.

[24] 张海晨，李炳亭. 高效课堂导学案设计［M］. 济南：山东文艺出版社，2010.

[25] 钟启泉，张华. 世界课程改革趋势研究［M］. 北京：北京师范大学出版社，2001.

[26] 裴新宁. 面向学习者的教学设计［M］. 北京：教育科学出版社，2005.

[27] 赖格卢斯. 教学设计的理论与模型教学理论的新范式［M］. 裴新宁，等译. 北京：教育科学出版社，2011.

[28] 皮连生. 教学设计［M］. 北京：高等教育出版社，2009.

[29] 顾小清. 终身学习视野下的微型移动学习资源建设［M］. 上海：华东师范大学出版社，2011.

[30] 李晓华. 导向型自主学习的基本原理与教学策略［M］. 西安：陕西师范大学出版社，2009.

[31] 祝智亭，等. 现代教育技术—促进多元智能发展［M］. 上海：华东师范大学出版社，2003.

[32] 东尼·巴赞，巴利·巴赞. 思维导图［M］. 北京：中信出版社，2009.

[33] 乔纳森. 技术支持的思维建模 [M]. 上海：华东师范大学出版社, 2008.

[34] 李锋. 基于标准的教学设计：理论、实践与案例 [M]. 上海：华东师范大学出版社, 2013.

[35] 胡田庚. 中学思想政治教学设计与案例研究 [M]. 北京：科学出版社, 2012.

[36] 吕嵘. 组织设计思维导图 [M]. 北京：人民邮电出版社, 2008.

[37] 张廷凯. 新课程设计的变革 [M]. 北京：人民教育出版社, 2003.

[38] 刘玉静, 高艳. 合作学习教学策略 [M]. 北京：北京师范大学出版社, 2011.

[39] 潘洪建. 活动学习教学策略 [M]. 北京：北京师范大学出版社, 2011.

论文、期刊类

[1] 詹黎. 利用概念图促进概念转变的教学模式研究 [D]. 杭州：浙江师范大学, 2006.

[2] 陈娟. 新课改下中学思想政治课教学设计研究 [D]. 烟台：鲁东大学, 2013.

[3] 刘素琴. 中小学教育中微型课程的开发与应用研究 [D]. 上海：上海师范大学, 2007.

[4] 罗丹. 微型课程的设计研究 [D]. 上海：上海师范大学, 2009.

[5] 董英. 思维导图在高中思想政治课教学中的运用研究 [D]. 南京：南京师范大学, 2011.

[6] 杨亮涛. 利用概念图促进知识建构的研究 [D]. 上海：华东师范大学, 2005.

[7] 任锐. 基于概念图的学习支架学习 [D]. 曲阜：曲阜师范大学, 2007.

[8] 任高茹. 基于"生本"的教学活动设计研究 [J]. 现代教育科学, 2008（2）.

[9] 徐清兰. 思想品德课堂的有效活动 [J]. 广东教育, 2006（3）.

[10] 马向真. 论威特罗克的生成学习模式 [J]. 华东师范大学学报：教科版, 1995（2）.

[11] 张倩苇. 概念图及其在教学中的应用 [J]. 教育导刊, 2002 (11).

[12] 李玉珍, 王贵喜. 基于思维导图的学案设计 [J]. 化学教学, 2013 (3).

[13] 范志贤. 传统教学设计的范型批判 [J]. 电化教育研究, 2007 (2).

[14] 胡志金. 论两种不同倾向的导学设计 [J]. 中国远程教育, 2007 (10).

[15] 王林发. 基于 Web Quest 的导学设计研究 [J]. 中山大学学报论丛, 2007 (6).

[16] 任顺元. 新课程下导学设计的基本原理 [J]. 新课程研究, 2004 (6).

[17] 杨斌奎. 课堂导学的设计策略与实践思索 [J]. 中国教育技术装备, 2012 (2).

[18] 余文森, 肖川, 张文质. 对话: 教学设计与课堂的生成性 [J]. 福建论坛, 2005 (7, 8).

[19] 邱才训. 课堂教学的类型及其特征 [J]. 教育导刊, 2000 (4).

[20] 李柿. 从"预成论"到"生成论"教学观念的重要变革 [J]. 全球教育展望, 2006 (5).

[21] 张华. 教学设计研究: 百年回顾与前瞻 [J]. 教育科学, 2000 (4).

[22] 王泽龙. 教学设计与教案的不同 [J]. 教学与管理, 2013 (7).

[23] 任高茹. 基于"生本"的教学活动设计的研究 [J]. 现代教育科学, 2008 (2).

[24] 杨明. 思维导图在思想政治课教学的运用 [J]. 思想政治课教学, 2013 (2).

[25] 钟志贤. 论教学设计的发展历程 [J]. 外国教育研究, 2005 (3).

[26] 辛朋涛. 生成与预设的关系误解与澄清 [J]. 上海教育科研, 2010 (5).

[27] 陆敬源. 让复习型导学案魅力无限 [J]. 中学政治教学参考, 2011 (10).

[28] 张协成. 实施学案导学, 构建高效课堂 [J]. 基础教育论坛, 2010 (36).

后 记

自新课程改革以来，人们的教学理念随着课改的深入不断更新。学生"学"的地位在中学各学科教学中显得越来越重要。关注学生"学"的文本，如导学策略、学习指导策略、导学案、学案等屡屡出现在书店的书架上，一些专门阐述学科导学的文章近年来也不断发表于各种教育杂志。如何引导、指导学生学习成为当下学科教学改革的热门话题。虽然对学生学习的引导、指导可以在教学过程中的任何环节展开，但将"导学"作为核心的导学设计在学科教学中有着特殊的位置。研究导学设计，整体把握导学的思路和策略，对于后续的教学实施有重要的意义。目前，在学科导学设计方面的研究还显得比较零散，缺乏总结和提升，尚未能形成完整的体系框架。本书正是基于上述背景建构中学政治学科导学设计的理论体系和操作策略。

作为中学政治学科理论工作者，既要面向实践，使自己的研究具有实践的价值，又不能仅满足于实践的需要，更重要的是总结提升实践经验、形成教学理论。在本书写作过程中，我们广泛学习并研究了2014年以前出版的相关著作，对许多观点与材料进行借鉴分析比较，使研究具有理论的价值。我们也与许多优秀中学政治教师合作研究，把他们的优秀案例呈现在我们的著作中，加强著作对教学实践的指导性，使理论与实践相结合成为本书的一大亮点。本书共分为八章：第一章主要介绍了中学政治学科导学设计的理论基础；第二章主要介绍中学政治学科导学设计流程；第三章主要介绍中学政治学科不同课型的导学设计；第四至第八章主要介绍中学政治学科不同的导学模式设计，包括基于学案、基于案例、基于课堂活动、基于概念图和思维导图、基于微课的导学模式设计。我们希望通过本书的出版为学科教学（思政）研究生、思想政治教育本科生、中学政治学科教师提供理论指导和实践操作框架。

我们才疏学浅，书中难免出现疏漏和错误，希望前辈与同仁们能及时将意见反馈给我们，以便我们进一步修改与完善。同时，由于我们的疏忽，在运用成果和文献时可能会遗漏一些注释，在此向相关作者表示尊敬和歉意。

本书中的案例是由许多优秀的中学政治教师设计的，在此对他们的辛勤付出表示深切的感谢。王琪、黄泓两位研究生为本书第七、第八章提供了大量的资料，在此一并感谢。在书稿出版之际，我们还要感谢为本书提供学术思想和理论的前辈与学者们，是他们丰富的成果为本书的写作奠定了理论基础；感谢华南师范大学研究生处、广东高等教育出版社为本书出版提供的支持；感谢责任编辑为本书完善的巨大付出；感谢为本书的写作和出版提供帮助和关心的所有人。

作　者

2014 年 5 月